Thea Leitner
Habsburgs verkaufte Töchter

W0086292

SERIE PIPER
Band 1827

Zu diesem Buch

Thea Leitner bringt in ihrem Bestseller eine unbekannte Seite der
europäischen Geschichte zur Sprache, nämlich die Biographien
Habsburger Prinzessinnen, die schon im Kindesalter der Politik
verschrieben wurden – verpflichtet darauf, ihr ganzes Leben den
Interessen des Herrscherhauses unterzuordnen. Als Kinder ver-
lobt – sei es mit anderen Kindern oder mit Greisen, sei es mit
Psychopathen oder schlichtweg mit Widerlingen –, galt für ihre
Heirat allein das Kriterium des politisch Zweckmäßigen. Für ihre
Wünsche und Gefühle war da kein Platz. Doch obwohl so von
Kindesbeinen an über sie verfügt wurde, waren sie als erwachsene
Frauen keineswegs passive Opfer ihrer Herkunft. Im Gegenteil,
unter ihnen gab es eine Reihe brillanter Politikerinnen, teils klüger und geschickter als die bekannten Herren des Hauses Habs-
burg. Die ebenso abenteuerlichen wie bewegenden Lebensläufe
dieser Frauen hat Thea Leitner sorgfältig recherchiert.

Thea Leitner, geboren in Wien, studierte Malerei, Kunstge-
schichte und Sprachen und arbeitete dann als Journalistin. Nach
verschiedenen Kinder- und Jugendbüchern gelang ihr mit »Habsburgs verkaufte Töchter« und anderen Titeln der Sprung auf die
Bestsellerlisten. Thea Leitner lebt heute als freie Autorin in ihrer
Geburtsstadt.

Thea Leitner

Habsburgs
verkaufte Töchter

Piper
München Zürich

ISBN 3-492-11827-5
März 1994
R. Piper GmbH & Co. KG, München
Lizenzausgabe mit Genehmigung des Carl Ueberreuter Verlags, Wien
© Carl Ueberreuter Verlag, Wien 1987
Umschlag: Federico Luci
Gesamtherstellung: Clausen & Bosse, Leck
Printed in Germany

Inhalt

7 Verkaufte Töchter – minus zwei

9 Blutige Mitgift
Kunigunde 1465–1520

57 Europas bester Diplomat
Margarete 1480–1530

93 Herz unterm Panzer
Maria 1505–1558

137 Vor Sonnenaufgang
Anna 1601–1666

187 Allein gegen Napoleon
Marie Karoline 1752–1814

229 Sturz in die Hölle
Leopoldine 1797–1826

270 Personenregister

Dem Andenken meines Großvaters,
Franz Hugo Kunze, der mich schon
als Kind lehrte, in der Geschichte
mehr zu sehen als Daten und Taten
berühmter Männer.

Verkaufte Töchter – minus zwei

»Sie sind Opfer der Politik«, hat Maria Theresia über das schreckliche Schicksal einiger ihrer Töchter geklagt – während sie gleichzeitig ungerührt alle Hebel in Bewegung setzte, das nächste Opfer auf dem Altar der Politik darzubringen. Es war ihre jüngste, Marie Antoinette, die man als Fünfzehnjährige nach Frankreich verschickte, um einen alten Erbfeind als neuen Verbündeten zu gewinnen. Fast auf den Tag genau vierzig Jahre später wurde Maria Theresias neunzehnjährige Urenkelin Marie Louise mit Napoleon I. vermählt, in der trügerischen Hoffnung, den verhaßten Aggressor milde zu stimmen.

Die Faszination des gewaltsamen Todes der Marie Antoinette und die Faszination, die von dem gewalttätigen Korsen, Marie Louises erstem Mann, ausging, hat die beiden Frauen zu beliebten Objekten seriöser Historiker wie voyeuristischer Trivialautoren werden lassen. Stefan Zweig nannte Marie Antoinette in seiner berühmten Biographie einen »mittleren Charakter«, ein Urteil, das durchaus auch auf Marie Louise zutrifft. Beide waren keine markanten Persönlichkeiten, über beide wäre längst der Schleier des Vergessens gesunken, hätte ihnen das Fatum nicht einen Platz im Rampenlicht der Geschichte zugewiesen.

Der Schleier des Vergessens ist, aus welchen Gründen immer, über eine Reihe anderer Habsburgertöchter gebreitet, die keine mittleren, sondern ganz außerordentliche Charaktere waren. Ihre Lebensgeschichte liest sich überwiegend ebenso abwechslungsreich, aufwühlend und tragisch wie jene von Marie Antoinette und Marie Louise. Letztere scheinen daher in dieser Anthologie lediglich als Randfiguren auf, weil über sie im wesentlichen alles gesagt worden ist, was zu sagen ist.

Das vorliegende Buch versteht sich quasi als Wiedergutmachung an tapferen, geduldigen, zum Teil auch schönen und geistreichen Frauen aus einem berühmten Geschlecht, über welche die große Geschichtsschreibung meist nur marginal berichtet, von denen ein breites Publikum, wenn überhaupt, nur bruchstückhaft Kenntnis genommen hat. Die Biographien ihrer Väter, Brüder, Söhne und Onkel sind bis ins letzte Detail durchleuchtet. Kaiser Maximilian I., zum Beispiel, ist jedem Volksschüler ein Begriff, der Name seiner Schwester Kunigunde auch Gebildeten fremd; Ludwig XIV. ist in aller Munde – das Andenken seiner Mutter, Anna von Österreich, die immerhin neunzehn Jahre lang allein regierte, wird nur in Frankreich bewahrt. Selbst die feministische Literatur, die in den letzten zwanzig Jahren mit wahrer Entdeckerwut noch die letzte Suffragette aus dem Dunkel der Vergangenheit hervorgeholt hat, ist merkwürdigerweise achtlos an diesen Frauen vorübergegangen, obwohl sie deutliche emanzipatorische Züge zeigten.

Die Töchter des Hauses Habsburg wurden meist schon in den Windeln verlobt und als halbe Kinder verheiratet, mit Knaben und Greisen, mit Krüppeln und Kretins – einmal sogar wurde eine kleine Habsburgerin einem Ungeborenen versprochen, im ehernen Gottvertrauen, daß es schon das passende Geschlecht haben werde. Es handelte sich um Maria, die jüngste Schwester Kaiser Karls V., die später in seinem Namen die Niederlande regieren sollte.

All diese Frauen haben dennoch mit bewundernswerter Disziplin versucht, das Beste aus ihrem Leben zu machen, ohne sich kaum je den Luxus zu leisten, persönliches Unglück offen zur Schau zu tragen. Das Gefühl und die Pflicht, einem großen Haus und damit einer großen Sache zu dienen, mag ihnen dabei eine wesentliche Stütze gewesen sein. Manche brachten sogar das Kunststück zuwege, den aufgezwungenen Mann von Herzen zu lieben. Es gab unter ihnen eine Reihe höchst begabter Politikerinnen, geschickter und tüchtiger als mancher wohlbekannte Herrscher aus derselben Familie, jede einzelne wert, dem Vergessen entrissen zu werden. Was hiemit, zumindest ansatzweise, versucht werden soll.

Wien, im August 1987   Thea Leitner

Blutige Mitgift

Kunigunde 1465–1520

Will man die Lebensgeschichte eines Menschen nachzeichnen, dann gilt es vor allem, sein Umfeld, seine Zeit und seine Herkunft zu erforschen, denn aus vielerlei Wurzeln bildet sich ein Charakter, werden Aktionen und Reaktionen erklärbar.

Dabei ergeben sich erhebliche Schwierigkeiten, wenn es sich um Begebenheiten handelt, die ein halbes Jahrtausend zurückliegen. Zwar kannten Kunigundes erste Biographen (und auch deren Leser) die Rahmenbedingungen genau, unter denen die Tochter Kaiser Friedrichs III. und Schwester Maximilians I. aufgewachsen ist und gelebt hat. Aber gerade weil ihnen dieses Umfeld so selbstverständlich war, gingen sie in ihrer Schilderung nicht näher darauf ein – und das Bild Kunigundes wirkt auf den heutigen Leser schemenhaft und verschwommen.

Es gilt also, den Hintergrund von Kunigundes Dasein zu erhellen, um so ihr Wesen plastischer hervortreten zu lassen. Allerdings könnte man dabei leicht in den Fehler verfallen, die Menschen, ihr Tun und ihr Lassen aus heutiger Sicht zu erklären und Schlüsse zu ziehen, die mit der Wirklichkeit des ausgehenden Mittelalters nicht das geringste zu tun haben. Was uns heute absurd erscheint, war damals vielleicht allgemeines Gedankengut, was wir für selbstverständlich halten, hingegen umwälzend und revolutionär.

Erschwerend kommt hinzu, daß die Frau in jenen Tagen, zumindest solange sie nicht verheiratet war, de facto als selbständiges Wesen nicht registriert wurde. Es ist bezeichnend, daß aus Kunigundes Jugendtagen kein authentischer Ausspruch, keine einzige aktive Handlung belegt ist. Um so bemerkenswerter ist, daß die Überlieferung aus ihren letzten Lebensjahren, nachdem sie Witwe geworden war, ihr ausdrücklich sehr klares Denken und strebsames Vorgehen bescheinigt.

Wir werden diesem Phänomen in weiteren Biographien von Habsburgertöchtern wieder begegnen: Erst als Ehefrauen werden sie überhaupt wahrgenommen, verwitwet gelten sie endlich als eigenständige Menschen.

Schon wenn wir uns mit Kaiser Friedrich III. beschäftigen, dessen Leben in zahllosen wissenschaftlichen Arbeiten von allen Seiten ausgiebig beleuchtet worden ist, geraten wir in Schwierigkeiten bei der Deutung seines Charakters und seiner Motivationen. Des Kaisers Zeitgenossen sowie Generationen von Historikern hielten schlichtweg fast gar nichts von ihm. Erst in den letzten zwanzig Jahren erfährt er eine wesentlich freundlichere Beurteilung. Seine notorische Schlafmützigkeit wird als bedächtige Politik, sein Geiz als Sparsamkeit, sein ständiges Zögern als kluges Taktieren gewertet.

So dürfen wir auch nicht in den Fehler des rationalistischen 19. Jahrhunderts verfallen und ihm seinen Hang zur Astrologie, zu Amuletten, zur Alchemie, zur Beschwörung günstiger Vorzeichen ankreiden, was überhaupt nicht mit seiner vielfach erwähnten aufrichtigen Frömmigkeit in Einklang zu stehen scheint. Für die meisten Menschen des späten Mittelalters waren derlei Praktiken durchaus mit ihrer Religiosität zu vereinbaren, denn sie glaubten einfach, durch Sprüche und Zeichen den Lauf des Schicksals beeinflussen, Böses abwenden zu können.

Friedrichs bekannteste Obsession besteht in den berühmten fünf Buchstaben A. E. I. O. U., die er bereits von seinem zweiundzwanzigsten Lebensjahr an auf jeglichem seiner Besitztümer, vom kleinsten Gegenstand bis zum imposanten Schloß, aufmalen, aufprägen oder für die Ewigkeit einmeißeln ließ. Noch in der Schule lehrte man uns, diese Vokalfolge als »Austria est imperare omni universo« (Alles Erdreich ist Österreich untertan) zu verstehen und unterstellte damit dem jungen Mann schier überirdische hellseherische Gaben, den Aufstieg des Hauses Habsburg zur Weltherrschaft betreffend.

Zu jener Zeit kann indes nicht einmal ein tollkühner Wunsch der Vater des Gedankens gewesen sein, weil Friedrich damals nichts weiter war als ein kleiner, unbedeutender Landesfürst, dessen Horizont bestimmt nicht viel weiter reichte als bis zu den Grenzen seiner Steiermark. Er konnte weder damit rechnen, daß er einmal römisch-deutscher Kaiser werden, noch daß sein Jahrzehnte später geborener

Sohn Maximilian das reiche Burgund erheiraten und sein Enkel Karl Spanien erben würde. Von der aberwitzigen Vorstellung der Entdeckung eines späteren habsburgischen Weltreichs im fernen Westen durch Christoph Kolumbus einmal ganz zu schweigen.

Die hochfahrend-imperiale Deutung, das weiß man heute sicher, wurde dem A. E. I. O. U. erst mehr als 200 Jahre später durch plumpe Hinzufügungen in Friedrichs Notizbuch unterlegt. Das Geheimnis der ursprünglichen Bedeutung, die auch seinen Zeitgenossen nicht bekannt war, hat er mit ins Grab genommen. Wichtig war ihm wohl in erster Linie, alles Eigentum penibel zu markieren, gewitzt durch üble Erfahrungen mit seinem Onkel und Vormund, Herzog Friedrich von Tirol, der dem früh zur Halbwaise gewordenen Knaben sein Erbe unter den fadenscheinigsten Vorwänden lange vorenthalten hatte.

Das Rätsel, warum Kaiser Friedrich III. bei der Taufe seiner fünf Kinder, von denen nur zwei überlebten, von einer alten Tradition abwich und die in der Familie seit eh und je gebräuchlichen Vornamen durch solche mehr oder weniger bekannter Heiliger ersetzte, läßt sich leichter lösen. Friedrich war der Religion mehr verbunden als die meisten seiner Vorfahren, und er hat sich Vorteile für das Schicksal und das Seelenheil seiner Söhne und Töchter erwartet, wenn er diese in innige Beziehung zu den großen Vorbildern der Kirche brachte.

Seine Lieblingsheilige war St. Kunigunde, und so lag es nahe, daß er auch eine Tochter so nannte. Von Interesse mag sein, wieso Friedrich die heilige Kunigunde so offensichtlich bevorzugte – sie war keine Märtyrerin, keine Kämpferin, sondern heiliggesprochen wegen ihrer Keuschheit. Sie war die Gemahlin Kaiser Heinrichs II., der um die Jahrtausendwende regierte. Als das Gerücht auftauchte, sie hätte ihren Mann betrogen, stellte sich Kunigunde einer Feuerprobe: Sie betonte, daß sie nicht nur keine Ehebrecherin, sondern, trotz langjähriger Ehe, unberührt wie die Heilige Jungfrau sei. Unversehrt wandelte sie über zwölf glühende Pflugscharen und legte so wunderbaren Beweis für ihre Behauptungen ab.

Zwangsläufig stellt sich die Frage, warum Friedrich ausgerechnet die unbefleckte Kaiserin zu seiner bevorzugten Heiligen gemacht hat. Es böte sich ein weites Spekulationsfeld für moderne Sexualwissenschaftler, wenn es gälte, das Verhältnis Friedrichs gegenüber den

Frauen zu untersuchen, wobei auch Friedrichs Ehe und die Beziehung zu seiner Tochter Kunigunde mit einbezogen werden müßten, sowie die Tatsache, daß er, obwohl jahrzehntelang Witwer, niemals wieder geheiratet hat.

Hier ist indes nur Platz für nüchterne Tatsachen, die auf der lakonischen Feststellung des besten Friedrich-Kenners unserer Tage, dem Wiener Historiker Alphons Lhotsky, fußen: Friedrich habe, vermutlich aufgrund schmerzlicher Erfahrungen in der Jugendzeit, eine zeitlebens äußerst reservierte Einstellung zum anderen Geschlecht bewahrt.

Auffällig ist, daß Friedrich in einer Ära, da Fürsten bereits an der Schwelle der Geschlechtsreife heirateten oder verheiratet wurden, immer wieder vor einer Bindung zurückschreckte. Es gab zahlreiche Eheanbahnungen, die sich jedoch im letzten Augenblick stets zerschlugen. Friedrich selbst hat am Scheitern dieser Projekte keinen unwesentlichen Anteil gehabt.

Er war bereits siebenunddreißig, als er die einundzwanzig Jahre jüngere Prinzessin Eleonore von Portugal heimführte, vorwiegend wohl aus dem Grund, weil die junge Dame aus dem stürmisch aufwärts strebenden Kolonialreich eine der begehrtesten Partien Europas war und Friedrich sich stets in verzweifelten Geldnöten befand. Wie sehr ihn die hinreißende Schönheit der zarten, dunkelhaarigen Kindfrau mit den riesigen schwarzen Augen beeindruckt hat, ist nicht dokumentiert. Belegt ist nur, daß der große, ein wenig linkisch wirkende Mann mit den fahlen Haaren weiß wie die Wand wurde und zu zittern begann, als er und seine Braut einander zum ersten Mal in Siena begegneten.

Man schrieb das Jahr 1452, und Friedrich befand sich auf dem Weg nach Rom, wo er von Papst Nikolaus V. zum Kaiser gekrönt werden sollte. Praktischerweise wurde an Ort und Stelle auch die Trauung vollzogen, einer der wenigen Anlässe, bei denen das junge Paar einige Worte wechselte – assistiert von einem Dolmetscher, denn Eleonore hatte bis dahin noch keine Zeit gefunden, Deutsch zu lernen.

Nach Trauung und Krönung – übrigens die letzte in Rom –, die mit großem Pomp auf Kosten des Papstes gefeiert wurden, zogen die Neuvermählten in getrennte Quartiere. Sie hielten es auch so auf der

Reise nach Neapel, wo König Alphons, ein Onkel der jungen Frau, mit allem nur erdenklichen Aufwand die Hochzeitsfeierlichkeiten ausrichtete.

Es bedurfte keiner indiskreten Schlüssellochguckerei, um festzustellen, daß die Ehe von Friedrich und Eleonore nach mehr als einem Monat noch immer nicht konsumiert worden war. Ob Eleonore sich deswegen bei ihrem Onkel beklagte oder ob dieser aus eigenem Antrieb die Initiative ergriffen hat, bleibt dahingestellt. Jedenfalls machte der Ältere dem Jüngeren Vorhaltungen wegen dieses befremdlichen Flitterwöchner-Benehmens. Friedrich ließ verlauten, er fürchte in Neapel ein Kind zu zeugen, das womöglich mit einem »italienischen Charakter« ausgestattet sein würde, und das könne er nicht verantworten. Nachdem Alphons nicht lockergelassen hatte, sagte Friedrich widerwillig einer »deutschen Beiwohnung« zu und ließ ein öffentliches Prunkbett errichten, das er und seine Frau im Angesicht des ganzen Hofes bestiegen. Ehe noch einige zartbesaitete Damen in Ohnmacht fallen konnten, war die ganze symbolische Zeremonie bereits vorüber, nachdem Friedrich einen Augenblick lang die Decke über sich und seine Gemahlin gezogen hatte, um auf der Stelle zu entfliehen.

Die Kammerfrauen der Kaiserin gingen nun daran, deren Gemach für die Nacht zu richten. Sie sparten nicht mit Sprüchen und Gebeten und reichlich über das Bett versprühten Duftwässerchen. Auch das paßte dem Kaiser nicht. Er weigerte sich, das womöglich verhexte Lager zu benützen. Nach langem Hin und Her entschwand die Kaiserin in Friedrichs Schlafzimmer, und was dort passierte oder nicht passierte, blieb der Phantasie der Zeitgenossen überlassen.

Wenige Tage später verließ das Kaiserpaar Neapel, um sich nach Venedig zu begeben, der Kaiser auf dem Landweg, die Kaiserin zu Schiff. Nach weiteren turbulenten Festlichkeiten in der Lagunenstadt ging es nach Norden, Richtung Heimat, aber erst ab Portenau, also bereits auf Friedrichs Hoheitsgebiet, reisten sie gemeinsam. Diese Reise blieb einer der wenigen Abschnitte im Eheleben des Paares, während dessen die beiden ständig zusammen weilten. Von da an sahen sie einander oft Wochen und Monate nicht.

So begann man sich zu fragen, ob es wohl mit rechten Dingen zugegangen wäre, daß dennoch fünf Kinder gezeugt wurden, und böswillige Lästermäuler bezweifelten sogar Friedrichs Vaterschaft. Diese Unterstellungen nahmen jedoch niemals das Ausmaß eines begründeten Verdachtes an, ein zweiter Fall Kunigunde wurde nicht provoziert. Nur: das vierte Kind des Kaisers erhielt eben diesen Namen, und es bleibt schon jetzt ausdrücklich anzumerken, daß sie dank der väterlichen Verzögerungstaktik beinahe als ewige Jungfrau sitzengeblieben wäre. Bei seinem Sohn war Friedrich weitaus großzügiger: Maximilian durfte bereits als Siebzehnjähriger mit der schönen, reichen Maria von Burgund die Freuden der Ehe genießen.

Kunigunde kam am 16. März 1465 in der Burg zu Wiener Neustadt zur Welt, fast auf den Tag genau sechs Jahre nach ihrem Bruder Maximilian, den man dereinst den letzten Ritter nennen würde. Der Vater war zu diesem Zeitpunkt bereits fünfzig, die Mutter neunundzwanzig Jahre alt.

Wiener Neustadt, heute eine niederösterreichische Kleinstadt von mäßiger Bedeutung, gehörte damals zur Steiermark und war ein für damalige Begriffe glanzvolles urbanes Zentrum von vorragender strategischer Bedeutung zwischen den Einflußsphären von Türken, Ungarn und den einander konkurrierenden österreichischen Stammlanden.

Friedrichs Vater, Herzog Ernst der Eiserne von Steiermark, hatte die ehemalige Babenbergerfeste zu seiner zweiten, ständigen Residenz neben Graz gemacht. Dort hielt er häufig hof, zusammen mit seiner legendären Ehefrau Cimburgis von Masovien, die in die Geschichte eingegangen ist, weil sie über phantastische Körperkräfte verfügt, Eisennägel mit der bloßen Hand aus der Wand gezogen und ganze Heufuder gestemmt haben soll. Außerdem stammt von ihr angeblich die berühmte, hängende Habsburgerlippe, hervorgerufen durch eine Mißbildung des Unterkiefers, die durch Generationen das charakteristische Aussehen der Habsburger geprägt hat.

Friedrich ließ die väterliche Burg, auf der er zusammen mit acht Geschwistern einen erheblichen Teil seiner Jugend verbracht hatte, in großem Umfang erweitern und die Befestigungsanlagen verstärken. Die Stadtmauer war 12 Meter hoch und mehr als 2,5 Kilometer lang; sie hatte vier gewaltige Türme nebst zahlreichen Eck- und Zwischentürmen. Die Festung, von einer ständigen Bürgerwehr in Verteidigungsbereitschaft gehalten, galt als eine der stärksten im Deutschen

Reich und praktisch als uneinnehmbar, auch lange Belagerungen waren aussichtslos, weil die Wiener Neustädter Lebensmittelvorräte für mindestens ein Jahr horten mußten.

In Kunigundes Kindheitstagen stand die Stadt mit 7 000 bis 10 000 Einwohnern in ihrer Hochblüte und konnte sich rühmen, zuweilen der Mittelpunkt des gesamten Deutschen Reiches gewesen zu sein. Die Bürger profitierten von zahlreichen in- und ausländischen Delegationen ebenso wie von der kaiserlichen Beamtenschaft, die nicht in der Burg, sondern in der Stadt wohnte. Kaufleute, Künstler und Handwerker sonder Zahl belebten Handel, Wandel und gesellschaftliches Leben, während »Bettler, fremde Kinder und anderes untaugliches Volk« aus der Stadt gewiesen wurden. Feine Sitten bürgerten sich ein: An Sonn- und Feiertagen durfte niemand mehr die Kirchen barfuß betreten. Als sogar die Straßen gepflastert und, auf allerhöchsten Befehl, die Schweine angehalten wurden, sich nicht mehr, wie bis dahin üblich, auf den Gassen zu wälzen und zu scharren, fühlte man sich auf dem Höhepunkt großstädtischer Kultur.

Auf Eleonore indes mag die Großmannssucht weniger Eindruck gemacht haben, denn sie war aus der Heimat Besseres gewöhnt als eine kahle, kalte Burg, die zwar geräumig, aber alles andere denn behaglich war. Außer einem prächtigen Thronsaal, eine Art kaiserlicher guter Stube, wo Delegationen empfangen, aber niemals Feste gefeiert wurden, gab es in der Burg keine Spur des Komforts, den die Portugiesin gewöhnt war.

Von großer Schönheit und Anmut waren die ausgedehnten Parkanlagen mit ihren Obstbäumen und Blumenbeeten, ihren fischreichen Gewässern und einem stattlichen Tiergehege. Gleich vor der Stadtmauer erstreckten sich weite Weingärten, umgeben von duftenden Föhrenwäldern, die Friedrich in jungen Jahren hatte anlegen lassen. Doch Park und Gärten und Wälder konnten ihren vollen Reiz nur in der warmen Jahreszeit entfalten, und das waren in diesen Breiten doch immer nur wenige Monate.

Ansonsten muß es in der Wiener Neustädter Burg, die noch weit entfernt war vom Glanz mediterraner Renaissancehöfe, ziemlich eintönig zugegangen sein, kaum anders als auf den übrigen Burgen des Deutschen Reiches, wo Hofleben sich in des Wortes ursprünglicher Bedeutung abspielte – mit Stallungen, nicht nur für Pferde, sondern auch für Kühe, Schweine, Hühner und Gänse, mit Feldwirtschaft und Molkerei. Auch in der Wiener Hofburg wurde damals Vieh gehalten.

Eleonore, an festliche Bankette, heitere Tanzveranstaltungen und geistreiche Konversationen unter südlicher Sonne gewöhnt, muß sich wie eine aus dem Paradies Verstoßene gefühlt haben in ihrem einfachen Heim, wo die abendlichen Vergnügungen aus Sticken und Nüsseknacken bestanden.

Ihr Mann war kein passionierter Jäger, also konnte sie nur selten diesem standesgemäßen Zeitvertreib adeliger Damen frönen. Friedrich machte sich nichts aus gutem Essen, und was er aß, schlang er, wohl infolge seiner Gebißentartung, fast unzerkaut hinunter. Er hat, so vermutet man heute, an einer chronischen Gastritis gelitten und verabscheute darum auch Alkohol in jeglicher Form. Das war, nebst der Religiosität, einer der wenigen Berührungspunkte des Ehepaares. Auch Eleonore machte sich nichts aus Wein. Hingegen war sie eine leidenschaftliche Tänzerin. Es wird berichtet, daß sie, hingerissen vom Jubel des Volkes bei ihrem ersten Einzug in Wien, mit den Bürgern auf der Gasse getanzt habe – zum Entsetzen ihres sauertöpfischen Gemahls, der es nur ein einziges Mal in fünfzehn Ehejahren über sich brachte, seine Frau auf eine Tanzfläche zu führen.

Die zunehmend verhärmte und verbitterte Kaiserin soll in ihren letzten Lebensjahren nur einmal noch von Herzen fröhlich gewesen sein. Das war anläßlich des Besuches eines Gesandten; der brachte eine Gruppe portugiesischer Musikanten mit und ließ sie im »Frauenzimmer« aufspielen. Eleonore tanzte und zeigte ihrem Sohn Maximilian, wie man sich anmutig zu drehen und zu wenden hatte. Kunigunde, damals ein Knirps von zwei Jahren, wird wohl auch dabei gewesen sein.

Kam es wegen dieser unschuldigen Eskapade zum Krach zwischen den Ehepartnern? Gewiß nicht, denn es ist sicher, daß die beiden nie wirklich gestritten haben. Dazu war der konsequente Spätaufsteher Friedrich, der vermutlich an zu niedrigem Blutdruck litt, viel zu phlegmatisch. Explosionen erfolgten gelegentlich nur von seiten Eleonores, wenn das romanische Temperament, Wut und Enttäuschung einer um ihr Leben Betrogenen, das Korsett der kaiserlichen Disziplin sprengten.

Friedrich zankte nicht. Er handelte kühl, gradlinig und so, daß es die

16

stolze Eleonore ins Mark treffen mußte. Da gibt es eine bezeichnende Episode, in deren Mittelpunkt Kunigunde steht: Das Kind erkrankte plötzlich schwer. Es muß bald nach der berühmten Tanzszene in Eleonores Frauengemächern gewesen sein. Offensichtlich handelte es sich um eine jener Magen- und Darminfektionen, wie sie damals an der Tagesordnung waren und besonders unter Kleinkindern ihre häufigsten Opfer fanden. Schon drei Sprößlinge des Kaiserpaares, ein Christoph, eine Helena und ein Johannes, waren daran zugrunde gegangen, zwei davon ebenfalls genau im Alter von vierundzwanzig Monaten.

Friedrich war kein weltfremder Tor. Er mußte wissen, daß die Hälfte aller Knaben und Mädchen in Stadt und Land, bei arm und reich, von Leiden dieser Art dahingerafft wurden. Doch er wollte es anscheinend nicht wissen. Er beschuldigte seine Frau immer wieder, am frühen Tod der drei Kinder schuld zu sein, und zwar, wie es in zeitgenössischen Berichten heißt, weil sie die Kleinen mit der »süßen portugallischen Kost« überfütterte. Vermutlich ist darunter ein überhöhter Konsum von Rohrzucker zu verstehen. Portugal bezog seinen jungen Reichtum unter anderem aus den Zuckerplantagen in den neuen Kolonien auf den Kanarischen Inseln, auf Madeira und an der westafrikanischen Küste. Natürlich hatte Eleonore viel von dem neuen Prestige-Nahrungsmittel aus der Heimat mitgebracht und erhielt reichlich Nachschub von daheim. Sicher hat sie ihre Kinder mit Dragant verwöhnt, einer Mischung aus Stärkemehl, Gummiarabikum und Zucker, das dem heutigen Rahat ähnlich ist. Aber umgebracht? So viel besser war die »deutsche Kost« wohl auch nicht, mit den Unmengen von grobem Fleisch, dickem Mus aus Hirse und Gerste und derben Gemüsebeilagen, die hauptsächlich aus »Kumpost« (Sauerkraut) und eingesäuerten Rüben bestanden. Nicht zu vergessen die mannigfaltigen Obstbreie, die mit Honig und viel Pfeffer serviert wurden.

Wie dem auch sei – als Kunigunde erkrankte, stürzte Friedrich in das Frauenzimmer, riß das plärrende Kind aus der Wiege und brachte es in sein eigenes Schlafgemach, wo es bis auf weiteres dem schädlichen Einfluß der Mutter entzogen und nach Art des Hauses ernährt werden sollte.

Kunigunde, eine robuste Natur, genas tatsächlich; die Mutter jedoch verschied am 3. September 1467, zwei Wochen vor ihrem 31. Geburtstag, plötzlich und unerwartet, an einer Magen-Darm-Infektion. Ob sie ihr kleines Mädchen noch einmal wiedergesehen hat, ist ungewiß. Eleonore wurde, eingehüllt in ein Leichentuch aus flammend roter Seide, im Inneren der Neuklosterkirche zu Wiener Neustadt beigesetzt. Ein lebensgroßes Abbild der Kaiserin bedeckt das Hochgrab an der Wand hinter dem Altar. Es zeigt eine wunderschöne Frau voll Anmut und Würde. Das mädchenhafte Gesicht wirkt entspannt, um die Lippen spielt ein feines, kleines Lächeln, aus dem sich gleichermaßen Wehmut und das Glück endlicher Erlösung herauslesen lassen.

In derselben Kirche ist eine weitere Portugiesin begraben, und zwar eine gewisse Beatrix Lopi. Sie war die einzige Landsmännin, die Eleonore in ihre neue Heimat mitgenommen hat oder mitnehmen durfte. Begleitet von achtzig Rittern und vierzig Edeldamen in Brokat und golddurchwirktem Samt sowie einem Erzbischof ist Eleonore ihrem Mann einst in Siena entgegengeschritten. Alle wurden wieder nach Hause geschickt, bis auf jene einfache Kammerfrau Beatrix Lopi. Und die starb kaum ein Jahr nach ihrer Ankunft in Wiener Neustadt.

Der neue Hofstaat der Kaiserin setzte sich vorwiegend aus Grazer und Wiener Neustädter Bürgern und Bürgerinnen zusammen, Aristokraten waren deutlich in der Minderzahl. Friedrich hatte zeit seines Lebens ein gespanntes Verhältnis zu den Vornehmen seiner Länder, die nicht nur einmal gegen ihren Herrn und Gebieter aufsässig wurden.

Einfache Bürger hingegen waren dankbar für die Auszeichnung, bei Hofe dienen zu dürfen, und pflegten nicht auf ihre Rechte zu pochen, auch nicht auf das Recht, regelmäßig entlohnt zu werden. Noch Jahre nach Eleonores Tod wurden längst überfällige Gehälter zögernd nachgezahlt. So erhielt zum Beispiel eine Katharina Wehinger erst 1469 132 Pfund Pfennige ausgezahlt. Andere Frauen bekamen statt einer finanziellen Abgeltung einen Ehemann zugeschanzt und mußten es wohl auch zufrieden sein. Friedrich in eigener Person machte sich die Mühe, dem Wiener Neustädter Bürger Wolfgang Pillichhofer eine Braut schmackhaft zu machen. Der Kaiser schrieb, er habe gehört, daß Pillichhofer, soeben verwitwet, wieder zu heiraten gedenke, und er legte ihm Anna Erber ans Herz, nicht ohne hinzuzufügen, daß er erwarte, Pillichhofer werde »sich gutwillig erweisen«, wofür er mit »Gnade und Förderung« rechnen könne.

Eleonores Hofstaat bestand aus zwanzig Frauen und etwa einem Dutzend männlicher Bediensteter, darunter drei Türsteher, ein Silberkämmerer, ein Koch und ein Schneider. Hofmeisterin war Else Pellendorfer; auch deren Ehemann Hans dürfte zum Gefolge gehört haben, denn beide wurden vom Kaiser ausdrücklich gelobt, und er überschrieb ihnen die Einkünfte aus der Herrschaft Ort für vier Jahre.

Nach Eleonores Tod wurde der Großteil der Dienerschaft entlassen. Ein kleiner Stab unter Führung der bewährten Pellendorferin übernahm von da an Obhut und Erziehung von Erzherzogin Kunigunde – ein Titel, den Friedrichs Vorfahr Rudolf IV. mit dem Privilegium maius rund hundert Jahre zuvor geschaffen und den der Kaiser wieder eingeführt hatte.

Während wir über Maximilians Kinderjahre in der Burg zu Wiener Neustadt gut unterrichtet sind, ist über Kunigunde nichts bekannt, doch dürften einige Analogien zulässig sein. Eleonore hatte Maximilians Erziehung sorgfältig geplant und zum Teil noch selbst die besten und geeignetsten Lehrer ausgewählt. Daß der Knabe lange Zeit nicht artikuliert sprechen konnte, war gewiß nicht ihre Schuld, obwohl der ewig mißtrauische Friedrich sie auch hiefür verantwortlich machte. Eleonore hat die deutsche Sprache niemals perfekt beherrscht – was lag für den Kaiser näher, als die Mutter für Maximilians Unvermögen im Umgang mit der Muttersprache anzuklagen? Frühere Autoren meinten, Maximilian habe wegen der verhängnisvollen Kieferbildung Sprachschwierigkeiten gehabt, neueste Forschungen vermuten eine seelische, sprachhemmende Krise, hervorgerufen durch die latenten Spannungen zwischen den Eltern.

Kunigunde wurde sicher nicht so umfassend gebildet wie ihr Bruder, vermutlich aber von Maximilians Lehrern im Lesen und Schreiben unterwiesen – soweit man es eben für ein Mädchen erforderlich hielt, ohne es zu gefährden. Denn nach damaliger Meinung schadete allzu vieles Lernen der Kraft und der Gesundheit und verminderte die weibliche Anmut. Dafür brachte man dem Mädchen Sticken und Nähen bei, weihte es in die Künste des Reitens und des Weidwerkes ein und unterwies es – so wie auch Maximilian – in praktischer Haushaltsführung.

Kunigunde entwickelte sich gut und wies schon in jungen Jahren eine deutliche Ähnlichkeit mit der schönen Mama auf. Allerdings waren die Gesichtszüge gröber, die Bewegungen plumper, die Gestalt war stämmiger, das Haar dünner und heller.

Die Kinder wuchsen in Wiener Neustadt freizügiger auf als an anderen europäischen Fürstenhöfen, ihr Verhältnis zu den Bedienten war locker und familiär. So wie es einem Besucher widerfahren konnte, daß er, durch eine Tür tretend, unvermutet dem Kaiser gegenüberstand, so waren auch keine unüberwindlichen Schranken zwischen den allerhöchsten Sprößlingen und ihrer Umgebung. Das Spanische Hofzeremoniell war noch in weiter Ferne.

Als Kunigunde zehn Jahre alt war, bekam sie ihre eigenen Gesellschafterinnen und Spielgefährtinnen: Rosina und Sigune von Kraig, die im Alter wesentlich besser zu ihr paßten als die von der Mutter übernommenen, leicht verblühten Hofdamen. Die jungen Mädchen waren entweder Schwestern oder Kusinen. Eine der beiden, Rosina, wurde Maximilians erste große Liebe. Er war so vernarrt in das Mädchen, daß er die Abreise zu seiner späteren Ehefrau, Maria von Burgund, über Gebühr hinauszögerte. Noch als Flitterwöchner erkundigte er sich immer wieder nach der Angebeteten und sorgte sich um ihr Wohlergehen.

Kunigunde wuchs hauptsächlich in Wiener Neustadt und in Graz auf. Den Vater hat sie nicht allzu häufig gesehen, sicher aber war er dem mutterlosen Kind allgegenwärtig, denn sie hatte Augen zu sehen und Ohren zu hören. Was Kunigunde im Laufe der Jahre erfahren hat, muß sie sehr beschäftigt und auch sehr bedrückt haben.

Um es rundheraus zu sagen: Der Kaiser war nicht beliebt. Man hielt ihn für unfähig, und der Haß, der in regelmäßigen Abständen gegen ihn brandete, wird vor noch so festen Burgmauern und noch so tiefen Burggräben nicht haltgemacht haben.

Heute wissen wir, daß die Zeitgenossen Unmögliches und Übermenschliches von Friedrich erwarteten, heute wissen wir, daß er mit abwartender Zähigkeit Katastrophen durchgestanden hat, deren Urheber er nur in den allerseltensten Fällen war. Doch die Menschen waren in jenen chaotischen Zeiten so verzagt und verzweifelt, daß sie von ihrem durch Gott bestimmten Kaiser auch göttliche Wunder erwarteten. Als die ausblieben, als der Kaiser Maßnahmen setzte, die sie nicht begreifen konnten und wollten, richtete sich ihre abgrundtiefe Wut gegen ihn.

Fast jede Situation auf Friedrichs Lebensweg war verworren. Fast jede seiner Unternehmungen trug schon von Anfang an den Keim des Scheiterns in sich. Daß er dennoch nach achtundfünfzigjähriger Regierungszeit seinem Sohn geeinte und befriedete Erblande übergeben konnte und dem Hause Habsburg den Weg zur Weltherrschaft geebnet hat, grenzt an ein Mirakel. Das wissen wir heute. Den Zeitgenossen fehlten Überblick und Einsicht.

Friedrich wurde in eine wüste Zeit hineingeboren. Pest, Krieg und Hunger lösten einander in ununterbrochener Reihenfolge ab. Jeder war jedermanns Feind, und auch das stolze Gebäude der Kirche war bereits ins Wanken geraten: die Hussitenkriege waren die ständige Geißel von Friedrichs Kindheit.

Sein Vater, Ernst, regierte die Steiermark, Teile Kärntens und die Krain. Sein Onkel, Friedrich IV., gebot über Tirol und die Vorlande (das alte habsburgische Stammland am Oberrhein). Sein Großcousin, Albrecht V., Chef des Hauses, saß in Österreich ober und unter der Enns. Er wurde später als Albrecht II. deutscher König. Dessen Frau Elisabeth war das einzige Kind Sigismunds, des letzten Kaisers aus dem Hause Luxemburg; sie sollte einmal Böhmen und Ungarn erben. Damit begann das ganze Unheil.

Friedrich, mit neun Jahren schon vaterlos, wurde zusammen mit Albrecht in Innsbruck beim Onkel Friedel (Spitzname: »mit der leeren Tasche«) erzogen; er mußte sich Freiheit und das väterliche Vermögen schwer erkämpfen. Friedel starb, und nun wurde dessen vierzehnjähriger Sohn Sigismund das Mündel des späteren Kaisers Friedrich III., ebenso Ladislaus Postumus, der Sohn des früh dahingegangenen Königs Albrecht II., Erbe von Böhmen und Ungarn.

Friedrich war fünfundzwanzig, als er einen unmündigen Knaben sowie einen Säugling, den die Ungarn, als er kaum drei Monate alt war, zum König krönten, am Halse hatte; dazu noch einen Bruder, Albrecht nämlich, der auf der Stelle gegen ihn zu intrigieren begann, und er war sechsundzwanzig, als man ihm die deutsche Krone anbot. Ein Jahr lang zögerte er, sie anzunehmen. Dann ließ er sich in

Aachen krönen, vermutlich in der Annahme, daß ihm die Autorität eines deutschen Königs und römischen Kaisers aus seiner verklemmten Lage helfen würde.

Nichts dergleichen geschah. In Ungarn, in Böhmen und in den österreichischen Erblanden begann es zu gären und zu brodeln; bald war der Teufel los.

Friedrich, stets darauf bedacht, alle Schwierigkeiten so lange wie möglich zu umgehen, klammerte sich buchstäblich an seinen beiden Mündeln, Sigismund und Ladislaus, fest und weigerte sich, sie herauszugeben. Schließlich erpreßten die Tiroler die Entlassung ihres Herzogs Sigismund aus der Vormundschaft – sein Vermögen behielt Friedrich. Das haben Sigismund und seine Landsleute dem Kaiser nie verziehen, und das sollte noch fatale Folgen haben – auch für Erzherzogin Kunigunde.

Den kleinen Ladislaus schleppte Friedrich ständig mit sich, sogar zur Hochzeit und Krönung nach Rom. Unmittelbar nach seiner Heimkehr wurde der Kaiser in Wiener Neustadt von den Böhmen, den ungarischen und auch von den österreichischen Ständen so lange belagert, bis er den Jungen endlich freiließ.

Ladislaus war kurze Zeit Herrscher über Böhmen, Ungarn und Österreich ob und unter der Enns, als er, kaum siebzehnjährig, überraschend starb. Daß er mit Arsen vergiftet worden sei, wurde nicht nur hinter vorgehaltener Hand gemunkelt, aber die Fama konnte sich nicht einigen, wer nun eigentlich der Mörder gewesen sein sollte. Friedrich? Dessen Bruder Albrecht, angetrieben von seiner unverhohlen zur Schau getragenen Herrschsucht? Der ehemalige böhmische Reichsverweser, der die verworrene Lage nutzte und sich über Nacht zum böhmischen König machte? Etwa der ungarische Landesverweser Johann Hunyadi, dessen ehrgeizigem Sohn Matthias Ambitionen auf die ungarische Krone nachgesagt wurden? Niemand hatte Zeit, sich weiter darum zu kümmern, denn die Ereignisse überstürzten sich, und die Ungarn erkoren Matthias Hunyadi tatsächlich zu ihrem König; er nannte sich von nun an »Corvinus« (Rabe) nach seinem Wappentier.

Die Böhmen fielen in Österreich ein, auch die Ungarn verwüsteten das Land. Friedrichs Bruder Albrecht verbündete sich je nach Zweckmäßigkeit mit dem einen oder dem anderen. Teile des ungarischen

Adels besannen sich anders, machten Friedrich zum König von Ungarn, und bald gab es niemanden mehr, der die Übersicht behalten konnte.

Das Volk hatte unter den Auswirkungen der chaotischen Verhältnisse zu leiden. Neben den fremden Heeren, zu denen sich bald die Türken gesellten, zogen Truppen des Kaisers, denen man den Sold schuldig geblieben war, mordend und plündernd durch die Gegend. Verarmte Ritter und gewöhnliche Räuber machten weite Landstriche unsicher. Die Inflation, angeheizt durch die vom Kaiser geprägten, minderwertigen »Schinderlinge«, stieg ins Ungemessene, der Goldpreis erhöhte sich binnen weniger Jahre um das Achtfache. Immer wieder wüteten Pest und andere Seuchen, viele Menschen, vor allem kleine Kinder, starben an Hunger und Entkräftung. Es soll sogar in entlegenen Gegenden zu Fällen von Kannibalismus gekommen sein.

Die Stunde von Friedrichs tiefster Schmach schlug im Jahr 1462, als er, seine Frau und sein Sohn Maximilian drei Monate lang in der Wiener Hofburg von Albrecht, Friedrichs eigenem Bruder, und den eigenen Landsleuten belagert und mit Kanonen beschossen, erst nach langwierigen Verhandlungen freigelassen und dann noch von den Wienern angepöbelt und bespuckt wurden. Das haben weder Friedrich noch sein Sohn Maximilian den Wienern jemals verziehen – so wie die Wiener dem Kaiser ständig ankreideten, daß er sie früher einmal, als sie ihn in einer bedrängten Situation um militärischen Beistand gebeten hatten, schnöde im Stich ließ. Auch wurde ihm verübelt, daß er »nur« ein Steirer war und vorwiegend in Graz und Wiener Neustadt residierte, wodurch Wien schwere wirtschaftliche Einbußen erlitt und über lange Strecken in provinzielle Bedeutungslosigkeit versank. Trotzig leistete Wien dem Herzog Albrecht den Treueeid, worauf Friedrich den Bruder und die Stadt mit dem Bann belegte. Ein Jahr später war Albrecht tot. Es ist niemals geklärt worden, ob er der Pest erlegen oder einem Giftanschlag zum Opfer gefallen ist.

Der Friede zog dennoch nicht ein. Nun war es der steirische Adel, der gegen Friedrich rebellierte, angeführt von Andreas Baumkircher, der Jahre zuvor dem Kaiser in mehreren ausweglos scheinenden Situationen unerschrocken beigestanden war. Die Aufständischen besetzten große Teile der Steiermark. Ihre Wut auf den Kaiser, dessen sie nicht habhaft werden konnten, ließen sie an der Bevölkerung aus, die darüber hinaus von der Pest und von einer vormals nie erlebten Heuschreckenplage heimgesucht wurde. Nach langwierigen Verhandlungen kam es zu einem Waffenstillstand zwischen den Steirern und dem Kaiser, und Andreas Baumkircher wurde begnadigt.

Als dem Herrscher allerdings zu Ohren kam, daß Baumkircher einen Mordanschlag gegen ihn plante, besann er sich anders. Er lud Baumkircher zu neuerlichen Gesprächen nach Graz und ließ den Rebellen sowie seine drei Begleiter in der Herberge verhaften.

Man geleitete die vier Männer in die Frauengemächer der Grazer Burg und ließ sie dort einfach warten. Leider läßt sich aus den spärlichen noch vorhandenen Unterlagen nicht entnehmen, unter welchem Vorwand und zu welchem Zweck die vier ausgerechnet in die Frauengemächer gebracht wurden, wo sich mit an Sicherheit grenzender Wahrscheinlichkeit die sechsjährige Kunigunde befand.

Wenn es je präzise Aufzeichnungen gegeben haben sollte, sie sind für immer verloren. Im Jahre 1820 wurde das unübersichtliche und ungeordnete Archiv der Stadt Graz kurzerhand in die Mur geworfen.

Sicher ist, daß Baumkircher und seine Gefährten nach zweistündiger Wartezeit überfallsartig gefesselt und, trotz lautstarker Proteste und heftigster Gegenwehr, zum Murtor gebracht und enthauptet wurden.

»Steh auf von dem Schlaf, darin du lange nach Leibeslust gelegen bist! Nimm dich an deiner armen Untertanen, angesichts des allgemeinen Jammers...« lautete ein anonymer, auf den Kaiser gemünzter Anschlag an einer Grazer Kirche, in dem sich die Verzweiflung des Volkes über die herrschende Not Luft machte.

»Der Kaiser sitzt in Graz und hört nicht das zum Himmel gellende Geschrei der Unterdrückten«, hieß es hingegen in Wien.

»Er sitzt so still und schaut nur zu, er fragt nicht wie oder wu«, spottete eine Flugschrift; als aktueller politischer Witz wurde eine neue Bedeutung für die geheimnisvolle Buchstabenfolge A. E. I. O. U. kolportiert: »Aller erst ist Österreich verloren.«

»Das Land ist voller Dieb, Räuber und Mörder...« und: »Jedermann ist Herr im Land, er kommt von wannen er wollt«, berichtete der in Bayern beheimatete Georg Schamdocher.

Verstört notierte der deutsche Meistersinger Michael Behaim, der kurze Zeit in Friedrichs Diensten gestanden war, daß man ihn einmal aus einer niederösterreichischen Herberge hinausgeworfen habe, als die Wirtsleute dahinterkamen, daß er bei Hofe diente.

Die latente Aggression richtete sich nicht nur einmal gegen den Herrscher selbst. Daß die ungeliebten Wiener ihn samt Weib und Kind drei Monate lang gefangengehalten hatten, daß der steirische Adel gegen ihn aufstand, vermochte Friedrich anscheinend kaum aus seiner stoischen Ruhe zu bringen. Als aber, Anfang 1480, sogar in Wiener Neustadt, dem Friedrich das lobende Prädikat »die allzeit getreue Stadt« verliehen hatte, wo er am öftesten residierte und die Bürger am häufigsten geehrt, belohnt und ausgezeichnet hatte, als auch in Wiener Neustadt der offene Aufruhr loszubrechen drohte, muß Friedrich zutiefst verstört gewesen sein. Er mußte sich fragen, ob er überhaupt noch einer einzigen Person seiner Umgebung trauen, ob er sich auf die Söldner, die er entweder gar nicht oder mit größter Verzögerung bezahlte, verlassen könnte. Er wird zu der Einsicht gekommen sein, daß er nur noch auf zwei Menschen bauen konnte: auf seine beiden Kinder. Doch Maximilian war fern und unabkömmlich. Seit drei Jahren mit Maria von Burgund verheiratet, hatte er genug mit seinen eigenen Schwierigkeiten zu tun – den stets angriffslustigen Franzosen und den renitenten Untertanen seiner Gemahlin. Außerdem wurde ihm just zu jener Zeit ein zweites Kind, die Tochter Margarete, geboren, nachdem er sich schon eines Stammhalters, Philipp, erfreuen konnte.

Blieb nur Kunigunde, ein blasses, leicht verschrecktes Kind von fünfzehn Jahren. Es war ein klirrend kalter Tag, als Friedrich in der Burg zu Wiener Neustadt einen Schlitten anspannen ließ, seine Tochter hineinverpackte, sich neben sie setzte und im Schrittempo mit ihr durch die Gassen und Straßen der Stadt fuhr, angesichts einer zögernd zurückweichenden Menschenmenge. Langsam löste sich die knisternde Spannung; niemand wagte es, die Hand zu erheben gegen das Mädchen, das die meisten von klein auf kannten und das neben dem großen, düsteren Vater so kindlich und schutzbedürftig wirkte. Nach der Rundfahrt war der Spuk vorbei. Die Leute gingen nach Hause, Wiener Neustadt blieb weiterhin »allzeit getreu«. Fünf Jahre später würden die Bürger die Stadt, aus der Friedrich längst geflohen ist, fast bis zur Selbstaufgabe gegen die Ungarn verteidigen ...

Die nicht ungefährliche Schlittenfahrt zu Wiener Neustadt stellt das erste historisch belegte, öffentliche Auftreten Kunigundes dar.

Das zweite erfolgte, wenige Wochen nach ihrem 15. Geburtstag, zu Ostern in der Hofburg zu Wien. Kunigunde wurde im Rahmen von tagelangen Festlichkeiten und Turnieren, die sich um repräsentative Regierungsgeschäfte des Kaisers rankten, offiziell in die Gesellschaft eingeführt. Friedrich vollzog die Belehnung des bayrischen Herzogs Georg aus dem Hause Wittelsbach und erteilte mehreren jungen Adeligen den Ritterschlag.

Längst wieder mit dem Kaiser ausgesöhnt und des Bannfluchs enthoben, genossen die Wiener den feierlichen Einzug der bayrischen Gäste, die vom Kaiser samt Tochter und zahlreichem Gefolge am Stadttor eingeholt und in glanzvoller Prozession zu ihrer Herberge, dem Cilli-Hof, geleitet wurden. Der Zug passierte auch Wiens Jahrtausendbauwerk, den Stephansdom, an dessen zweitem Turm seit 1462 eifrig gearbeitet wurde und der dann doch nicht vollendet werden sollte.

Am Ostersonntag gab es ein »Roßlaufen« (Pferderennen) zu Ehren der Besucher, anschließend einen Galaabend in der Hofburg. Nach der Tafel wurde getanzt, Herzog Georg führte mit der kleinen Erzherzogin den Reigen an.

Am Ostermontag, Punkt fünf Uhr nachmittags, schlug Kunigundes große Stunde. Während ihr Vater in seinem Staatsgewand, einem golddurchwirkten, über und über mit Perlen und Edelsteinen bestickten Damastmantel – er hat angeblich einen Wert von 500 000 Gulden repräsentiert –, gefolgt von drei Adeligen, die Zepter, Schwert und Reichsapfel trugen, zum Lehensstuhl im Hof der Burg schritt, durfte Kunigunde, nun schon in der Rolle der Ersten Dame des Landes, unmittelbar hinter den Würdenträgern folgen. An der Seite des Kaisers, umringt von ihren Hofdamen, war die Fünfzehnjährige die prominenteste weibliche Zeugin der komplizierten und langwierigen Zeremonien von Lehensverleihung und Ritterschlag.

Herzog Georg empfing kniend die Lehensurkunde, hinter ihm standen sein Vetter, Herzog Christoph, sowie beider Freund, Niklas von Abensberg, einer der reichsten und mächtigsten Männer Bayerns. Niemand, schon gar nicht das Mädchen Kunigunde, konnte zu jenem Zeitpunkt ahnen, auf welch dramatische Weise dereinst ihr Schicksal mit dem von Herzog Christoph und Niklas von Abensberg verknüpft sein würde. Noch trug Christoph nicht das Stigma des

Mörders auf der Stirn, noch war der hochfahrende Abensberg nicht als Opfer gezeichnet; noch deutete nichts darauf hin, daß das Abensbergsche Vermögen sich dermaleinst in eine blutige Mitgift verwandeln würde – die Mitgift für Kunigunde, die an diesem Ostermontag Anno 1480 zum ersten Mal in die große, glänzende Welt der Erwachsenen einbezogen wurde.

Ein Wermutstropfen mag ihre Freude getrübt haben: Sie war *schon* fünfzehn und noch immer nicht einmal verlobt – eine für ein Mädchen ihres Ranges irritierende Tatsache.

Bereits der Gründervater der Dynastie, König Rudolf I., hatte Ende des 13. Jahrhunderts erkannt, welch eminentes politisches Kapital sieben Töchter darstellten, die er taktisch klug mit den führenden Fürstenhäusern Europas verheiratete, von Brandenburg bis Neapel, von Bayern bis Böhmen. Rudolfs Nachkommen hielten es ebenso, doch nicht nur sie allein. Die Knüpfung verwandtschaftlicher Bande durch möglichst vorteilhafte eheliche Bindungen zwischen den großen Häusern galt durch Jahrhunderte als Garant für Machtgewinn, Einfluß und Frieden – auch dann noch, als die schönen Hoffnungen sich zu wiederholten Malen als bloße Schimären erwiesen hatten.

»Bella gerant alii, tu felix Austria nube«, der dem Ungarnkönig Matthias Corvinus zugeschriebene Spruch ist bei näherem Hinsehen nichts weiter als ein oberflächliches Bonmot. Mehr als einmal ist es gerade einer Heirat wegen oder als deren Folge zu verheerenden kriegerischen Auseinandersetzungen gekommen. Auch Kunigundes weiterer Lebensweg war ein – wenn auch nur am Rande der Weltgeschichte bedeutungsvolles – Indiz für solche Fehleinschätzungen.

Selbstverständlich wurde schon von der Geburt der Erzherzogin an nach einer möglichst günstigen Verbindung Ausschau gehalten, und mehrere Bewerber stellten sich ein, noch ehe sie den Windeln entwachsen war. Das Mädchen war eine begehrte Partie, wegen der ideellen kaiserlichen Gloriole einerseits, aus machtpolitischen Erwägungen andererseits: als mögliche Erbin der österreichischen Lande und vielleicht sogar Ungarns, nur einen Herzschlag von Friedrichs Erstgeborenem, Maximilian, entfernt. Außerdem ging die Fama, daß der Kunigunde überschriebene mütterliche Schatz einen sagenhaften Wert darstellte.

Friedrichs bizarrster Plan für die Vermählung seiner Tochter kreiste um die Person des türkischen Sultans Mehmed (Mohammed) II., des Eroberers von Konstantinopel. Der Fall der christlichen Bastion am Bosporus im Jahre 1453 und der Untergang des Byzantinischen Reiches war Europas Trauma im 15. Jahrhundert – schlechtes Gewissen paarte sich mit Existenzangst. Mehrmals hatte Konstantinopel Kaiser und Päpste um Hilfe gegen die Türken angefleht, immer wieder war sie verweigert worden, weil Europas Fürsten, ständig in egoistischem Zank und kleinlichem Hader verstrickt, zwar feierliche Absichtserklärungen äußerten, im Grunde aber nicht daran dachten, den bedrängten Glaubensbrüdern mit Soldaten, Waffen oder gar Geld beizuspringen.

Als Konstantinopel und der Balkan überrannt waren, als der Türkensturm auf die Mitte Europas zielte und alle Einzelsiege über die Osmanen sich nur als zeitlich begrenzte Scheinerfolge entpuppten, griff Panik um sich. Lähmende Panik, so daß wieder keine gesamteuropäische Aktion zustande kam.

Nur die unmittelbar bedrohten Länder versuchten sich zu wehren, so gut es eben ging. Aber nicht einmal die gemeinsame Gefahr verhalf der Vernunft zum Durchbruch. Friedrich III. und Matthias Corvinus hörten nicht auf, einander erbittert zu befehden, obwohl beiden der Türke schon im Nacken saß und bereits nach Ungarn, nach Kärnten und in die Steiermark vorstieß.

So hat sich denn Friedrich zum Äußersten entschlossen, zur Opferung seiner geliebten Tochter, mit dem phantastischen Hintergedanken, sie könnte Mehmed und damit das Volk der Türken zum Christentum bekehren und aus blutrünstigen Feinden verläßliche Verbündete machen.

Die zeitgenössischen Berichte über die delikaten Geheimverhandlungen zwischen der kaiserlichen Burg und der türkischen Pforte konnten allerdings von der modernen Wissenschaft bislang weder eindeutig bestätigt noch widerlegt werden.

Die einzig seriöse Quelle stammt von Johannes Cuspinian (eigentlich Spießhaymer), Rektor der Wiener Universität, Diplomat und enger Freund Kaiser Maximilians I. sowie Verfasser des Standardwerkes »Von den Cäsaren und den Kaisern«, dessen Bogen sich von den legendenumwobenen Anfängen der europäischen Herrscherhäuser bis zu Maximilians Tod spannt. Das Buch ist 1540 auf lateinisch und schon 1541 auf deutsch erschienen – also fast 50 Jahre nach Friedrichs Tod.

Es ist durchaus denkbar, daß der dem Hause Habsburg ergebene Cuspinian den Kaiser von dem ständigen Vorwurf reinwaschen wollte, nichts Entscheidendes, Dramatisches gegen die Türkengefahr unternommen zu haben. Andererseits scheint es heute faktisch unmöglich, die mystisch verbrämte Vorstellungswelt eines mittelalterlichen Kaisers zu enträtseln – eines Mannes, von dem wir wissen, wie sehr der christliche Glaube sein Leben bestimmte, wie ihn der Siegeszug der Moslems belastete, wie er durch Beschwörungen versucht hat, der Gefahr beizukommen. So hatte er ursprünglich die Absicht, den Sohn Maximilian nach dem ersten christlichen Kaiser des oströmischen Reiches Konstantin zu nennen, in der Annahme, daß schon der große Name dem Sohn die magische Kraft verleihen könnte, der Feinde Christi Herr zu werden.

Die Wahl eines Taufnamens ist eine Sache. Die Auslieferung der einzigen Tochter an einen Potentaten, von dem Friedrich gewußt haben muß, wie er 1453 in Konstantinopel gewütet, den Großteil der Einwohner umgebracht oder in die Sklaverei verkauft hat – das ist eine ganz andere Sache. Glaubte Friedrich wirklich, daß seine Tochter das Wunder einer Bekehrung vollbringen und aus fanatischen Muselmanen fromme Christen machen könnte? Unsere Antwort lautet: nein. Doch Friedrich *glaubte* noch inbrünstig, und wahrer Glaube ist unbeirrbar in der Gewißheit, daß sich Wunder jederzeit ereignen können.

Sollten nicht doch noch unanfechtbare Dokumente über das sonderbare Projekt aufgefunden werden, wird man nie erfahren, ob es tatsächlich existierte – und wenn ja, warum es sich zerschlagen hat.

Einwandfrei nachgewiesen sind mehrere andere Eheanbahnungen. Sogar das Porträt der etwa zwölfjährigen Kunigunde ist erhalten, das Friedrichs Unterhändler an verschiedenen europäischen Höfen vorzeigten, um den Wunschkandidaten die Braut schmackhaft zu machen. Beeindruckend auf dem Bild ist nicht so sehr das ein wenig rundliche, ausdruckslose Gesicht des Mädchens als vielmehr ihr Kopfschmuck, eine fremdartig wirkende Kombination aus Krone und Haube, überladen mit Perlen und Edelsteinen. Der für damalige mitteleuropäische Modebegriffe ausgefallene Hut stammte aus dem Besitz von Kunigundes portugiesischer Mutter.

Einer der heftigsten Bewerber um die Hand der Erzherzogin war der Ungarnkönig Matthias Corvinus. Er stand im blühenden Mannesalter von dreißig Jahren, als er sich um die Hand der fünfjährigen Erzherzogin bemühte. Seine Motive waren naheliegend und einleuchtend. Er hoffte auf Gebietsgewinn im benachbarten Österreich und spekulierte sogar damit, Friedrichs Nachfolge als deutscher König und römischer Kaiser anzutreten. Ganz zu schweigen von der Steigerung seines Ansehens durch die Verbindung mit dem Hause Habsburg.

Nach längeren Überlegungen entschied sich Friedrich, der mittlerweile ohnedies einen gegenseitigen Erbfolgepakt mit Matthias abgeschlossen hatte, den Antrag abzulehnen. Keineswegs störte ihn der gewaltige Altersunterschied zwischen Corvinus und Kunigunde. Der aus kleinem Landadel stammende Ungar, den er immer als Emporkömmling abqualifiziert hatte, war ihm vielmehr nicht gut genug als Schwiegersohn. Manche Historiker vermuten in dieser Zurückweisung einen der Hauptgründe für die zunehmende Feindseligkeit des Ungarnkönigs gegenüber Friedrich, die schließlich in der Eroberung halb Österreichs und in der Besetzung Wiens gipfelte. Aber bevor es dazu kam, gab Friedrich dem Ungarn noch weiteren Anlaß, verstimmt zu sein. Eine sehr persönliche Angelegenheit, nämlich seine ständige Geldnot, war es, die Friedrich veranlaßte, Matthias einen anderen, höchst verwickelten Heiratshandel vorzuschlagen, nachdem der Ungarnkönig 1476 Beatrix, die Tochter des Königs von Neapel, geheiratet hatte. 1477 fiel der Ungar wieder einmal in Österreich ein, erklärte sich aber zum Rückzug bereit, falls Friedrich 100 000 Gulden bezahlen würde. Friedrich besaß dieses Geld nicht, aber besaß die inzwischen zwölfjährige Tochter. Er versprach, wie in einer Geheimklausel des Friedensvertrages nachzulesen ist, Kunigunde mit dem Schwager des Matthias zu vermählen und diesen zum Herzog von Mailand zu machen. Dafür sollte Matthias dem Kaiser die Schuld erlassen. Matthias zog sich vereinbarungsgemäß aus Österreich zurück, Friedrich hingegen kümmerte sich nicht um den Vertrag. Weder zahlte er, noch verlobte er Kunigunde mit dem neapolitanischen Prinzen, der auch nicht mit dem Herzogtum Mailand belehnt wurde. Matthias übte sich zwei volle Jahre in Geduld und Langmut, dann fiel er mit seinen gefürchteten »schwarzen Reitern« wieder über Stei-

*Porträt Kunigundes, das Kaiser Friedrich III. als »Brautwerbungsbild«
malen ließ*

ermark und Kärnten her; ein Jahr später drang er bis ins Marchfeld nahe bei Wien vor. 1485 besetzte er Wien, das er zu seiner Residenz machte und wo er bis zu seinem Tode im Jahre 1490 blieb.

Im Lichte dieser mehrfachen Brüskierung des Ungarn durch den Kaiser läßt sich vielleicht am ehesten jener Kriminalfall verstehen, in dessen Mittelpunkt Kunigunde 1481 stand. Noch heute erfahren steirische Kinder aus den Schulbüchern, daß die Kaisertochter um ein Haar entführt worden wäre, wobei bis vor kurzem die seriöse Geschichtsschreibung das Ereignis als schaurig-schöne Legende abtat. Neueste Forschungen allerdings, gestützt auf überraschend entdecktes Archivmaterial, lassen eher vermuten, daß diese Affäre sich tatsächlich in der durch Jahrhunderte überlieferten Form abgespielt hat.

Ende Oktober 1481 begab sich Kunigunde mit einigen ihrer Hofdamen auf den Weg nach Graz. Zu ihrer Begleitung waren nicht weniger als 1 200 Mann unter dem Kommando der Hauptleute Sittich von Zedtwitz und Andreas Weispriacher aufgeboten. Die starke Bedeckung weist darauf hin, wie unsicher die Reiseroute und wie sehr der Kaiser um seine Tochter besorgt war. Die Damen fuhren ziemlich überstürzt ab, weil in Wien, wo sich Kunigunde zu jener Zeit aufhielt, einige Fälle von Pest registriert worden waren.

Graz war zwar in weitem Bogen von den Ungarn umzingelt – sie hatten bereits Leibnitz, Deutschlandsberg, Schwanberg und Radkersburg sowie Fürstenfeld in der Hand –, doch offensichtlich war die Furcht des Kaisers, seine Tochter könnte an der Pest erkranken, größer als die Angst vor den Ungarn. Überdies hatte Friedrich auf dem schon durch seine natürliche Beschaffenheit schwer einnehmbaren Dolomitklotz des Schloßberges seine Residenz mit ungeheurem Aufwand ausbauen und schwerst befestigen lassen. Die Grazer Burg galt als uneinnehmbar.

Graz und seine Burg aber waren die Schlüsselstellung auf dem Weg aus Richtung Süden ins Innere Österreichs. Kein Wunder, daß die Ungarn ihr begehrliches Auge darauf richteten. Da die Aussichten auf kriegerische Erfolge im Hinblick auf die Wehrtüchtigkeit der Stadt überaus gering war, lag der Plan nahe, die Festung durch Verrat zu gewinnen. Ein gewisser Haugwitz von Biskupitz und Seibersdorf, der in Diensten des Matthias Corvinus stand, machte sich an zwei Hauptleute der Burgwache heran, Grässel und Himmelfeind – ihre

Vornamen sind nicht bekannt –, die den Ungarn für eine hohe Belohnung eine kleine Nebenpforte öffnen sollten.

Es ist nicht sicher, ob es die Ungarn ursprünglich nur auf die Burg allein abgesehen hatten und erst spontan den Plan faßten, sich auch
Kunigundes zu bemächtigen, oder ob sie von allem Anfang darauf
zielten, das kostbare Pfand in die Hand zu bekommen. Wahrscheinlich trifft die erste Version zu, denn die Kaisertochter tauchte eher
überraschend in Graz auf; Kunigunde war demnach eine Art will-
kommene Zugabe zur militärischen Unternehmung.

Was Grässel und Himmelfeind veranlaßt hat, sich in das Komplott
einzulassen, ist heute schwer zu beurteilen. Vielleicht wollten sie sich
– wie so manche andere steirische Adelige auch – mit den übermächtigen ungarischen Herren gutstellen, in der Annahme, daß Friedrich
doch früher oder später den kürzeren ziehen werde; vielleicht hatten
sie rein materielle Gründe, so wie der vorher erwähnte Andreas Weispriacher, dem der Kaiser das Leben seiner Tochter anvertraut hatte
und der bald darauf zur Gegenseite überwechselte, weil ihm Friedrich
den Lohn schuldig geblieben war.

Den genauen Zeitpunkt des Attentats kennen wir nicht; es muß aber
knapp vor Jahresende gewesen sein, was sich aus einer simplen Be-
rechnung der Reisezeit Wien–Graz ergibt. Kunigunde kann, wenn sie
an einem der letzten Oktobertage von Wien abgefahren ist, gar nicht
viel früher in Graz gewesen sein. Eine Kutsche schaffte bei den katastrophalen, noch dazu tief winterlichen Wegebedingungen der damaligen Zeit – die ausgezeichneten Straßen der Römer waren längst verfallen – kaum mehr als fünf bis sechs Stundenkilometer, und das nur
bei Tageslicht. Schon die Fahrt von Wien nach Wiener Neustadt war
ein beschwerliches Unternehmen, das sich manchmal über mehr als
einen Tag hinzog. Reisen nach Graz, Linz, Innsbruck oder München
– Städte, die Kunigunde in ihrem späteren Leben häufig besuchen
sollte – waren jedesmal ein abenteuerliches und beschwerliches Unterfangen, dessen Ende immer ungewiß war. Allein die Nächtigungen
stellten oft ein fast unlösbares Problem dar, gab es doch kaum Herbergen. Man übernachtete in finsteren Ritterburgen oder engen Bür-
gerhäusern.

Kunigunde war also kaum in Graz angelangt und fühlte sich in der
festen Burg geborgen, als eines Nachts 2 000 bis an die Zähne bewaff-

nete Ungarn von Leibnitz aus unter größtmöglicher Vermeidung von Lärm und Aufsehen bis nahe an die Stadt heranrückten. Während Grässel und Himmelfeind sich daran machten, den Seiteneingang für einen Vortrupp der Ungarn zu öffnen, wurden sie vom obersten Burghauptmann, Ulrich von Graben, überrascht.

Es gibt eine Variante der Geschichte, wonach Graben durch Hundegebell aufmerksam gemacht worden sei; dies ist aber ins Reich der Legende zu verweisen. Das einzige Indiz, eine Hundestatue im Grazer Schloß, die der Burghauptmann aus Dankbarkeit errichtet haben soll, stammt, wie neueste Untersuchungen ergaben, erst aus der zweiten Hälfte des 17. Jahrhunderts.

Graben alarmierte die Wachmannschaft, und die beiden Verräter konnten festgenommen werden, ohne erheblichen Widerstand zu leisten. Sie wurden sofort in Eisen geschlossen und in Begleitung von 200 Mann – ein Befreiungsversuch war nicht auszuschließen – nach Wien gebracht. Dort machte der Kaiser kurzen Prozeß, Grässel und Himmelfeind wurden auf dem Platz am Hof geviertelt.

Welch schockierendes Erlebnis für Kunigunde! Denn sicher war ihre Kindheit überschattet vom Geschwätz klatschsüchtiger Kinderfrauen und strenger Erzieherinnen: »Wenn du nicht artig bist, holt dich der Kunz von Kaufungen.« Gemeint war durchaus keine Sagenfigur, sondern ein sächsischer Ritter, der zwei Neffen des Kaisers 1455 kurzfristig in seine Gewalt gebracht hatte:

Kunigundes Tante, Friedrichs Lieblingsschwester Margarete – auch nach ihrer Eheschließung mehrmals zu Gast in Wiener Neustadt –, war mit dem sächsischen Kurfürsten Friedrich verheiratet worden, der den Beinamen »der Sanftmütige« führte. Seinem friedlichen Namen zum Trotz war er in einen blutigen Erbfolgekrieg verwickelt, bei dem ihm Kunz von Kaufungen unschätzbare Hilfsdienste leistete. Auch der sächsische Friedrich scheint, so wie sein österreichischer Schwager gleichen Namens, Dienst- und Gefolgsleute öfter mit leeren Versprechungen als mit barer Münze entlohnt zu haben. Der sanftmütige Friedrich hat sich im Falle des Kunz von Kaufungen eine besondere Infamie geleistet. Er schenkte dem Ritter, solange der Krieg nicht entschieden war, ein großes Gut bei Meißen – um es ihm nach glücklich errungenem Sieg sofort wieder abzunehmen.

Kaufungen zahlte mit gleicher Tücke heim und entführte die beiden minderjährigen Söhne des Kurfürsten, um sie in eine böhmische Burg zu bringen. Während einer Waldesrast konnte einer der Prinzen entwischen. Er traf einen Köhler, dem er sich anvertraute. Der brave Mann alarmierte seine Zunftgenossen, und denen gelang es, auch den zweiten Prinzen in Sicherheit zu bringen. Der Köhler wurde hoch geehrt und reich beschenkt, Kunz von Kaufungen gefangengenommen und enthauptet.

Auch der Grazer Schloßhauptmann, der Kunigunde vor dem Schicksal ihrer beiden Vettern bewahrt hatte, ist vom Kaiser geehrt und ausgezeichnet worden. Nicht einwandfrei feststellbar ist, ob er, wie manche behaupten, Landeshauptmann der Steiermark wurde.

Kunigunde blieb von da an die meiste Zeit in Graz, denn sowohl Wien wie auch Wiener Neustadt waren mittlerweile viel zu unsicher. Auch der Kaiser zog sich nach Graz zurück, als die Ungarn 1482 bis nach Baden bei Wien vordrangen.

In lähmender Eintönigkeit verging nun die Zeit für Kunigunde. Die Hofhaltung war einfach und karg, es gab keine Feste, keine Turniere, selbst ausländische Delegationen, die früher manchmal ein wenig Abwechslung in den tristen Alltag gebracht hatten, kamen selten.

Als die militärische Lage immer aussichtsloser, als allmählich gewiß wurde, daß Matthias demnächst nicht nur halb Niederösterreich, sondern auch Wien besetzen würde, als allen Ernstes zu befürchten stand, daß selbst die feste Burg zu Graz bald nicht mehr der sichere Hort sein würde, für den sie immer gehalten worden war, entschloß sich der Kaiser, alles, was ihm lieb und teuer war, zu evakuieren: seine Tochter, seine private Schatzsammlung, das Heiratsgut seiner verstorbenen Frau und das kaiserliche Archiv. »Jedermann ist hier zum Aufbruch bereit«, heißt es in einem Brief aus jenen Tagen.

Am 24. Februar 1484 war es soweit. Kunigunde und vierundzwanzig ihrer Hofdamen brachen mit der Hofmeisterin Hedwig Despotin in nicht weniger als achtundzwanzig Wagen auf, jeder war mit sechs starken Hengsten bespannt. In Bruck und in Leoben stießen weitere vierzehn Wagen voll mit Urkunden zu dem Konvoi, dessen Begleitschutz 600 Berittene bildeten. Ein Teil des Staatsarchivs wurde nach Linz gebracht. Dort residierte Friedrich bis zu seinem Tode. Kunigunde und ihr Hofstaat wurden nach Innsbruck geschickt – so weit würden die Ungarn doch nicht vordringen!

Anfang 1485 – die Ungarn nahmen gerade Wien in Besitz – reiste Friedrich nach Innsbruck, um sich zu überzeugen, daß Kunigunde bei seinem Vetter und ehemaligen Mündel Sigismund gut untergebracht wäre. Dann gab es einen herzzerreißenden Abschied zwischen dem nun schon sehr alten und ein wenig gebrechlichen Herrscher und seiner Tochter – so, als ob beide geahnt hätten, daß für viele Jahre Haß, Verleumdung, Hader, Zank und Krieg zwischen sie treten würden.

Wie sehr Kunigunde auch unter der Trennung vom Vater gelitten haben mag, die Wunderwelt des Innsbrucker Hofes mit seinen nicht abreißenden Festen, Empfängen, Tafeln und Tänzen wird das junge Mädchen, das aus der Düsternis des Mittelalters in den sinnlichen Frohsinn der beginnenden Renaissance hineinversetzt wurde, einigermaßen schadlos gehalten haben. Hinzu kam, daß Sigismund, zum Unterschied von Friedrich, ein fröhlicher, leichtlebiger Mensch war, seiner Nichte herzlich zugetan. Wenn die Späße und die Neckereien, die er mit dem Mädchen trieb, manchmal auch ein wenig derb waren, wenn sie, wie Zeugen berichten, anfangs, heftig errötend, von einer Verlegenheit in die andere fiel – im Grunde mußte sie es genossen haben, der Eintönigkeit der väterlichen Hofhaltung einerseits, der ständigen Gefahr für Leib und Leben andererseits entronnen zu sein.

Als sich gar noch, und zwar sehr bald, ein routinierter Courschneider und ernsthafter Bewerber um ihre Hand einstellte, muß das ein absoluter Höhepunkt in ihrem bislang eher tristen Dasein gewesen sein. Heirat! Das bedeutete Ansehen und ein gewisses Maß an Selbständigkeit. Es war auch schon allerhöchste Zeit. Kunigunde zählte bald zwanzig Lenze, nach damaligen Begriffen stand sie an der Schwelle zum Matronenalter, und sie zeigte bereits einen sanften Ansatz zum Doppelkinn. Wenn sie nicht bald unter die Haube kam, würde das Kloster ihr unausweichliches Los sein.

Kunigunde entsprach gewiß nicht dem gängigen Schönheitsideal des 15. Jahrhunderts, das da forderte: »... ein Fuß mit hochgezogenem Rist, so daß ein Zeisig darunter schlüpfen kann, weiße Hände mit langen Fingern, ein runder, blendend-weißer Hals, ein Kinn mit Grübchen, purpurrote Lippen, elfenbeinweiße Zähne, rot angehauchte Wangen, die kleine Nase ein wenig gebogen, braune Augen nach Art der Falken, gelocktes Haar...« – aber sie war durchaus nicht unansehnlich, dazu erfrischend herzlich und intelligent.

Herzog Albrecht von Bayern, der sie unbedingt zur Frau haben wollte, war achtzehn Jahre älter und neigte deutlich zur Korpulenz. Er war aber ein gewandter Kavalier, wohlvertraut mit den feinen Formen höfischen Minnedienstes – da ein Taschentüchlein aufhebend, das gar nicht fallen gelassen worden war, dort einen schüchternen Augenaufschlag absichtlich falsch deutend. Dinge, die einem Mädchen aus der Provinz – und nichts anderes war die durch und durch steirische Kunigunde – nachhaltigen Eindruck machen mußten.

Ganz zu schweigen von dem Flair einer Jahrhundertromanze und eines Jahrhundertskandals, dessen später Abglanz den bayrischen Herzog noch immer umgab. Albrecht war der Sohn jenes anderen Albrecht, der sich heimlich mit der Augsburger Badestubenschönheit Agnes Bernauer vermählt hatte, die man in seiner Abwesenheit vor Gericht stellte, als Hexe verurteilte und in der Donau ertränkte. Kaum ein Jahr später heiratete der Witwer eine Prinzessin aus Braunschweig und zeugte zehn Kinder, von denen fünf überlebten. Kunigundes Freier war einer der jüngeren Söhne.

Ursprünglich zum Priesterberuf bestimmt, hatte er eine umfassende Bildung in Italien genossen. Sein Münchner Hof war eines der ersten Zentren deutscher Renaissancekultur, und Bayern sollte, nach Albrechts Willen, eine europäische Großmacht werden, und zwar mit Kunigundes Hilfe – aber, zumindest im Anfang, ohne deren Wissen.

Schlüsselfigur in einem feingesponnenen Ränkespiel war Herzog Sigismund von Tirol, der den Beinamen »der Münzreiche« trug.

Wie so oft erwies sich auch in seinem Fall das hochtrabende Attribut als leere Worthülse. Sigismund hat zwar eine großangelegte Münzreform durchgeführt, die Münze von Südtirol nach Hall in Nordtirol verlegt und hätte dank der hohen Ausbeute aus den Tiroler Silberbergwerken – allein die von Schwaz brachten 25 000 Kilogramm des Edelmetalls pro Jahr – ein reicher Mann sein müssen. Hätte sein müssen, war es aber nicht, weil ihm erstens das beträchtliche väterliche Erbe durch seinen Vormund, Kaiser Friedrich III., abhanden gekommen war und weil er zweitens infolge manischer Verschwendungssucht stets in größten Geldverlegenheiten steckte. Überdies führte er sinnlose Kriege gegen die Schweiz und gegen Venetien, auch war er gutmütig und leichtgläubig bis zum Schwachsinn. Sein Hof wimmelte von korrupten Schmeichlern, falschen Ratgebern und skrupellosen

Herzog Albrecht IV. von Bayern

Schmarotzern. Wer immer dem lendenstarken, aber in zwei Ehen kinderlosen Landesherrn als Sproß einer flüchtigen Liebschaft präsentiert wurde, konnte auf großzügige Unterstützung rechnen.

Sigismund baute die Innsbrucker Hofburg verschwenderisch aus, es gab sogar ein eigenes Haus für seinen Leibriesen Niklas Heidl. Daneben errichtete er Schlösser und Kirchen. Er ließ alles aufs feinste und aufs beste ausstatten, Schlitten, Kutschen und Schiffe für den Privatgebrauch bauen, exquisites Tafelgeschirr und protzige Prunkgewänder anfertigen. Goldschmiede schufen kostbaren Schmuck, Plattner teure Rüstungen. Täglich wurde üppigst getafelt, wobei die von Sigismund gegründete Hofkapelle, bestehend aus Trommeln, Pfeifern, Posaunenbläsern und Paukenschlägern, aufspielte. Ein Turnier löste das andere ab, Jagden, Bälle und Festumzüge unterhielten zahllose Gäste, die überdies splendid beschenkt wurden.

Sigismund war ein Fürst, auf den das Wort »er warf mit dem Geld um sich« im buchstäblichen Sinn zutraf. Kam er in die Münze nach Hall, dann spielte sich jedesmal die gleiche lächerliche Szene ab. Der Herzog ließ sich von den Münzern auf die Schultern heben und im Ort umhertragen; dabei warf er frisch geprägte Goldstücke unters jubelnde Volk. Bei den von der Bevölkerung hochgeschätzten Visiten des Landesherrn etwa eilten die hübschen Mädchen in Dörfern und Städten zum Marktplatz und veranstalteten Fangjagden auf ihren Herzog. Der kaufte sich dann mit Gold- und Silbergeld los. In seinen letzten Lebensjahren, als er schon an der »Blödigkeit des Geistes« litt, wie ein Zeitgenosse respektlos festhielt, und schwerer Gicht wegen an einen Tragstuhl gefesselt war, fand er kindisches Vergnügen daran, stundenlang in Schüsseln voller Münzen herumzuwühlen.

Woher sein nie versiegender Geldstrom stammte, war ein offenes Geheimnis. Herzog Albrecht, der in der Innsbrucker Hofburg aus und ein ging wie in seiner Münchner Residenz, sorgte dafür, daß dem Tiroler Bruder Leichtfuß niemals das Bare ausging. Sigismunds Ratgeber waren durch die Bank von Albrecht bestochen, und sie arbeiteten mit allen Mitteln, um den Herzog im Sinn des Bayern zu beeinflussen. So setzte sich einmal eine gewisse Spießin, Hofmeisterin von Sigismunds erster Frau, in einen Ofen und gab sich mit hohler Stimme als der Satan persönlich aus, um Sigismund in Angst und Schrecken zu versetzen und für die Pläne der Hofkamarilla gefügig zu machen.

Albrecht war kein selbstloser Wohltäter, sondern ein kühler Realpolitiker, dem es bereits gelungen war, die Herrschaft über halb Bayern an sich zu reißen. (Die andere Hälfte war in den Händen seines Vetters Georg, jenes Georg, bei dessen Belehnung im Jahre 1480 Kunigunde zum erstenmal offiziell aufgetreten war). Aber es sollte, nach Albrechts Wünschen, mehr als Bayern, es sollte auch, Stück für Stück, das Territorium der Habsburger sein eigen sein. Darum stillte der Bayer den unersättlichen Geldhunger des Herzogs Sigismund, und der verschrieb dafür dem Bayernherzog nach und nach Teile der Vorlande und weite Gebiete Tirols. Schließlich brachte Albrecht Sigismund dazu, ihm Tirol und die ganzen Vorlande für eine Million Gulden zu verpfänden, mit dem Versprechen, daß die Gebiete an Habsburg zurückgegeben würden, sobald Sigismunds Erben diese gigantische Summe, die weit über das Vorstellungsvermögen der Zeitgenossen hinausging, zurückgezahlt haben würden.

Es ist heute schwer, die exakte Kaufkraft von einer Million Gulden zu berechnen. Eine ungefähre Vorstellung mag sich aus Urkunden ergeben, die bezeugen, daß der 50 Personen umfassende Hofstaat von Herzogin Eleonore, der ersten Gemahlin Sigismunds, jährlich 1 500 Gulden verschlang. Ein Hofkapellmeister verdiente 80, ein Leibarzt 35 Gulden im Jahr.

Das Vertrauen Albrechts in die Vertragstreue des leichtsinnigen Sigismund hat sich wohl in Grenzen gehalten. Darum muß es ihm wie ein Geschenk des Himmels erschienen sein, als die Kaisertochter Kunigunde in Innsbruck ankam und Sigismund sich als willfähriger Heiratsvermittler erwies: Mit Kunigunde als Ehefrau konnte der Herzog von Bayern seine Gebietsansprüche untermauern. Der Traum vom Großbayrischen Reich rückte mit einem Schlag in greifbare Nähe, denn Albrecht hatte inzwischen auch Anrechte auf Verona erworben sowie auf Holland, Seeland und Friesland weit zurückreichende Erbansprüche Bayerns angemeldet. Außerdem begehrte Albrecht, der ja selbst sehen mußte, wie er zu Geld kam, die großen Güter und das immense Vermögen des Niklas von Abensberg, der seinem Herzog wohl treu ergeben, aber nicht gewillt war, diesen als Erben einzusetzen.

Niklas von Abensberg, der Kunigunde 1480 vorgestellt worden war, hatte Albrecht einen unschätzbaren Dienst erwiesen, als es um die

Vorherrschaft in der Münchner Residenz ging. Albrecht war es bereits gelungen, einen älteren Bruder mit mehr oder weniger legalen Mitteln vom Thron zu drängen, aber es gab noch einen zweiten, Christoph – der ebenfalls 1480 in Wien gewesen war –, und der wollte sich nicht einfach ausbooten lassen. Es kam zu heftigen Auseinandersetzungen zwischen den Brüdern, das Glück neigte sich bald dem einen, bald dem anderen zu, als Albrecht von einem angeblich geplanten Mordkomplott Christophs erfuhr. Da schlug er zu. Das heißt, er ließ zuschlagen, und zwar durch Niklas von Abensberg.

Christoph saß nichtsahnend in einer Münchner Badestube – alle Welt vergnügte sich damals singend, lachend, musizierend und tafelnd in den öffentlichen Badestuben –, als Niklas mit einigen seiner Mannen in das Haus eindrang. Sie zogen den nackten Herzog aus der Badewanne, wickelten ihn in Tücher und schleppten ihn in die »neue Veste«. 18 Monate schmachtete Christoph hinter Kerkermauern, ehe er überraschend freigelassen wurde. Sofort rüstete er wieder zum Krieg gegen Albrecht, der seinerseits zum Gegenschlag ausholte.

Ein tausendköpfiges Ritterheer unter Abensberg belagerte und stürmte Christophs Burg Landshut. Christoph konnte entkommen; nun war sein erstes Anliegen, sich an Abensberg zu rächen. Ein Dutzend Männer, unter persönlicher Führung Christophs, überfiel den Ritter am 28. Februar 1482 um fünf Uhr nachmittags auf offener Straße. Christophs Freund, Seitz von Freudenberg, stach dem Abensberg »unterhalb des Panzers einen Dolch mitten ins Herz«, vermeldete ein Zeuge der Tat. Abensberg war auf der Stelle tot.

Er starb ohne leiblichen Erben, hatte aber sein ganzes Vermögen einem geliebten Ziehsohn vermacht – ein Umstand, der Albrecht keineswegs davon abhielt, den gesamten Besitz seines Freundes einzustreichen, ohne sich darum zu kümmern, daß die Güter Reichslehen waren, daß also letzten Endes der Kaiser zu verfügen hatte, wem sie zufallen sollten. Der Kaiser ließ mit sich reden. Für eine Abschlagsumme von 20 000 Gulden sollte Albrecht das Lehen erhalten.

Während die Verhandlungen noch im Gange waren, fand Albrecht die bessere Lösung. Er hielt um Kunigunde an, der Kaiser sollte das blutbesudelte Lehen von Abensberg dem Bräutigam als Mitgift überlassen. Friedrich stimmte freudig zu. Er war solcherart der leidigen Sorge um eine standesgemäße Aussteuer seiner Tochter enthoben, und überdies hegte er die Hoffnung, die von Sigismund leichtfertig abgetretenen Gebiete durch verwandtschaftliche Verbindung mit dem Hause Wittelsbach für das Haus Habsburg zu retten.

Albrecht hatte nichts dergleichen im Sinn. Vielmehr ließ er, seiner Beute sicher, unverzüglich die »gar alte Straß« zwischen Mittenwald und dem Inntal ausbauen und modernisieren. So entstand, auf 12 Meilen sogar mühsam aus dem Fels gehauen, die erste Alpenstraße Europas. Albrecht untersagte Kunigunde, ehe sie noch endgültig ihr Jawort vor dem Altar gegeben hatte, auf ihre Erbansprüche zu verzichten, wie es normalerweise üblich gewesen wäre. Und er besetzte die freie Reichsstadt Regensburg, die der kaiserlichen Oberhoheit unterstand.

Es handelte sich keineswegs um eine brutale Inbesitznahme, die Regensburger unterwarfen sich dem durchschlagskräftigen Herzog mit großer Beflissenheit, gierig jede seiner Versprechungen aufsaugend. Regensburg, einst stolze Residenz der Bayernherzöge, dämmerte seit Jahrzehnten der Bedeutungslosigkeit entgegen. Das Regiment des Kaisers war hart, die Steuern (in der Höhe von 33 Prozent) drückten schwer. Außerdem hatte der Kaiser, wie im ganzen Deutschen Reich und in den österreichischen Erblanden, den Juden alle bürgerlichen Rechte wieder verliehen, nachdem es in der ersten Hälfte des Jahrhunderts nach einer Reihe mörderischer Pogrome gelungen war, die verhaßten »Christusmörder« loszuwerden. Man munkelte, daß sich der Kaiser sogar einen jüdischen Kammerdiener hielt – für viele Judenhasser ein Grund mehr, den Kaiser abzulehnen.

Regensburg, so verkündete Albrecht, sollte bald judenfrei sein, Regensburg würden große Teile der Steuerlasten genommen, Regensburg sollte wieder herzogliche Residenz werden; kaum in der Stadt eingezogen, ließ der Herzog den Bau eines gewaltigen Schlosses beginnen.

Der Kaiser war außer sich vor Wut. »Lieber will ich ganz Österreich verlieren, als auf Regensburg verzichten«, soll der sonst eher gelassene, wenn nicht gar phlegmatische Mann getobt haben. Sofort zog er die Einwilligung zur Vermählung seiner Tochter mit dem Bayern zurück. Doch ehe Kunigunde davon erfahren konnte, war sie bereits verheiratet. Albrecht und Sigismund hatten den Hochzeitstermin überstürzt mit 2. Januar 1487 angesetzt, und kaum war die hastige

Trauungszeremonie in der Innsbrucker Schloßkapelle vorbei, eilte der Herzog mit seiner jungen Frau ins Brautgemach, um die Ehe zu vollziehen.

Kunigunde hatte zunächst keine Ahnung, wie spitzbübisch sie getäuscht worden war. Unmittelbar vor der Trauung hatte man ihr einen »Willbrief« des Kaisers vorgelegt, eine ausdrückliche schriftliche Einwilligung zur Ehe mit Albrecht, säuberlich kalligraphiert und mit dem kaiserlichen Siegel versehen – doch das alles war eine perfekte Fälschung. Als die arme Frau dahinterkam, war es längst zu spät und ihr Geschick auf Gedeih und Verderb mit dem des Bayernherzogs verbunden.

Wie mag Kunigunde zumute gewesen sein, als Albrecht seine soeben angetraute Gemahlin sogleich nach Regensburg brachte, wo das Paar in einen Taumel von Huldigungen und von der gesamten Bürgerschaft inszenierten Freudenfesten versank? Zu diesem Zeitpunkt muß ihr längst klar gewesen sein, daß der Onkel und der Ehemann sie schmählich hintergangen hatten.

Die Rache des Kaisers folgte auf dem Fuß. Er verhängte über die ungetreue Stadt Regensburg, wenig später über den ungeliebten Schwiegersohn, die Reichsacht. Kunigunde, mittlerweile in München als Herzogin der Bayern installiert, sandte einen flehenden Brief nach dem anderen an den Vater. Vergeblich wartete sie auf Antwort aus Linz. In ihrer Herzensnot wandte sie sich an den fernen und längst entfremdeten Bruder Maximilian, der ein Jahr vor ihrer Hochzeit zum deutschen König gekrönt worden war.

Maximilians energische Vermittlung konnte in letzter Minute das Schlimmste verhindern. Schon hatte Friedrich zum Krieg gegen den unbotmäßigen Herzog aufgerufen, schon marschierte ein Söldnerheer auf das Lechfeld, schon schien der Kampf des Schwiegervaters gegen den Schwiegersohn unausweichlich, als Maximilian die Streitparteien doch noch vom offenen Kampf abhalten konnte.

Die Verhandlungen zogen sich über Jahre. Sie wurden von beiden Seiten mit großer Zähigkeit und Starrköpfigkeit geführt. Albrecht ritt, auf Drängen seiner Frau und seines Schwagers Maximilian, nach Linz zum alten Kaiser. Doch statt der erhofften Versöhnung kam es erneut zu lärmenden Auseinandersetzungen, wobei sicher nicht nur der aktuelle Fall Regensburg, sondern auch Albrechts oftmals gezeigte Anti-Habsburg-Haltung zur Sprache gekommen sein dürfte. Wenn es um seinen Vorteil ging, hat Albrecht bedenkenlos mit jedem Gegner des Kaisers zumindest Kontakt aufgenommen. Der Kaiser schrie am Ende der fruchtlosen Diskussionen: »Der Stolz des Fürsten in Bayern muß gedemütigt werden«, und Albrecht reiste beleidigt ab. Schließlich kam es doch zu einem Kompromiß: Albrecht räumte Regensburg, mußte sogar die halb fertige Residenz schleifen lassen, verzichtete auf alle Verschreibungen und Vermächtnisse Sigismunds, der später seinerseits zugunsten seines Neffen Maximilian abdankte, und Kunigunde legte alle ihre Erbansprüche zurück. Dafür durfte Albrecht die blutige Mitgift Abensberg behalten – so lange, bis Friedrich imstande sein würde, 16 000 Gulden hinzulegen. Jedermann war sich darüber im klaren, daß diese Summe niemals aufgebracht werde, daß Albrecht für immer Nutznießer des Freundes und Gefolgsmannes sein würde, der seinetwillen das Leben gelassen hatte.

Herzog Christoph, der den Tod des Niklas von Abensberg verschuldet hatte, konnte Albrechts Herrschaft nicht mehr anfechten. Er trat als geschickter Feldherr in Maximilians Dienste und starb nach einer Bußfahrt ins Heilige Land auf der Insel Rhodos an einer nicht näher bezeichneten Seuche. Seiner Schwägerin Kunigunde, die er verehrte und schätzte, vermachte er einen besonders kostbaren Armreifen.

Albrecht hat später sein Lebensziel, wenn nicht ganz, so doch zum Teil erreicht. Es gelang ihm nicht, aus Bayern eine europäische Großmacht zu machen, aber es gelang ihm immerhin, Bayern zu einigen. Als sein Vetter, Georg von Landshut, starb und nur eine Tochter hinterließ, der er, zusammen mit ihrem Ehemann, das Land vermachte, schlug Albrecht neuerlich zu. In einem langen, blutigen und überaus kostspieligen Krieg brachte Albrecht das Erbe des Vetters an sich. Bayern war geeint und sollte es fortan bleiben. Maximilian stand an der Seite des Schwagers und durfte zum Lohn die Herrschaften Kufstein, Kitzbühel und Rattenberg einstecken, die bis dahin eindeutig bayrisch gewesen waren.

So bedenken- und gewissenlos Albrecht erscheinen mag, wenn es um die Mehrung seiner Macht und seines Vermögens ging – eine Haltung, die damals gang und gäbe war und, außer bei den unmittelbar Betroffenen, nicht den geringsten Anstoß erregte –, so klug und maßvoll agierte er in der Innenpolitik und Verwaltung, so daß ihm die

Nachwelt den Beinamen »der Weise« verliehen hat. Bayern war, dank einer von Albrecht geschaffenen Stadt- und Landpolizei, eines der sichersten, wenn nicht überhaupt das sicherste Land Europas. Dem Räuber- und Bandenunwesen wurde ein Ende gesetzt.

Eine Gesetzesreform räumte rigoros mit allen unlauteren Machenschaften im Handel und im Geldverkehr auf. Freie Bürger erhielten das Jagdrecht, womit eine der Wurzeln der Bauernaufstände, die außerhalb der blau-weißen Gemarkungen um diese Zeit allerorts aufzuflammen begannen, von vornherein gekappt war. Auch setzte Albrecht tiefgreifende kirchliche Reformen durch, so daß der Protestantismus, der wenig später das Deutsche Reich und die österreichischen Erblande in feindliche Lager spalten sollte, in Bayern niemals wirklich Fuß fassen konnte.

Albrecht verlangte von seinen Untertanen mäßiges Leben und Vermeidung von überflüssigem Luxus. Strenge Kleidervorschriften sorgten dafür, daß ausschließlich im Lande erzeugte Stoffe verwendet wurden; bei Festlichkeiten und Familienfeiern waren nur acht Gäste erlaubt; das Wetttrinken und Zuprosten war streng untersagt – eine Maßnahme, welche die Bayern am härtesten getroffen haben muß, denn schon damals waren sie begeisterte und standfeste Biertrinker.

Was Albrecht von den Landeskindern forderte, hielt er selbst rigoros ein. Seine Hofhaltung war ein Vorbild an Mäßigung und Sparsamkeit, ohne den leisesten Anstrich von Pfennigfuchserei.

Wenn man es genau nimmt, war Albrecht einer der ersten Renaissancefürsten im deutschen Raum, ohne die üble Verschwendungssucht, Maß- und Zügellosigkeit, die den meisten weltlichen und kirchlichen Fürsten, die Päpste eingeschlossen, südlich der Alpen anhaftete.

Der Mitbegründer der Universität Ingolstadt gab dieser moderne Statuten, garantierte die Freiheit der Lehre und holte aus aller Welt bedeutende Professoren, die das Privilegium völliger Steuerfreiheit genossen. Albrecht, selbst ein hervorragender Mathematiker, förderte die Künste auf das großzügigste, schickte Maler zur Ausbildung nach Italien und holte zwei bedeutende englische Musiker, Conrath Smyth und Peter Skeydrell, nach München.

Daß München damals eine ebenso prominente Stellung eingenommen hat wie heute, geht aus der berühmten »Weltchronik« des Nürnberger Arztes und Humanisten Hartmann Schedel hervor, wo es heißt: »München ist unter den Fürstenstädten in deutschen Landen hochberühmt ... Wiewohl diese Stadt für neu geachtet wird, so übertrifft sie doch die anderen Städte an öffentlichen und privaten Bauten. Denn allda sind gar schöne Behausungen, weite Gassen und gar wohlgezierte Gotteshäuser. Diese Stadt ist an einem wohnsamen Ort an der Isar gebaut. Daselbst haben die Kaufleute zu Zeiten ihren Durchgang aus welschem ins deutsche Land ...«

München verzeichnete zu Albrechts Zeiten die meisten öffentlichen Bäder Deutschlands und zahlreiche Brauereien. Als die einundzwanzig Brauhäuser den Durst der Münchner nicht mehr zu stillen vermochten, erhielt jedermann das Recht, Bier zu brauen, vorausgesetzt, daß er fünf Gulden an die herzogliche Kassa zahlte.

Albrecht ließ Brücken errichten, Gewässer regulieren und sogar eine Rohrwasserleitung legen. Im Mittelpunkt der Stadt befand sich, als Kunigunde dort ihren Wohnsitz nahm, eine gigantische Baustelle: 1468 war mit der Errichtung der Frauenkirche begonnen worden. Sie war von Anfang an eine Herzensangelegenheit sämtlicher Münchner, gelegentlich Zentrum des gesellschaftlichen Lebens. In schönster, fast demokratischer Eintracht trafen einander dort die Angehörigen aller Stände, teils um zu schauen, teils um tatkräftig beim Bau Hand anzulegen. Der Herzog ließ aus seinen Wäldern über die Isar das benötigte Bauholz heranflößen, die Herzogin überzeugte sich laufend vom Fortschritt der Arbeiten.

Man sah Kunigunde in der Kirche, man sah sie bei den berühmten »Fräulein-Rennen« (Pferderennen, die ausschließlich von jungen Edeldamen bestritten wurden), man sah sie an der Seite des Herzogs beim Ratsmahl, das stets im Anschluß an die Wahl der Stadträte stattfand; sie nahm an vielen, wenn auch nicht allen Veranstaltungen des Hofes teil. Aber es hat den Anschein, daß sie, zumindest im Anfang ihrer Ehe, außer bei unumgänglich notwendigen Repräsentationspflichten, wenig Kontakt mit ihrem Mann hatte.

Der plumpe Betrug, durch den diese Heirat zustande gekommen war, hat das private Zusammenleben von Albrecht und Kunigunde getrübt, auch als bereits die ersten drei Kinder, Sidonie, Sibylle und Sabine, kurz hintereinander geboren wurden.

»Nur« drei Mädchen – in dieser Ehe konnte etwas nicht stimmen, wenn ihr der Segen eines Stammhalters vom Himmel vorenthalten blieb! Abgesehen davon, daß der Herzog häufig nicht in seiner Hauptstadt weilte, fiel es doch auf, daß das Paar auch innerhalb Münchens getrennt lebte. Einige Gesandte wiesen in ihren Briefen ausdrücklich darauf hin, daß sie wohl vom Herzog empfangen wurden, die Herzogin indes mit ihren Kindern in einem anderen Stadtteil residierte.

Schon in den frühesten Biographien Kunigundes heißt es, daß sie unglücklich über das Zerwürfnis zwischen Ehemann und Vater war, daß sie es kaum verkraftete, auf ihre verzweifelten Briefe an den Kaiser keine Antwort erhalten zu haben. Sie zog sich immer mehr in die Frauengemächer zurück, um sich fast ausschließlich ihren Kindern zu widmen, die sie abgöttisch liebte.

Es war wieder Maximilian, der eine Versöhnung anbahnte und auch tatsächlich zustande brachte. Endlich, nachdem der Kaiser mit dem Bayernherzog seinen politischen Frieden gemacht hatte, ließ der alte Herr sich bewegen, Tochter und Schwiegersohn nebst den drei Mädchen in Linz zu empfangen.

Friedrich führte in der Stadt, die er »wegen der Lauterkeit der Luft« zum Alterswohnsitz erkoren hatte, das abgeschiedene Dasein eines Sonderlings. Er lebte meist in der Burg, die er aus Sicherheitsgründen ausbauen und stärker befestigen ließ, für deren Innenausstattung er jedoch kaum Mittel aufwandte. Abgesehen vom Thronsaal, der mit prachtvollen Fresken versehen war, wirkten die engen Kammern ärmlich, dunkel und kahl. Ausländische Gesandte konnten sich nicht genug wundern über das spartanische Leben bei Hof.

Friedrich verkroch sich meist in einen entlegenen Raum, widmete sich der Mathematik, der Astrologie und der Alchemie, und es ging das Gerücht, daß er gelegentlich Mäuse fing, um aus deren Kot die Zukunft zu lesen.

Während der kalten Wintermonate wohnte er manchmal in einem ein wenig besser ausgestatteten Quartier außerhalb der Burg.

Als im Sommer 1492 Kunigunde, Herzog Albrecht und die drei kleinen Prinzessinnen zu Schiff nach Linz kamen, flackerte noch einmal so etwas wie Lebensfreude in dem einsamen alten Mann auf. Vater und Tochter, die einander acht lange Jahre nicht gesehen hatten, schienen überwältigt vom Glück des Wiedersehens, und es gab an dem sonst so kargen Hof endlich wieder einige Tage lang große Tafeln und fröhliche Feste. Besonders die reizenden Enkelinnen haben es dem greisen Großvater sehr angetan, denn »sein Herz schmolz dahin bei ihrem Anblick«, wie es in zeitgenössischen Berichten heißt.

Nach München zurückgekehrt, scheinen Albrecht und Kunigunde einander menschlich nähergekommen zu sein, denn sie führten von da an einen gemeinsamen Haushalt und verbrachten die Abende zusammen, in Anwesenheit des Hofes. Es wurde gespeist, getanzt und Karten gespielt.

Getrübt wurde die Idylle, als Mitte Juni 1493 aus Linz die Nachricht kam, daß der Kaiser schwer erkrankt sei. Das rechte Bein war ihm in den Wochen zuvor brandig geworden, so daß sich die Ärzte am 8. Juni zur Amputation entschlossen. Die höchst primitiv durchgeführte Operation – der Patient war nur mit großen Mengen Alkohol und Kräutersäften in eine Art Dämmerzustand versetzt worden – gelang dennoch. Der alte Mann erholte sich zum allgemeinen Erstaunen innerhalb weniger Wochen. Seine einzige Sorge: er könnte mit dem Beinamen »Friedrich der Einbeinige« in die Geschichte eingehen.

Es blieb aber keine Zeit, die Tatsache von Friedrichs Beinamputation den Zeitgenossen ins Bewußtsein kommen zu lassen. Der Kaiser starb am 19. August überraschend an einer Magen-Darm-Erkrankung, die ihn innerhalb von wenigen Tagen dahinraffte. Vielleicht war der übermäßige Genuß von Melonen schuld, die der Greis, wie üblich, fast unzerkaut mit einigen Bechern kalten Wassers hinuntergespült hatte. Vielleicht hatte er auch die Ruhr. Vielleicht starb er an Altersschwäche.

Der Kaiser wurde sitzend aufgebahrt, später einbalsamiert und zu Schiff nach Wien übergeführt. Das Herz, die Eingeweide und das amputierte Bein wurden in der Stadtpfarrkirche zu Linz beigesetzt, der übrige Leichnam im Wiener Stephansdom. Weil Maximilian nicht früher abkommen konnte, wurde die offizielle Trauerfeier erst im Dezember abgehalten. Bis dahin hatte man nicht weniger als 8 422 Messen für die Seele des Verstorbenen gelesen.

Sowie er die Nachricht vom Ableben seines Schwiegervaters erhielt, ließ Albrecht in ganz Bayern eine mehrmonatige Staatstrauer anordnen. Sie wurde nur einmal kurz unterbrochen, und zwar am 13. November, als Kunigunde ihrem ersten Sohn das Leben schenkte, der auf den Namen Wilhelm getauft wurde.

Der Diener, der Albrecht die Nachricht von der Geburt des Prinzen überbrachte, wurde mit zwei Gulden und fünf Pfennig fürstlich belohnt. Kanonendonner und Freudenfeuer auf allen Marktplätzen unterrichteten die Bevölkerung von dem freudigen Ereignis, Tanz und Musik allerdings waren der Staatstrauer wegen untersagt. Augustiner- und Barfußmönche, die fleißig um einen Stammhalter gebetet hatten, erhielten pro Kopf einen Eimer (68,4 Liter) Wein.

Alle waren überzeugt, daß der Himmel die herzogliche Ehe nun endgültig gesegnet hatte, nachdem Albrecht und Kunigunde vom Kaiser als rechtmäßig vermählt anerkannt worden waren.

Kunigunde, kaum dem Wochenbett entstiegen, konnte nicht an den Trauerfeierlichkeiten im Wiener Stephansdom teilhaben. Albrecht allerdings reiste, wieder zu Schiff, nach Wien. Als nächster Anverwandter führte er, zusammen mit Maximilian, den Trauerzug von der Hofburg zum Dom an, und er trug, wie die rund 8 000 Zuschauer verwundert feststellten, ein Büßergewand, eine bodenlange schwarze Kutte mit einer langzipfeligen Haube.

Kunigunde wurde nach Wilhelm noch dreimal Mutter und konnte sich an zwei weiteren Söhnen und noch einer Tochter erfreuen. Sämtliche sieben Kinder blieben am Leben – für die Herzogin ein weiteres Zeichen der göttlichen Gnade. Für Herzog Albrecht ein schweres Dilemma.

Ein Dilemma, das er mit allen teilte, die Besitz in Form von Grund und Boden zu vererben hatten. Wegen der hohen Säuglingssterblichkeit, die bis zu 60 Prozent betrug, war es geboten, für reichlichen Nachwuchs zu sorgen, um überhaupt eine Chance auf einen Erben zu haben. Andererseits war es schwierig, die »überzähligen« männlichen Nachkommen standesgemäß zu versorgen. Mädchen stellten kein Problem dar, sie waren im Gegenteil ein Glücksfall. Man konnte sie nutzbringend verheiraten und durch günstige Erbverträge eine Erweiterung der eigenen Einflußsphäre erhoffen. Männliche Nachkommen hingegen – und hier speziell die jüngeren Söhne aus Adelshäusern – ließen sich nicht immer widerstandslos auf die traditionellen Berufe der Geistlichkeit und des Offiziersstandes festnageln. Auch sie wollten häufig ihren Anteil an der Macht, insbesondere im deutschen Raum, wo die Primogenitur, das absolute Erbrecht des Erstgeborenen, zu dieser Zeit nicht (mehr) üblich war. England und Frankreich hatten sich längst darauf festgelegt und damit die in Deutschland so verhängnisvolle Zersplitterung des Landes unterbunden.

Albrecht hat in der eigenen sowie in der Familie seiner Frau schmerzhaft miterlebt und erfahren, welch verheerende Folgen die Rivalität von Brüdern und Vettern um Land, Macht und Einfluß zeitigt. Er hat sich daher entschlossen, Bayern für immer und ewig blutige Familienfehden zu ersparen, indem er für das Haus Wittelsbach die Primogenitur etablierte. Es war »die Perle seiner Taten«, wie es in der umfassenden Albrecht-Biographie des Isidor Silbernagel aus dem Jahre 1857 heißt.

Dieses Erbfolgegesetz war einfach und klar formuliert: Der älteste Sohn sollte das Land ungeteilt regieren, nachgeborene Söhne den Grafentitel und ab dem 18. Lebensjahr eine jährliche Apanage von 4 000 Gulden erhalten. Würde in der Hauptlinie kein Sohn geboren, dann sollte die Regentschaft an den ältesten Sohn der nächsten Nebenlinie gehen.

Politische Klugheit mag dieses Erbfolgegesetz dokumentieren – ein Zeugnis menschlichen Einfühlungsvermögens war es nicht, denn es wurde über Kunigundes Kopf hinweg beschlossen. Es bezeugt, wie gedankenlos der Herzog ihre Gefühle ignorierte und wie wenig er die Frau kannte, mit der er einundzwanzig Jahre lang verheiratet war. Mußte schon die Tatsache, daß der Herzog – wieder einmal – hinter ihrem Rücken entschieden hatte, sie zutiefst verletzen, so konnte und wollte sie, die ihr Lebensglück und ihre Lebensfreude allein in ihren Kindern sah, unter keinen Umständen akzeptieren, daß zwei Söhne benachteiligt werden sollten. Ganz zu schweigen, daß der Zweitgeborene, Ludwig, ein fröhlicher, charmanter kleiner Bursche, ihrem Herzen näherstand als alle anderen Kinder.

Als Albrecht am 18. März 1508 unerwartet starb – die Söhne waren damals fünfzehn, dreizehn und acht Jahre alt – und das 1506 beschlossene Primogeniturgesetz in Kraft trat, unternahm Kunigunde zunächst nichts. Die Trauerfeierlichkeiten erstreckten sich über Tage und entsprachen den hochgespannten Erwartungen, die man an ein solches Ereignis in einem regierenden Fürstenhaus stellte. Zahlreiche in- und ausländische Gäste samt Gefolge wurden großzügig freigehalten. Aus der herzoglichen Küche wurden täglich 2 500 Menschen gespeist, auch fütterte man 1 809 Pferde.

Höhepunkt der Trauergala war eine Tafel von dreiundzwanzig Gängen, die mit ausschweifender Phantasie Frömmigkeit und Freßlust gleichermaßen befriedigte. Sie dauerte von Mittag bis zum nächsten Morgen. Es wurde Schweinsbraten vom Rost, Kapaunen, Lachsforellen, Wildbret in Pfeffer, Pastete mit eingemachten Vögeln, Rehschlegel und Zettelkraut, nebst zahllosen süßen und sauren Beilagen, geboten; vor jedem Gang jedoch gab es figürliche Darstellungen aus der biblischen Geschichte, und das meiste davon eßbar: Adam und Eva mit Pfifferlingen, die Arche Noah aus Oblaten und Zucker, David gegen Goliath mit Krapfen, die Heilige Familie aus weißem Mandelguß, das Jüngste Gericht, mit dem Heiland unter einem Regenbogen aus Marzipan. Zum Schluß eine minutiöse Darstellung von Albrechts Grab aus gefüllten Oblaten, darauf die Figur des teuren Verblichenen in voller Ritterrüstung, die allerdings nicht eßbar war. Dafür gab es zum Frühstück einen Ofen aus Kuchen, und als man dessen Tür öffnete, flogen lebendige Vögel heraus ...

Unmittelbar nach Albrechts Tod tat Kunigunde den für mittelalterliche Menschen nächstliegenden Schritt. Sie ordnete die eigene Hinterlassenschaft. Ihr Heiratsgut vermachte sie zu gleichen Teilen den sieben Kindern. Das übrige Vermögen wurde zur Tilgung der Schulden bestimmt, die Albrecht in seinem letzten Krieg um die Erbschaft seines Vetters Georg bei verschiedenen Klöstern und Privatleuten gemacht hatte. Die Einkünfte aus der blutigen Mitgift Abensberg fielen an den ältesten Sohn Wilhelm. Kunigunde bedang sich nur eine jährliche Leibrente von 1 000 Gulden aus.

Dann ging sie ins Kloster.

Dieser Schritt wurde von ihren frühen Biographen mit größter Ehrfurcht kommentiert. Sie habe all ihr Hab und Gut zurückgelassen, die Begleitung von Kammerfrauen und Hofdamen abgelehnt, sie wollte nichts sein als eine einfache Klosterfrau und genauso leben wie die anderen Nonnen auch. Stiller Meditation und inbrünstigem Gebet habe sie ihre letzten Lebensjahre geweiht. Dies ist gewiß die Wahrheit – aber nur ein Teil davon.

Die ganze Wahrheit erscheint in einem anderen Licht, unterzieht man das »Püttrich-Seelhaus« oder »Püttrich-Frauenkloster«, wo Kunigunde ihre Witwenjahre verbrachte, einem näheren Augenschein. »Seelhäuser« waren keine Klöster im üblichen Sinn: Gegründet und erhalten von den Reichen und den Mächtigen des Landes, dienten sie vielmehr dazu, alleinstehenden Damen ihrem Stande gemäß Unterkunft zu geben und ihnen die Demütigung zu ersparen, sich im Familienkreis als überflüssiges Anhängsel zu fühlen. Die solcherart versorgten Damen betätigten sich vorwiegend karitativ, aber sie genossen ein Maß an Freiheit und Selbstverwirklichung, das ihnen im streng geregelten Familienleben niemals zugestanden worden wäre.

Das »Püttrich-Seelhaus« in der Schwabinger Straße war 1248 von einem reichen Bürger namens Hans Püttrich gegründet und durch Herzog Albrecht kurz vor seinem Tod großzügig renoviert worden. Kunigunde wußte genau, was sie tat, als sie sich den Ränken des Hofes und den Querelen der Familie durch den Eintritt ins »Kloster« entzog. Von dieser unangreifbaren Bastion aus konnte sie in aller Ruhe Fäden spinnen und Verbindungen knüpfen, die ihr geeignet erschienen, ihrem Liebling Ludwig zu seinem Recht zu verhelfen. Ihr Jüngster, Ernst, war praktisch von Anfang an aus dem Erbspiel um Bayern ausgeschieden. Er hat sich nie geweigert, die ihm vom Vater zugedachte Rolle eines Geistlichen zu verkörpern und wurde schon in jungen Jahren Erzbischof von Salzburg.

Ludwig indes war nicht gewillt, ins zweite Glied zu treten und sich mit seinem Grafentitel sowie 4 000 Gulden jährlich abspeisen zu lassen. Er wußte seine Mutter hinter sich und auch einen Großteil der bayrischen Stände, die nichts so sehr fürchteten wie einen starken Alleinregenten.

Obwohl Wilhelm auf ein gültiges Gesetz pochen konnte, gab er schließlich dem Drängen seiner Mutter nach. Er bewilligte seinem Bruder eine Apanage von 6 000 Gulden. Nach einem schier endlosen Briefwechsel mit seiner Schwester stimmte Maximilian, der inzwischen den Titel eines römischen Kaisers führte, der neuen Regelung zu.

Als er aber hörte, daß Ludwig noch immer nicht zufrieden war, daß dieser auf einer »Nutzteilung« Bayerns bestand und die Stände ihn in seinem Begehren unterstützten, griff Maximilian energisch ein. Er ließ einen Landtag nach München einberufen, auf dem die Streitparteien wohl gehört, aber letzten Endes das bestehende Erbfolgegesetz bestätigt werden sollte.

Der Kaiser selbst war nicht anwesend – aber seine beiden Bevollmächtigten, Gabriel, Bischof von Eichstädt, und Lienhard von Fels, machten den Versammelten dessen Standpunkt nachdrücklich klar. Es schien für den Augenblick, als wäre die Angelegenheit im Sinne des erstgeborenen Prinzen geregelt, doch zur allgemeinen Überraschung erhob sich Herzogin Kunigunde und ergriff das Wort: »Herr von Eichstädt! Ich bin eine geborene Fürstin von Österreich, ich habe junge Fürsten und nicht Grafen und Bankerte zur Welt gebracht. Ich bin zuversichtlich, die kaiserliche Majestät, unser Herr und Bruder, kann eine solche Schmach nicht zulassen. Gemeine Landschaft [die Stände] hat billig, ehrbar und aufrichtig meinen Söhnen und dem Land zu Nutz gehandelt. Ich werde meinem Bruder selber schreiben.«

Eichstädt und Fels waren vom Machtwort der Herzogin-Witwe überrumpelt und wußten offenbar nicht, wie sie sich angesichts der neuen Situation verhalten sollten. Fels erregte sich zwar über »die Einmischung wider Gebühr«, brachte aber keine neuen Einwendungen vor. Kunigunde schrieb am 16. Mai 1514 an den Kaiser. Wilhelm und Ludwig hätten sich brüderlich auf eine gemeinsame Regentschaft geeinigt, sie bitte den Herrn und Bruder demütig, der friedlichen Übereinkunft zuzustimmen.

Maximilian, nun wohl schon der ganzen Angelegenheit und der ständigen Brandbriefe seiner streitbaren Schwester müde, willigte ein – bis er einen Brief seines Neffen Wilhelm erhielt, worin dieser sich empörte, daß kein Wort wahr sei, er denke nicht daran, mit seinem Bruder zu teilen. Um seiner Sache Nachdruck zu verleihen, eilte er selbst nach Innsbruck.

Maximilian, der weiß Gott andere Sorgen hatte, bestellte daraufhin den ganzen Familienclan in die Tiroler Landeshauptstadt und sprach ein Machtwort – zugunsten Ludwigs, für den die Mutter alle ihre beachtlichen Register der Überredungskunst hatte spielen lassen. Ludwig sollte, so der Kaiser, ein Viertel Bayerns innehaben und Wilhelm für »standesgemäßen Unterhalt« sorgen – eine ziemlich dehnbare Anweisung.

Die Brüder und Kunigunde, scheinbar mit dem kaiserlichen Spruch einverstanden, reisten nach München zurück. Ludwig begann auf der Stelle, die Mutter und den Bruder zu bestürmen. Ein Viertel sei ihm zuwenig, er verlangte nach wie vor die Hälfte und gemeinsame Regentschaft. Kunigunde brachte es tatsächlich zustande, Wilhelm zu einem weiteren Verzicht zu bewegen, und er stimmte sogar dem Plan der Mutter zu, die neuerliche Absprache zunächst geheimzuhalten, um weitere Einmischungen von außen zu verhindern. Weder der Kaiser noch Wilhelms Hofmeister, Hieronymus von Staub – nach anderer Schreibweise Stauf –, der von Anbeginn wie ein Löwe für Wilhelms Rechte gekämpft hatte, sollten vorerst von dem Pakt der Brüder erfahren, sondern erst später vor vollendete Tatsachen gestellt werden.

Was nun folgte, war eine finstere Intrige, deren Hintergründe nicht ganz klar sind. Nur so viel ist bekannt, daß Staub, dem das Arrangement nicht verborgen blieb, begann, die Brüder gegenseitig auszuspielen. Staub erzählte Wilhelm, daß Ludwig die Absicht habe, den Älteren zu ermorden, um Alleinregent zu werden, und er flüsterte Ludwig zu, daß Wilhelm die Absicht habe, ihn aus dem Weg zu räumen. Jeder der Brüder vertraute sich einzeln der Schwester Sabine an, die ihrerseits die Mutter informierte. Kunigunde durchschaute das Doppelspiel des Hieronymus Staub und bat einen Vertrauten, den Grafen Wolf von Hag, dafür zu sorgen, daß Staub sein Hofmeisteramt verliere.

Staub verlor nicht nur das Hofmeisteramt, er büßte auch seinen Kopf ein. Nach einem kurzen Prozeß hat man ihn in Ingolstadt hingerichtet. Was Staub eigentlich beabsichtigte – er beteuerte bis zuletzt, nicht aus persönlichen Motiven, sondern für Bayerns Unteilbarkeit gehandelt zu haben –, ist ebensowenig erhellt worden wie die Rolle, die Kunigunde in dem Drama gespielt hat. Wollte sie den lästigen Störenfried nur ausschalten, oder hat sie seine Eliminierung in Kauf genommen, wenn nicht gar zielstrebig verfolgt?

Fest steht, daß Staub offenbar von Anfang an ein irritierender Störfaktor gewesen sein muß, denn nach seinem Tode besserte sich das Verhältnis der Brüder zueinander schlagartig. Es kam auch in späteren Jahren niemals zu Streit, da Ludwig im Grunde nicht darauf aus war, große Politik zu machen. Er ließ sich in Landshut nieder, blieb Junggeselle, wurde immer dicker und genoß das Leben in vollen Zügen. Die Residenz, die er sich nach italienischem Muster erbauen ließ, war der erste Renaissancepalast auf deutschem Boden. Er starb 1545, und es gab in Bayern nie mehr Unstimmigkeiten wegen der Primogenitur.

Nachdem Kunigunde die Angelegenheiten der Söhne zu ihrer Zufriedenheit geregelt hatte, blieb ihr die delikate Aufgabe, das traurige Schicksal ihrer Tochter Sabine zum Besseren zu wenden.

Alle vier Töchter waren, wie üblich, im Kindesalter verlobt worden. Sidonie jedoch starb, ehe sie Ludwig von der Pfalz ehelichen konnte, und so rückte Sibylle an ihre Stelle. Susanne war zweimal verheiratet, zuerst mit einem Markgrafen von Brandenburg, dann mit einem Pfalzgrafen. Sabine wurde mit Ulrich, Herzog von Württemberg, vermählt, als Belohnung dafür, daß dieser Herzog Albrecht im Krieg gegen den Vetter Georg beigestanden war.

Diese Ehe war eine Katastrophe. Ulrich, dessen Vater im Wahnsinn geendet hatte, kam schon als Sechzehnjähriger auf den Thron, regierte aber nicht selbst, sondern ließ einen zwielichtigen Hofklüngel tun und lassen, was er wollte, während der junge Mann mit kostspieligen, häufig wechselnden Mätressen ein ausschweifendes Leben führte. Seine Schulden betrugen binnen weniger Jahre mehr als eine Million Gulden. Um seine fünf Jahre ältere Frau Sabine scherte er sich kaum, wofür sie dem Himmel auf Knien danken mußte, denn wenn er sich um sie kümmerte, pflegte er sie windelweich zu prügeln.

Die bayrische Verwandtschaft beobachtete die Schandtaten des württembergischen Vetters mit Zähneknirschen, unternahm aber zunächst nichts, um Sabine aus ihrer unglücklichen Lage zu befreien. Prinzessinnen hatten durchzuhalten, und wenn sie dabei zugrunde gingen.

Als aber am 7. Mai 1515 der Herzog mit eigenen Händen und vor aller Augen während einer Jagd im Böblinger Wald den Ehemann seiner Geliebten, Hans von Hutten, ermordete, war es Kunigunde endgültig zuviel.

Sie ließ die verzweifelte Tochter zu sich kommen, und sie setzte durch, daß die junge Frau in München bleiben durfte. Ihren Bruder Maximilian bewog Kunigunde, über Ulrich die Reichsacht zu verhängen.

Das war im Jahre 1516. Kunigunde blieben noch vier Jahre zu leben, für »stille Meditationen und fromme Gebete«, auch ums Seelenheil ihres Bruders Maximilian, der am 12. Januar 1519 in Wels gestorben war.

Eine markante Episode ist uns noch aus dem letzten Lebensabschnitt Kunigundes bekannt. In Augsburg erregte eine gewisse Anna Laimintel Aufsehen, die sich als Heilige verehren – und reichlich beschenken – ließ, weil sie angeblich nur vom Wort Gottes, nicht aber von Speis und Trank lebte. Scharenweise strömten Pilger nach Augsburg, um sich von der Wunderfrau segnen zu lassen und sie um Fürbitte anzuflehen.

Die Herzogin-Witwe schickte Boten zu Anna Laimintel und bewog diese, nach München zu kommen. Freudig folgte Anna dem Ruf – und ging Kunigunde prompt in die Falle. Kunigunde ließ die angebliche Heilige ein paar Tage lang im »Püttrich-Seelhaus« einsperren und entlarvte diese, als sie um Speis und Trank zu betteln begann. Anna Laimintel wurde auf der Stelle des Landes verwiesen.

Kunigunde war endgültig der geistigen Enge des Mittelalters entwachsen. Sie war zu einer logisch denkenden und energisch zupackenden Frau an der Schwelle einer neuen Zeit gereift, einer Zeit, die dem Haus Habsburg seinen gloriosen Aufstieg zur Weltmacht bringen sollte.

Die Tochter Kaiser Friedrichs III. und Schwester Maximilians I. starb am 5. August 1520 im Alter von fünfundfünfzig Jahren. Drei Monate später betrat, von Spanien kommend, ein strahlend junger, neuer Kaiser zum ersten Mal deutschen Boden. Karl V., groß geworden unter den Fittichen seiner Tante, Margarete von Österreich, Tochter Maximilians I. und Nichte Kunigundes.

Europas bester Diplomat

Margarete 1480–1530

Bräutigam und Braut trugen beide weißen Seidenatlas und kostbares Geschmeide. Das Mädchen entzückte durch natürlichen Charme und seine auffallende goldblonde Lockenpracht. Der junge Mann, mit schmächtiger Hühnerbrust, dünnen Säbelbeinen, leise wackelndem, unnatürlich großem Kopf, wirkte neben so viel strahlender Anmut um so abstoßender. Als er der Braut den Ring an den Finger stecken sollte, versagte ihm die zitternde Hand den Dienst. Energisch griff das Mädchen nach dem funkelnden Kleinod und steckte es sich selbst an.

Der Bräutigam war dreizehn, die Braut drei Jahre alt, und eigentlich war ihre Mutter als Braut vorgesehen gewesen, wohingegen der Bräutigam später einmal die Verlobte seines eigenen Schwiegervaters heimführen sollte: verquere Macht- und Heiratspolitik des ausgehenden 15. Jahrhunderts in Reinkultur.

Die kleine Braut in der am 22. Juli 1483 stattgefundenen Trauungszeremonie auf dem Loireschloß Amboise war Margarete von Österreich, Tochter des späteren Kaisers Maximilian I. und der Maria von Burgund, der Bräutigam Karl, Sohn des französischen Königs Ludwig XI. aus dem Hause Valois, der mit Recht den Beinamen »die Spinne« führte: Mit eben dieser Hochzeit wähnte sich König Ludwig seinem Lebensziel, Frankreich das reiche, blühende Burgund einzuverleiben, einen erheblichen Schritt näher.

Burgund, wegen seines politischen Schwerpunkts im Norden immer häufiger »die Niederlande« genannt, war ein seltsam inhomogenes Gebilde von Herzogtümern, Grafschaften und halb souveränen Städten, teils dem französischen, teils dem flämischen Kulturkreis zugehörig. Es umfaßte, grob gesprochen, die heutigen Beneluxländer, Gebiete von Nord- und Nordwestfrankreich, Burgund (Bourgogne) und die Freigrafschaft Burgund (Franche-Comté), einige dem französischen, andere dem deutschen Herrscher lehenspflichtig, gespalten durch das inmitten liegende Gebiet des Herzogtums Lothringen.

Der ehrgeizige burgundische Herzog Karl der Kühne verlor bei dem Versuch, eben dieses Lothringen, das fehlende Bindeglied zwischen seinen Hoheitsgebieten, zu erobern, das Leben. Seine einzige Tochter und Erbin, Maria, seit Kindheitstagen dem habsburgischen Erzherzog Maximilian versprochen, war schutzlos der Begehrlichkeit »der Spinne«, Frankreichs Ludwig XI., ausgesetzt. Er hätte am liebsten ganz Burgund mit einem Schlag vereinnahmt. Fast wäre es ihm gelungen, hätte er die Eheschließung zwischen Maria und seinem abscheulichen kleinen Sohn rechtzeitig zustande bringen können. Doch Maria war keineswegs geneigt, dem mächtigen Nachbarn willfährig zu sein und dessen halbverkrüppelten Sprößling zu ehelichen, der noch dazu um dreizehn Jahre jünger war als sie selbst. Es gelang ihr, den weit entfernten und ihr persönlich unbekannten österreichischen Bräutigam Maximilian – der zwar bettelarm, aber immerhin Sohn des deutschen Kaisers Friedrich III. war – rechtzeitig nach den Niederlanden bringen zu lassen. Mit der Hochzeit des neunzehnjährigen Mädchens und des siebzehnjährigen Jünglings begann eine der großen, vielbesungenen Liebesromanzen des späten Mittelalters, zugleich auch das Heldenepos des »letzten Ritters«, der mit beispiellosem persönlichem Kampfeinsatz die Truppen des beutelüsternen französischen Königs aus dem Reich seiner Frau verjagte. »Es gibt keinen größeren Schurken als den französischen König«, ließ Maximilian aus seiner neuen Heimat verlauten; nicht nur er, sondern auch viele seiner Nachkommen hatten mehrfach Gelegenheit, diesen Stoßseufzer aus tiefstem, wütendem Herzen zu wiederholen.

»Hätten wir Frieden, wir säßen in einem Rosengarten ...« schilderte Maximilian die raren Stunden häuslichen Glücks in der Pracht des Brüsseler Hofes, Mittelpunkt eines durch Handwerkerfleiß und Handelstüchtigkeit den meisten Staaten Europas überlegenen Landes.

Die Zeit der Rosen war nur kurz bemessen. 1482, im fünften Jahr ihrer Ehe, stürzte die schwangere Maria bei einer Reiherjagd vom Pferd und starb wenige Tage später. Zurück blieben ein rat- und hilfloser junger Witwer und zwei kleine Kinder, Erzherzog Philipp, vier, sowie Erzherzogin Margarete, zwei Jahre alt.

»Tu es dux et princeps noster et omnia, quae dixeris faciemus« (Du bist unser Herzog und Fürst, und alles, was du befiehlst, werden wir tun) hatten mannshohe Spruchbänder versprochen, als Maximilian in Gent Einzug hielt, um sich mit Maria zu vermählen.

Nach deren Tod las man es anders. Die Niederländer waren es leid, sich durch den fremden Prinzen in ihren gutgehenden Geschäften stören zu lassen, wenn es diesem einfallen sollte – und jedermann war überzeugt, daß er es tun würde –, neuerlich Krieg zu führen, um das nun habsburgische Erbe gegen Frankreich zu verteidigen. Geschickte Agenten Ludwigs XI. machten mit guten Worten und diskreten Geldgeschenken den führenden Bürgern von Gent und Brügge, von Brüssel und Löwen die Idee eines »ewigen Friedens« zwischen Frankreich und Burgund schmackhaft. Hinter dem Rücken von Maximilian schlossen die Bevollmächtigten der großen Städte mit dem französischen König einen Pakt, der durch ein »Menschenopfer« besiegelt wurde: Margarete sollte den Dauphin, der einstmals ihrer Mutter zugedacht war, heiraten und zu diesem Zweck umgehend nach Frankreich gebracht werden. Als Mitgift forderte und erhielt Ludwig Bourgogne, Artois, Mâcon und Auxerre. Maximilian wurde bei dieser Gelegenheit auch die Vormundschaft über seinen Sohn Philipp entzogen, aber dies war noch immer nicht genug des Verrats und der Demütigung: Die ungetreuen Landeskinder setzten ihren Herrscher später auch noch für eine Weile gefangen.

Am 24. April 1483, drei Monate und vierzehn Tage nach ihrem dritten Geburtstag, wurde Margarete vom Schloß zu Mecheln abgeholt, wo sie sich unter der Obhut ihrer zärtlich geliebten Großmutter, Margarete von York, der Witwe Karls des Kühnen, befunden hatte. Das verstörte kleine Mädchen wurde in eine Sänfte gesetzt, und auf ging es, einer ungewissen Zukunft entgegen – ausgerechnet in das Schloß Amboise.

Diese wehrhafte Burg, zeitweilig Residenz der französischen Könige, hoch über der Loire gelegen, war zu jener Zeit eher eine Kerkerfestung. In ihren tief in den Fels eingehauenen Kasematten, den berüchtigten »Oublietten«, schmachteten seit Generationen »Verräter« und »Feinde« der französischen Herrscher ihrem furchtbaren Ende entgegen.

Maximilian hat sich wiederholt mit dem Gedanken getragen, sein verkauftes und entführtes Kind aus Amboise zu befreien, doch gab er diese unrealistischen Pläne bald wieder auf.

Die mehrwöchige Reise allein muß für das Kind ein einziger Alptraum gewesen sein. Alle bekannten Gesichter waren plötzlich aus ihrer Umgebung entschwunden. Lediglich ihre Amme durfte bei ihr bleiben, und die war den fremden Menschen ebenso hilflos ausgeliefert wie ihr kleiner Schützling. Statt das Kind in Ruhe zu lassen, wurde es pausenlos mit Regeln und Vorschriften traktiert, mußte endlose Kleiderproben und Tanzübungen über sich ergehen lassen und sinnlos scheinende Sätze auswendig lernen, ehe man »la petite reine«, wie ab nun ihr offizieller Titel lautete, dem zukünftigen Schwiegervater, Ludwig XI., vorstellte. Margarete war in ein bodenlanges, schwarzes Samtkleid mit Goldstickerei gehüllt worden, auf die blonden Haare hatte man ihr eine Burgunderhaube gesetzt und sie nochmals angehalten, demütig und freundlich auf die Fragen zu antworten, die man ihr stellen würde. Als das Kind vor dem König stand, starrte es den alten, bereits ziemlich hinfälligen Mann verschreckt an und brachte keinen Ton über die Lippen.

Das Leben in Amboise ließ sich nicht so schlimm an, wie zunächst zu vermuten gewesen wäre. Anna von Frankreich, des Königs älteste Tochter, wurde mit Margaretes Erziehung betraut. Sie war eine gescheite Frau von dreiundzwanzig Jahren, die allerdings nach außen Stolz und Unnahbarkeit zeigte, aber für das fremde Mädchen bald ein gewisses Maß an Zuneigung bekundete.

Kaum waren Margarete und Karl vermählt, wurden sie wieder getrennt, um sorgfältig auf ihre künftigen Aufgaben vorbereitet zu werden. Anna, nach dem Tod ihres Vaters mit der Regentschaft für den unmündigen Karl betraut, hielt die Zügel straff in der Hand. Schloß Amboise verwandelte sich unversehens in eine Internatsschule: Jedes der beiden Kinder wurde zusammen mit gleichaltrigen Gefährten aus der Hocharistokratie unterrichtet.

Dem Kreis kleiner Mädchen, die in dunkle, uniformähnliche Gewänder gehüllt waren, gehörte auch eine Nichte der Regentin an, Luise von Savoyen, bereits als Säugling mit Karl von Angoulême aus dem Hause Orléans vermählt. Margarete freundete sich mit der um vier Jahre Älteren an, was Luise teils schmeichelte, teils verstörte, denn sie war, zum Unterschied von Margarete, häßlich, plump und ziemlich schwer von Begriff.

Während Margarete leicht und begierig lernte und binnen kurzem bewunderter Mittelpunkt der Kinderschar war, plagte sich Luise verbissen, meist vergeblich, mit ihrem Lernpensum und verstand es nicht, sich beliebt zu machen. Daß Margarete sich dennoch um Luise bemühte, schrieb man ihrem hochherzigen Mitgefühl für das arme Geschöpf zu. Wie so oft im Leben sollte auch dieses Wohltun keine Zinsen tragen: Luise würde sich dermaleinst bitter dafür rächen, daß nicht sie, sondern Margarete der bevorzugte Liebling von Amboise gewesen war.

Luise entschwand aber zunächst aus Margaretes Gesichtskreis. Sie wurde nach Cognac geschickt, um an der Seite ihres Angetrauten auf den Tag zu warten, da die Ehe mit ihm vollzogen werden konnte.

Indessen stieg Margaretes Ansehen in Amboise weiter. Denn ihr Vater hatte die Oberhoheit über Burgund zurückerobert und auch das Sorgerecht für seinen Sohn Philipp wiedererlangt; Maximilian war zum deutschen König gekrönt worden, und man konnte sich ausrechnen, daß er nach dem Tod seines Vaters, Friedrichs III., in absehbarer Zeit Kaiser werden würde. Somit war Margarete zu einem ernstzunehmenden politischen Faktor geworden. Um so überraschender war der Sturz der »petite reine«, um so schmerzlicher die Schmach, die ihr vom eigenen Gemahl angetan wurde – die alte Feststellung Maximilians traf auch auf Karl zu: »Es gibt keinen größeren Schuft als den französischen König.«

1490, Margarete war gerade zehn, und ihr Mann hatte als Karl VIII. offiziell die Herrschaft über sein Land angetreten, schloß Maximilian mit der vierzehnjährigen Vollwaise und Alleinerbin der Bretagne, Herzogin Anna, die Ehe per procurationem. Konsequenter politischer Schachzug eines Mannes, dessen Sohn der Erbe von Burgund war und der, trotz verwandtschaftlicher Bindungen an das französische Königshaus, niemals sicher sein konnte, ob Frankreich nicht doch eines Tages das Nachbarland überfallen würde, um es sich einzuverleiben. Durch die Annexion der Bretagne auf dem Wege über das Brautbett würde Frankreich in die Zange genommen und müßte, im Fall des Falles, einen Zweifrontenkrieg wagen.

Das wußte Maximilian, das wußte aber auch Karl, und vor allem wußte es seine politisch viel begabtere und kalt berechnende Schwester, Anna von Frankreich, angehimmelte Ersatzmutter der kleinen

Margarete. Während Anna, freundlich lächelnd, mit ihrem bevorzugten Zögling jagte, spielte und Feste feierte, heckte sie die Ränke aus, die Margarete und ihren Vater zum Gespött Europas machen sollten. Die bretonischen Adeligen wurden so lange bearbeitet und bestochen, bis sie, einer nach dem anderen, von der kindlichen Herzogin abfielen und in das Lager Karls überwechselten. Als französische Truppen in der Bretagne einfielen, verschanzte sich das Mädchen, das sich bereits stolz »römisch-deutsche Kaiserin« nannte, mit ein paar Getreuen in Rennes, gab aber auf, als die Lage aussichtslos wurde.

Und plötzlich, wie ein Deus ex machina, tauchte Karl in Rennes auf, bat Herzogin Anna um eine Unterredung und machte ihr einen Heiratsantrag. Sie war zwar rechtsgültig mit dem Kaiser verheiratet, Karl mit dessen Tochter Margarete, doch Karls Schwester hatte schon längst für die beiden nicht vollzogenen Ehen die päpstliche Ungültigkeitserklärung besorgt. Von Gott und der Welt verlassen, gab Anna von Bretagne ihr Jawort, das Paar wurde Hals über Kopf getraut und reiste nach Amboise, wo die nichtsahnende Margarete auf die Heimkunft des Gemahls wartete.

Wer Margarete die Nachricht vom Verrat ihres Mannes überbrachte und wie sie darauf reagierte, wissen wir nicht, doch gibt es Zeugen für das erste Zusammentreffen von Margarete und Karl nach dessen Eintreffen in Amboise. Der König trat mit gesenktem Kopf vor seine nunmehr zwölfjährige Exgemahlin und murmelte, er sei gekommen, sich zu verabschieden, da er sich anderweitig verheiratet hätte. Das Kind Margarete bewahrte die Haltung einer reifen Fürstin. Mit steinerner Miene nickte sie und sagte kein Wort.

Ihre wahren Gefühle hat sie später in flammende Worte gegossen: »Laßt blitzen die glänzenden Schwerter, steh auf, du herrliches Volk. Hört ihr, Flamen, liegt ihr im Schlaf? Schuld tragt ihr an meiner Not – wie könnt ihr Frankreichs Freunde sein? Die Zeit wird kommen, und ich werde Rache üben, an dir, König Karl!« Bereits in der Halbwüchsigen begann sich damit ein Talent zu entwickeln, das ihr später auch schwerste Belastungen durchzustehen half. Während sie mit scheinbarer Gleichmut die Schläge einsteckte, die das Schicksal für sie bereit hielt, fand sie durch lyrische Ergüsse ins Tagebuch ein Ventil für seelische Emotionen. Das Rezept wirkte, von einer tragischen Ausnahme abgesehen, ihr ganzes bewegtes Leben lang.

Wenn Margarete gehofft hatte, wenigstens rasch in die Heimat zurückkehren zu können, so wurde sie abermals bitter enttäuscht. Man hielt sie – zunächst in Melun, später in Maux an der Marne – fest, unter dem fadenscheinigen Vorwand, daß erst Klarheit über ihre Mitgift geschaffen werden müßte. Frankreich wollte am liebsten alles behalten – und Margarete gleich dazu. Anna von Frankreich versuchte, sie mit einem französischen Fürsten zu verheiraten. Margarete wehrte sich standhaft und schrieb ihrem Vater: »Ich will hinaus, und sollte ich nur im Hemd hinauskommen!«

Nachdem Maximilian monatelang vergeblich versucht hatte, seine Tochter auf dem Verhandlungsweg freizubekommen, entschloß er sich, wütend und gekränkt (»Ich bin zum Spott in aller Welt geworden«), zur Gewalt. Er konnte Teile der von Frankreich annektierten Gebiete befreien. Im Vertrag von Senlis vom 23. Mai 1493 wurden die Heimkehr Margaretes und die Rückgabe einiger Gebiete festgelegt. Die Bourgogne blieb bei Frankreich. Der Vertrag barg, wie die meisten Dokumente dieser Art, den Keim für weitere Auseinandersetzungen zwischen Burgund und Frankreich, zwischen dem deutschen Kaiser und dem französischen König, in sich.

Karl VIII., um die Bretagne reicher, aber mit einer hinkenden, übellaunigen Gemahlin geschlagen, ließ es sich, allen Bedenken seiner Ratgeber zum Trotz, nicht nehmen, seine liebreizende erste Frau noch einmal zu besuchen, ehe sie Frankreich verließ. Es war ein schmerzliches Wiedersehen, beide brachen in Tränen aus und nahmen damit von den Träumen ihrer Kindheit Abschied. Als Karl sich gar nicht beruhigen konnte, sagte Margarete: »Ihr seid noch so jung. Niemand kann Euch den Vorwurf machen, an all dem schuld zu sein.« Und Margarete wurde von ihrer Ersten Hofdame getröstet: »Statt eines Königs werdet Ihr einen anderen bekommen. Es gibt so viele Könige.«

Die Dame irrte. Margarete hat zwar noch zweimal geheiratet. Ein König war ihr jedoch nicht beschieden.

Die Heimkehr war triumphal. In Brüssel sah Margarete ihren nun fünfzehnjährigen Bruder Philipp nach zehn langen Jahren wieder. »Er tat ihr soviel Ehre an, als sei sie noch immer die Königin von Frankreich«, heißt es in einem zeitgenössischen Bericht, worin auch festgehalten ist, daß die Geschwister sich auf flämisch unterhielten.

Margarete hatte die letzten Jahre ihrer französischen Gefangenschaft genützt, die Muttersprache wieder zu erlernen.

Sie bezog in Mecheln, dem Ort ihrer frühen Kindheit, Quartier. Ihre Erziehung wurde mit hervorragenden Lehrern fortgesetzt und vollendet. Handarbeiten, Musik und andere musische Fächer bildeten den Schwerpunkt, dazu Sprachen: Französisch, Deutsch, Flämisch und – ausgerechnet – Spanisch. Sie lernte, ohne Fragen zu stellen, warum. Prinzessinnen waren dazu angehalten, sich über nichts zu wundern.

Der graue Schulalltag wurde im Herbst 1494 durch eine Reihe brillanter Feste unterbrochen, als Margarete an der Seite des Vaters und des Bruders von Stadt zu Stadt zog, um an den Huldigungen teilzunehmen, nachdem Philipp mit sechzehn Jahren für mündig erklärt und zum Regenten bestimmt worden war. Der junge Mann sah seine vornehmste Aufgabe darin, in Brüssel glanzvoll hofzuhalten, als Erste Dame seine strahlende Schwester zur Seite, die zum ersten und zugleich zum letzten Mal in ihrem Leben einige Monate lang, aller drückenden Verpflichtungen ledig, unbeschwert jung sein durfte.

Daß ihr Exgemahl inzwischen einen sinnlosen, wüsten Raubkrieg in Italien führte und dabei auch das zum spanischen Einflußbereich gehörende Neapel besetzte, wird sie wohl nur am Rande wahrgenommen haben. Noch war es ja für Margarete nicht von Bedeutung, und sie ahnte nicht, daß Karl durch sein gewalttätiges Auftreten ein neues Bündnis- und Heiratskarussell in Bewegung brachte, das sich um Margarete und um Philipp zu drehen begann.

Die von Frankreich gleichermaßen geschädigten und ständig bedrohten Herrscher Spaniens, Ferdinand und Isabella einerseits sowie Maximilian andererseits, beschlossen, die Schicksalsgemeinschaft durch ihre Kinder zu festigen. Philipp sollte Juana, später besser bekannt als Johanna die Wahnsinnige, heiraten, Margarete den spanischen Thronfolger Juan.

Margarete war völlig unvorbereitet, als ihr Bruder sie zur Audienz bestellte und ihr mitteilte, daß sie nach Spanien verheiratet werde. Nachdem man ihr das Bildnis eines schmalbrüstigen blonden Jünglings in die Hand gedrückt hatte, verneigte sich die Erzherzogin in tadelloser Haltung und sprach aus dem Stegreif schöne, würdige Dankesworte für die erwiesene Ehre. Sie war zu diesem Zeitpunkt genau fünfzehn Jahre alt.

Die gleiche Gelassenheit bewies sie zehn Monate später, als im Prunksaal des Schlosses zu Mecheln die Heirat mit Don Juan per procurationem vollzogen wurde. Margarete lag, im Angesicht des versammelten Hofes, auf einem goldenen Paradebett unter einer Decke aus hellgrüner Seide, als man den Vertreter des Bräutigams, Don Francisco de Rojas, begleitet von zwei Priestern und zahlreichen Granden, im Schein von Fackeln und unter Fanfarenklang hereinführte.

De Rojas hatte die Aufgabe, sein rechtes Bein zu entblößen, dieses einen Augenblick unter die Decke zu stecken, wodurch die Ehe symbolisch konsumiert wurde. Don Francisco war ein modebewußter Herr, er hatte sich in Antwerpen nach neuestem burgundischem Geschmack einkleiden lassen und trug seidene Strumpfhosen, wie sie eben in jenen Tagen aufkamen. Auf welche Weise er das Bein im entscheidenden Augenblick freibekommen sollte, hatte er offenbar nicht bedacht. Er trat ans Bett, er besah Hose und Strumpf – und hielt verwirrt inne. Ein Moment höchster Peinlichkeit in atemloser Stille. Margarete zuckte nicht mit der Wimper und wartete geduldig, bis Don Francisco sich im Schutz seines Mantels aus Hose und Strumpf geschält hatte, um in größter Hast und Verlegenheit das vorgeschriebene Ritual hinter sich zu bringen.

Eine imposante Flotte von zwanzig Schiffen hatte schon Wochen vorher die spanische Prinzessin Juana, ein bleiches, melancholisch wirkendes Geschöpf, zur Hochzeit mit Philipp in die Niederlande gebracht. Dieselbe Flotte sollte Margarete nach Spanien führen. Die Abreise verzögerte sich, weil mehrere Schiffe überholt werden mußten und weil das Wetter ungünstig war. Es dauerte bis zum 22. Januar 1497, ehe Margarete und ihre Begleitung endlich in See stechen konnten.

Philipp und Margarete nahmen bewegt voneinander Abschied. Margarete hielt die Tränen tapfer zurück, als sie mit einem Anflug von Galgenhumor die prophetischen Worte sprach: »Bringt mich nicht zum Weinen, ich werde noch genug Salzwasser schlucken müssen.«

Die für einige Wochen geplante Seereise wurde zur Höllenfahrt. Schon im Kanal geriet die Flotte in derartige Turbulenzen, daß sie im englischen Southampton Zuflucht nehmen mußte. Die vornehmen Passagiere wankten mehr tot als lebendig an Land und erfreuten sich längere Zeit der Gastfreundschaft Heinrichs VII., ehe sie am 12. Februar wieder an Bord zu gehen wagten.

Im Golf von Biskaya war dann neuerlich der Teufel los. Das Flaggschiff drohte zu sinken, so daß Margarete im Dunkel einer tobenden Sturmnacht auf ein anderes Schiff gehievt werden mußte. Die Siebzehnjährige hatte allerdings noch die Kaltblütigkeit, ihren Schmuck in einem Lederbeutel um den Leib zu binden, und vergaß auch nicht, einen Zettel mit ihrem Namen hineinzutun. Wenigstens die Kleinodien sollten gerettet und ihre Leiche identifiziert werden können.

Am nächsten Tag, die See war endlich zur Ruhe gekommen, veranstaltete Margarete eines jener leicht makaber-frivolen Spiele, die man sie am französischen Hof gelehrt hatte. Jeder sollte seine eigene Grabinschrift verfassen, für den Fall, daß der Orkus doch noch alle verschlingen würde. Sarkastisch dichtete sie:

»Hier ruht Margarete, die edle Dame,
zweimal verheiratet und dennoch als Jungfrau gestorben.«

Die Gefahr war am 6. März vorüber, als die Schiffe im Hafen von Santander, an der spanischen Nordküste, festmachten, doch die Strapazen waren noch lange nicht zu Ende. In einer mühseligen Klettertour auf Maultierrücken quälte sich der Brautzug über die sturmumtosten Eiseshöhen der Cordillera Cantabrica nach Burgos. Reicher Lohn für all die Mühsal war der herzliche Empfang durch die Bevölkerung, die klatschend und winkend die Straßen säumte.

Margarete war gewiß nicht das, was man eine klassische Schönheit nennt. Vollschlank – später neigte sie, dank ihres gesegneten Appetits, zur Fülle – bewegte sie sich mit großer Grazie. Es waren ihr rosiger, makelloser Teint, die Fülle ihrer goldenen Haare und ihr offenes, strahlendes Wesen, das die Menschen bezauberte. Kein Wunder, daß das spanische Königspaar und sein Sohn von der burgundischen Braut hingerissen waren. Für die Eltern verhieß die kräftige Prinzessin zahlreichen, gesunden Nachwuchs; der neunzehnjährige Infant erlag auf der Stelle der starken erotischen Ausstrahlung des Mädchens, das er bislang nur von nichtssagenden kleinen Porträts gekannt hatte.

Auch Margarete war von dem gutaussehenden, wenn auch sehr ätherischen jungen Mann, den man ihr am 3. April 1497 in der Kathedrale zu Burgos zum Gemahl gab, nicht weniger angetan. Davon zeugen die vor Glück überschäumenden, für damalige Zeiten außerordentlich offenherzigen Zeilen, die sie während der Flitterwochen an ihren Vater schrieb: »Mein Gemahl ist edel und von so minniglichem Wesen, daß ich bald alle Angst verlor. Ich habe in diesen Tagen ein großes Wunder erlebt und weiß nun, wieviel Lieblichkeit in dem Wort Minne ist. Weil ich darüber aber nicht mehr sagen kann, muß ich schweigen, da mir beim Schreiben die Tränen kommen. Aber ich weine nicht aus Kummer...«

Das »große Wunder« dauerte genau ein halbes Jahr, dann stürzte für Margarete, wieder einmal, die Welt zusammen. Das Kronprinzenpaar befand sich auf einer ausgedehnten und sehr strapaziösen Reise durch die Provinzen, um sich huldigen zu lassen, als Don Juan von rätselhaften Fieberattacken heimgesucht wurde, die den an sich nicht sehr widerstandsfähigen Körper erbarmungswürdig schwächten. Mit jedem nur gebotenen Takt rieten die Ärzte, die jungen Leute sollten sich für eine Weile trennen, da die gelehrten Herren vermuteten, der Prinz werde vom Feuer der Liebe verzehrt. Beide lehnten entrüstet ab, und auch die Königin wies den Verdacht, daß zuviel Liebe die Ursache der Krankheit sein könnte, entschieden zurück.

Am 20. September, während seines festlichen Einzugs in Salamanca, stürzte Juan, wie vom Blitz getroffen, unter schrecklichen Gliederzukkungen vom Pferd. Zwei Wochen später war er tot. Vierzig Tage lang herrschte Staatstrauer, vierzig Tage lang schwankten Margarete und ihre Schwiegereltern zwischen Verzweiflung und Zuversicht: Margarete war schwanger, und vielleicht würde ein Sohn geboren, der das Erbe seines Vaters antreten könnte. Doch auch diese Hoffnung mußte begraben werden – zusammen mit einem totgeborenen Knaben, den Margarete nach vierzehn Tage dauernden Geburtswehen endlich zur Welt gebracht hatte.

Wochenlang verkroch sich die noch nicht einmal achtzehnjährige Witwe, wochenlang wollte sie niemanden sehen, wochenlang sprach sie nur das Nötigste mit ihren Hofdamen. Verzweifelt schrieb sie ihrem Vater: »Nun bitte ich meinen gnädigen Vater, mir zu erlauben, Spanien zu verlassen. Ich möchte heim zu Euch und endlich Trost finden.«

Wieder war es die leidige Frage der Mitgift und der Witwenpension, welche die Abreise in die Heimat verzögerte – fast drei Jahre lang.

Kompliziert wurde das Verfahren durch Margaretes Bruder Philipp, der für seine Frau Juana einen Teil des Erbes nach Don Juan einforderte. Thronansprüche konnte Juana allerdings nicht anmelden, denn noch lebte ihre Schwester Isabella, verheiratet mit dem König von Portugal, deren Kinder zuerst Anspruch auf den spanischen Thron hatten, um ihn dermaleinst mit dem portugiesischen zu vereinen.

Margarete war zu jung und zu tatendurstig, um sich lebenslang in ihr Leid zu vergraben. Innig mit ihrer Schwiegermutter befreundet, ging sie dieser bei den Staatsgeschäften an die Hand. Isabella regierte Kastilien, ihr Ehemann, Ferdinand, Aragon, durch beider Heirat erst war Spanien zur Einheit verschmolzen, durch beider gemeinsame Anstrengungen waren die Araber endgültig aus der Iberischen Halbinsel vertrieben worden, von der sie große Teile jahrhundertelang besetzt hatten.

Isabella, eine energische Frau mit scharfem politischem Verstand, hatte den mittelalterlichen Staub aus den Kanzleien gefegt und ein völlig neues Verwaltungssystem aufgebaut. Nicht länger wurden Minister und Berater nach Herkunft und Einfluß ausgewählt, sondern nach Gesichtspunkten von Leistung und Wirksamkeit. Isabellas Hof war der erste, an dem bürgerliche Gelehrte dominierten, Juristen vor allem, welche die Administration strafften, wenn auch nicht immer vereinfachten. Margarete konnte sich durch ihre Mehrsprachigkeit nützlich machen. Sie bewunderte ihre tatkräftige Schwiegermutter, der es letzten Endes zu verdanken war, daß der unbekannte jüdische Seefahrer Christoph Kolumbus seine Phantastereien in die Tat umsetzen und auf Staatskosten den Seeweg nach Indien suchen durfte. Er hat damit für Spanien, das bis dahin eine untergeordnete Rolle am Rande des Kontinents gespielt hatte, den Weg zur dominierenden Großmacht geebnet. Nicht abfinden konnte sich Margarete mit dem fanatischen Glaubenseifer Isabellas, der in den Schrecken der Inquisition gipfelte.

So gerne Margarete in Spanien weilte, so froh war sie, als sie im Herbst des Jahres 1499 endlich die Erlaubnis zur Heimkehr in die Niederlande erhielt. Die Verhandlungen über Mitgift und Witwenpension waren abgeschlossen, dank der Großzügigkeit von Ferdinand und Isabella war die junge Witwe eine reiche Frau.

Vorsichtshalber ging die Reise diesmal über den Landweg. Margarete wurde in Frankreich, wo sie einmal Kind-Königin gewesen war, mit Zuvorkommenheit und Hochachtung behandelt. Ihr erster Mann, Karl VIII., war inzwischen gestorben, nachdem er sich im volltrunkenen Zustand an einem zu niedrigen Türbalken den Schädel eingeschlagen hatte. Ein neuer König, Ludwig XII., saß auf dem Thron, die Königin war dieselbe: Anna von Bretagne, Witwe nach Karl VIII. und nun Ehefrau von Ludwig XII.

Am 4. März 1500 endlich erreichte Margarete Gent, wo ihr Bruder Philipp und seine Frau Juana residierten. Sie hatten bereits eine kleine Tochter, Eleonore.

Wenige Tage vor Margaretes Ankunft war das zweite Kind des Paares buchstäblich in diese Welt gestürzt. Mitten in einem Tanzfest wurde Juana von Wehen überfallen. Sie konnte sich gerade noch in einen Nebenraum schleppen, und schon war der Knabe ohne jeglichen Beistand geboren. Er erhielt den Namen seines Urgroßvaters, des Burgunderherzogs Karl des Kühnen, und er wurde am 7. März getauft. Als Patin fungierte Margarete; auch bei diesem freudigen Anlaß trug sie noch den schwarzen Witwenschleier.

Wäre es nach ihr gegangen, sie hätte sich für die nächste Zeit in die – wie sie es nannte – »douce solitude« (süße Einsamkeit) ihres Witwenwohnsitzes auf Schloß Quesnoy zurückgezogen, um in ihren mannigfaltigen musischen Neigungen Trost, Ablenkung und, vielleicht, Vergessen zu finden.

Die Wünsche der trauernden Witwe wurden natürlich nicht berücksichtigt, als Vater Maximilian bereits im Todesjahr seines Schwiegersohnes, des Infanten von Spanien, nach einer neuen Partie für seine Tochter Ausschau zu halten begann.

Die Aussichten waren alles eher denn günstig, wie Maximilian selbst eingestand: »Der König von Neapel kommt nicht in Frage, der englische König hat seinen Sohn [den späteren Heinrich VIII.] bereits einer Tochter des spanischen Königspaares versprochen, dem König von Frankreich würde ich meine Tochter niemals geben ...«

Es muß Maximilian darum äußerst gelegen gekommen sein, als die Frau Philiberts, Herzog von Savoyen, plötzlich starb und der Witwer – er war drei Monate jünger als Margarete – wieder an der europäischen Heiratsbörse notierte. Daß der hünenhafte Philibert, ein Bild von einen Mann, ein anständiger, aufrechter Charakter war, wird weniger ins Gewicht gefallen sein als die Lage seines Landes zwischen der deutschen und der französischen Sphäre, in einer strategisch wichtigen Stellung zu Italien, wohin sich die kriegerischen Auseinandersetzungen immer mehr verlagerten.

Die angestrebte Verbindung zwischen Margarete und Philibert wurde von den Diplomaten verhandelt und fixiert, ehe man es der Mühe wert fand, die Heiratskandidatin zu unterrichten. Als es soweit war, legte Philipp seiner Schwester eine Erklärung vor, worin sie bestätigen sollte, daß sie diese Ehe ohne Zwang und Überredung eingehe. Margarete war bereit, sich den Plänen von Vater und Bruder zu beugen, das frivole Spiel mit der Wahrheit lehnte sie entschieden ab. Sie unterschrieb nicht, willigte aber mündlich in die Verbindung ein.

An Philibert mußte sie zumindest eine schwache Erinnerung haben, denn er wurde, so wie seine Schwester Luise, Margaretes Freundin aus Kindertagen, am französischen Hof in Amboise erzogen. Er war schon damals ein frischer, freundlicher Knabe gewesen, dessen Vorliebe mehr der Jagd und dem Turnier als den langweiligen Geisteswissenschaften galt.

Nachdem die Frage der Mitgift und einer eventuellen Witwenrente Margaretes endlich geregelt war, brach sie, nun bereits einundzwanzigjährig, begleitet von zahlreichen Hofdamen und Edelleuten sowie 250 Pferden, zum dritten Mal in ihrem Leben auf, um in der Fremde zu heiraten.

Die Reise durch burgundisches, französisches und savoyisches Gebiet verlief ohne Zwischenfälle. Wieder ging die letzte Etappe über ödes, verschneites Bergland, und nach Überwindung des Jura war man in dem kleinen Flecken Romainmôtier, etliche Kilometer nördlich von Genf, endlich am Ziel. Dort erwartete Philibert seine Braut.

Kühl und steif war die Begrüßung. Die Braut fand kaum Zeit, sich umzukleiden und einen Imbiß zu nehmen, als auch schon in einer kalten, kaum erleuchteten Kapelle, Punkt Mitternacht des 2. Dezember 1501, die Trauung ohne weiteren Aufwand vollzogen wurde – eine Verbindung, wie sie geschäftsmäßiger und phantasieloser kaum eingegangen werden konnte. Unmittelbar danach zogen sich die Neuvermählten ins gemeinsame Schlafgemach zurück, das sie erst kurz nach Mittag wieder verließen, nachdem sich bereits beträchtliche Unruhe unter den Höflingen ausgebreitet hatte.

Herzog Philibert II. von Savoyen

In den folgenden Wochen wurde das Ritual der »joyeuse entrée«, des fröhlichen Einzugs in die großen Orte Savoyens, vollzogen, auf dem sich die Fürsten ihren Landsleuten zu präsentieren pflegten. Mit der Parade war es nicht getan, der weit anstrengendere Teil des Programms umfaßte stundenlange Empfänge, Bankette, die sich durch die Nächte, und Turniere, die sich über mehrere Tage zogen. Glocken läuteten, Kanonen donnerten, Teppiche wurden aufgebreitet, Girlanden gezogen, Geldstücke unters Volk geworfen und einmal sogar eine weibliche Brunnenfigur aufgestellt, aus deren Brüsten weißer und roter Wein floß.

Es gibt keine persönlichen Berichte Margaretes über die erste Zeit dieser neuen Ehe, doch auch aus dem Zeugnis eines Historiographen läßt sich eine Menge ablesen, wenn es heißt: »Diese Ehe ward zu der zyt unter allen christlichen Fürsten die lustigste und hübscheste geachtet, dann die beiden von Lyb, Gestalt und Tugend ganz wohl geschöpfet waren.«

Nicht länger mehr war es die bleiche, verhärmte Witwe, die da den jubelnden Savoyarden vorgeführt wurde, sondern eine strahlende, zu voller Schönheit erblühte Frau. Auf ihrem schneeweißen Zelter, die Herzogskrone auf dem üppigen Blondhaar, ritt sie wie eine Märchenprinzessin an der Seite ihres Märchenprinzen im silbernen Panzer. Beide machten nicht das geringste Hehl daraus, daß sie das Paradies auf Erden gefunden hatten.

So paradiesisch sich die Ehe zwischen Margarete und Philibert anlassen mochte, so wenig war zu übersehen, daß Savoyen kein Garten Eden war. Die Wirtschaft lahmte, die Staatskasse war leer, Korruption stank zum Himmel, die schandbar hohen Steuern versickerten in dunklen Kanälen. Philibert trug an dieser Misere nicht direkt, aber sehr wohl indirekt Schuld. Die Staatsgeschäfte ödeten ihn an, er vergnügte sich lieber mit seinen Jagdkumpanen, als den Vorträgen seiner Minister zu lauschen, die er doch nicht verstand. Außerdem hatte er bis zu seiner Vermählung mit Margarete weit öfter die nächtliche Gesellschaft hübscher Mädchen als die täglichen Sitzungen des Kabinetts geschätzt.

Philibert regierte nicht. Er reagierte auch nicht auf den Unmut der Bevölkerung, der allerorten wieder aufflammte, nachdem die vergnüglichen Tage der »joyeuses entrées« zu Ende gegangen waren.

Car a cela amsi côme il me sêble
De voulente a moy seulle resêble
Puis que larmes aussi te laymeray
En vray amour du tout tolriray

Margarete und Philibert

Um so mehr reagierte Margarete, der es nicht gegeben war, tatenlos zu-
zusehen und sich auf die gottgewollte weibliche Rolle als passive Beobachterin zu beschränken. Da ihr Philibert nicht den mindesten
Wunsch abschlagen konnte, war es nur folgerichtig, daß sie Zugang zu
den Regierungsgeschäften und auch die nötigen Vollmachten erhielt.
Dies zum Mißvergnügen des »Grand Bâtard« René, eines sieben
Jahre älteren Halbbruders des Herzogs, der bis dahin de facto die
Herrschaft über Savoyen ausgeübt hatte. Nachdem Margarete sich ein-
gearbeitet und die üblen Machenschaften Renés durchschaut hatte,
enthob sie ihn einfach seiner Ämter und ließ ihn sogar des Landes verweisen. Juristische Gründe gab es in Fülle. René wurde mit offenen
Armen in Frankreich, am Hofe von Philiberts Schwester Luise, aufgenommen, was später noch böse Folgen für Margarete haben sollte.
Binnen kürzester Zeit vollbrachte Margarete ein kleines Wirtschafts-
wunder in Savoyen, zum Wohle des Volkes, zum Mißfallen der herrschenden Schichten, die vieler Privilegien und fetter Pfründen beraubt wurden. Margarete kopierte den von ihrer Schwiegermutter Isabella geschaffenen Beamtenstaat bis ins letzte Detail. Ihre engsten
Berater waren bürgerliche Männer der Wissenschaft und nicht länger
adelige Schmarotzer.
Philibert konnte es wohl zufrieden sein, denn Margarete, zwar hart an
ihrem politischen Tagwerk schaffend, vergaß dennoch nicht die lichten Seiten des Lebens: die Kunst und die Künstler, die in den beiden
Residenzen, Chambéry und Pont d'Ain, heimisch wurden, die glanz-
vollen Feste, die Philibert so liebte, und die großen Jagden.
Wann immer es ihre Zeit zuließ – und sie sorgte dafür, daß dem so
war –, begleitete Margarete ihren Mann auf die Pirsch. Dabei legte sie
eine betuliche, manchmal geradezu lästige Fürsorge um das Wohl
ihres Mannes an den Tag, die manchmal hart an der Grenze der Hy-
sterie lag. Vielleicht hat sie in ihrem Unterbewußtsein nie vergessen,
daß es eine Jagd war, die ihrer Mutter das Leben kostete . . .
Am 2. September 1504, zwei Monate vor dem dritten Hochzeitstag,
veranstaltete der Herzog eine jener ungestümen, großen Jagden, die
Margarete aus tiefster Seele verabscheute. Da sie ihn dringender Ter-
mine wegen nicht begleiten konnte, flehte sie ihn an, dieses eine, einzige Mal auf ihren Rat zu hören und daheim zu bleiben. Der Herzog
lachte, murmelte ein paar beruhigende Floskeln und sprengte davon.

Es war, nach einer wochenlangen Hitzeperiode, der heißeste Tag des Jahres. Der Herzog versuchte allein, einen flüchtigen Eber zu stellen. Er folgte dem Tier, das sich immer weiter, steil bergan, zurückzog, konnte es aber nicht finden. Schließlich kam Philibert, vor Erschöpfung taumelnd, zum Sammelplatz an einer Quelle, gierig labte er sich an eiskaltem Wasser. Noch am selben Abend streckten ihn Fieber und Schüttelfrost nieder. Auf einer Bahre trug man den Schwerkranken ins Schloß zurück.

Die Ärzte waren hilflos. Es nützten weder kalte Wickel noch heiße Tees, keine Einläufe und Aderlässe, schon gar nicht Margaretes prachtvolle Perlen, die man, zu Pulver zerrieben, dem Kranken einflößte. Philibert starb am 10. September in den Armen seiner Frau. Medizinhistoriker rätseln, ob eine Lungenentzündung oder eine plötzlich aufgebrochene Miliartuberkulose, an der auch seine Mutter gestorben war, als Todesursache anzunehmen ist.

Der Tod Philiberts war der einzige Augenblick im Leben der sonst so selbstbeherrschten Margarete, da sie vollkommen die Fassung verlor. Schreiend und kreischend rannte sie aus dem Sterbezimmer und wollte sich aus dem nächsten Fenster stürzen. Im letzten Moment wurde sie von einer geistesgegenwärtigen Dienerin zurückgehalten. Dann versuchte Margarete, sich die Kleider vom Leibe zu reißen; auch das konnte gerade noch verhindert werden. Aber als man sie später für einen Augenblick unbewacht ließ, schnitt sie sich die goldene Haarpracht, auf die sie so stolz gewesen war, bis auf kurze, häßliche Stoppeln ab. Schließlich verfiel Margarete in stumme Apathie und war tagelang nicht ansprechbar; es stand zu befürchten, daß sie den Verstand verlieren würde.

Ein Verstand wie der der Margarete von Österreich, verstoßene Königin von Frankreich, Witwe von Spanien und Savoyen, war nicht so leicht zu verlieren, ein Charakter wie dieser nicht durch Schicksalsschläge zu brechen. Was eine Frau vom Format Margaretes brauchte, war eine Aufgabe. Sie suchte und sie fand eine solche Aufgabe.

Nachdem sie den spontanen Gedanken, sich ins Kloster zurückzuziehen und ihr restliches Leben dem Gebet um das Seelenheil Philiberts zu widmen, verworfen hatte, beschloß sie, ein Gelübde einzulösen, das einst ihre Schwiegermutter abgelegt hatte, als deren Mann, Philiberts Vater, in der Nähe von Brou bei einem Jagdunfall schwer verletzt worden war. Es sollte an der Stelle des Unglücks eine Kirche mit Kloster errichtet werden, falls der Herzog überlebte. Philiberts Vater genas, doch weder die Herzogin noch deren Sohn erfüllten das schriftlich abgefaßte Gelöbnis. Margarete war überzeugt, daß Philiberts Tod die Strafe des Himmels für das gebrochene Versprechen war.

So faßte sie den Vorsatz, in Brou die schönste Kirche, das schönste Kloster und das prächtigste Grabmal für Philibert und sich selbst zu errichten. Sie übersiedelte nach Bourg en Bresse, von wo aus sie die Arbeiten besser überwachen und koordinieren konnte. Um die nötigen Mittel dafür sicherzustellen, führte sie einen zähen, geschickten Kampf zur Erlangung ihrer Leibrente, die ihre Schwägerin Luise und der gestürzte »Grand Bâtard« René ihr mit erlaubten und unerlaubten Mitteln, auf graden wie auf krummen Wegen, streitig zu machen versuchten. »Nicht die Breite meines Daumens will ich von meinen Rechten abgehen«, ließ sie ihre Kontrahenten wissen, über welche sie schließlich obsiegte. Im Zuge dieser Auseinandersetzungen hatte sie auch ihre neue Lebensdevise geprägt: »Fortune. Infortune. Fort. Une.« (Glück. Unglück. Stark. Allein.)

Margarete sollte die Stärke aus eigener Kraft wahrlich noch brauchen, denn es war ihr nicht bestimmt, den Rest ihres Lebens dem Bau eines Mausoleums und dem Gedächtnis ihres toten Gemahls zu widmen.

Die politische Konstellation hatte sich in der Zwischenzeit durch eine Reihe von Todesfällen in den europäischen Fürstenhäusern grundlegend geändert. Margaretes einstmalige Schwägerin, Isabella von Portugal, Tochter des spanischen Königspaares, war bei der Geburt ihres Sohnes Miguel gestorben. Nur wenige Jahre später folgte ihr dieses einzige Kind ins Grab. Johanna die Wahnsinnige, Ehefrau von Margaretes Bruder Philipp, war mit einem Schlag Thronfolgerin; einer ihrer beiden Söhne, Karl oder Ferdinand, würde das spanische Reich erben. Denn auch Philipp wurde, erst achtundzwanzig Jahre alt, lange vor der Zeit abberufen. Er starb, wie Margaretes Mann, an einer Lungenkrankheit. Gerüchte wollten allerdings wissen, er sei vergiftet worden, womöglich gar von seiner wahnsinnig eifersüchtigen Ehefrau.

Philipp hinterließ sechs unmündige Kinder: Eleonore, Karl – Margaretes Patenkind –, Isabella, Maria, Ferdinand und Katharina. Ferdinand wurde am Hofe seines Großvaters Ferdinand in Spanien erzogen, Katharina lebte ebenfalls in Spanien bei ihrer Mutter, die immer tiefer in geistige Umnachtung versank. Eleonore, Karl, Isabella und Maria, nun mutter- und vaterlos, blieben in Mecheln zurück.

Der Großvater dieser kostbaren Kinder, Kaiser Maximilian I., wäre von Natur aus berufen gewesen, deren Erziehung und die Regierung in den Niederlanden zu übernehmen. Doch Maximilian war anderweitig mehr als voll beschäftigt. Die Herrschaft im Deutschen Reich, die Reichstage, nahmen seine Zeit ebenso in Anspruch wie die verwaltungstechnische Reorganisation der österreichischen Erblande. Er war aktiv in den Erbfolgekrieg seines Schwagers, Albrecht von Bayern, verwickelt (siehe das vorhergehende Kapitel), der ihm die Vorherrschaft über ganz Tirol bescherte. Mit dem ungarischen König Ladislaus führte er schwierige Heirats- und Erbverhandlungen im Interesse seiner Enkelkinder – wovon im nächsten Kapitel ausführlich die Rede sein wird –, und er mußte, um endlich ans Ziel zu gelangen, seinen eigenen Vorstellungen über die Gestaltung der Abkommen durch kriegerische Präsenz in Ungarn Nachdruck verleihen. Und am Horizont zeichneten sich drohende Gewitterwolken einer knapp bevorstehenden blutigen Auseinandersetzung mit Venetien ab.

Rechtzeitig besann sich der Kaiser seiner klugen, durch den Bau eines Klosters und eines Grabmals gewiß nicht hinreichend beschäftigten Tochter, der »personne oubliée et perdue« (vergessenen und verlorenen Person), wie sie sich einmal in einer für sie ganz uncharakteristischen Anwandlung von Selbstmitleid bezeichnete.

Schon einmal hatte Maximilian versucht, die »vergessene und verlorene« Frau aus der selbstgewählten Einsamkeit herauszulocken, indem er sie zu einer Heirat mit dem ältlichen englischen König, Heinrich VII., einem geschätzten Bundesgenossen gegen Frankreich, überreden wollte. Doch Margarete antwortete mit einem klaren, unwiderruflichen Nein.

Das Angebot des Vaters indes, die Regentschaft der Niederlande zu übernehmen und die Kinder des Bruders großzuziehen, akzeptierte sie sofort und ohne Vorbehalt. So wurde sie im März 1507 bevollmächtigt: »Unsere Regentin, Generalleutnant, Regiererin und Verwalterin über die Personen, Güter und Körper, die Herrschaften und

Länder unserer Kinder zu sein und mit voller Gewalt und Autorität zu handeln.«

Die dritte Heimkehr Margaretes ins Vaterland gestaltete sich zu einem Triumphzug ohnegleichen. Der majestätischen, gereiften Witwe brandete eine Welle der Sympathie und Anteilnahme aller Niederländer entgegen, Hoffnungen verknüpften sich mit dieser wahren »princesse naturelle«, die eine der Ihren war, Tochter der unvergessenen Maria von Burgund, Enkelin des glorifizierten Herzogs Karl des Kühnen.

Mit sicherem Instinkt fühlte Margarete, daß sie erst die Verbindung mit ihrem Volk wiederfinden und fester knüpfen mußte, ehe sie sich ihren eigentlichen Aufgaben zuwandte. Wochenlang reiste sie von Stadt zu Stadt, empfing endlose Kolonnen von Abordnungen und Bittstellern, feierte und tafelte mit Adeligen und Bürgern.

In Mecheln, wo sie Kind gewesen, errichtete sie ihre Residenz. Für die vier Halbwaisen bestellte sie Lehrer und Betreuer, behielt sich jedoch letzte Entscheidungen in allen wichtigen Erziehungsfragen vor. Den drei Mädchen war sie die zärtliche geliebte »Frau Tante und gute Mutter«, zu Karl hegte sie von Anbeginn eine besondere Liebe, die allerdings einseitig war; bestimmt hat Margarete darunter gelitten, daß ihre Zuneigung von dem verschlossenen Knaben niemals wirklich erwidert wurde. Erst als er Kaiser wurde, ließ er so etwas wie Dankbarkeit dafür erkennen, daß ihm Margarete ein Übermaß an Zuwendung und ihre ganze politische Tatkraft gewidmet hatte.

Rückblickend scheint all ihr Tun und Handeln darauf ausgerichtet, dem Neffen den Weg zum Kaiserthron und zur Weltherrschaft zu bereiten. Es muß indes festgestellt werden, daß Margarete stets auch das Wohl des niederländischen Volkes im Auge hatte sowie das des Hauses Habsburg im allgemeinen – ab nun immer häufiger »Haus Österreich« genannt. Es darf auch nicht übersehen werden, daß sie selbst zunehmend der Faszination der Politik erlag und immer größere Schritte mit immer bedeutenderen Folgen für Gesamteuropa wagte.

Interessant zu beobachten ist ihr ständiges Lavieren gegenüber Frankreich, wobei manchmal die Sorge um die wirtschaftlichen Beziehungen zum übermächtigen Nachbarn die Oberhand gewann, manchmal aber auch rein persönliche Gefühle ihr Handeln bestimmten. Niemals konnte sie verwinden, wie tief sie und ihr Vater gedemütigt und verraten worden waren.

Margarete als Regentin der Niederlande

Dabei darf allerdings nicht außer acht gelassen werden, daß Frankreich unter einem Habsburgertrauma litt. Es fühlte sich zunehmend durch die Heiratsverflechtungen der Habsburger (Burgund, Savoyen, Spanien) eingekreist, die überdies mit England, Frankreichs verhaßtem Erbfeind, dem Gegner des erst vor zwei Generationen beendeten Hundertjährigen Krieges, furchteinflößende Bündnisse eingingen. Auch England wurde, über Margaretes Initiative, in die Habsburger Heiratsdiplomatie einbezogen. Zwar hatte sie selbst, wie erwähnt, die Verbindung mit Heinrich VII. abgelehnt, zwar scheiterte das Projekt, ihren Neffen Karl mit dessen Tochter Mary zu verheiraten, aber der Sohn Heinrich, später Heinrich VIII., konnte schließlich doch an die Familie gebunden werden, indem er Margaretes spanische Schwägerin, Katharina von Aragon, zur Frau nahm. Dieser Plan war zwar schon früher, lange vor Margaretes politischer Aktivität, mehrfach erwogen, dann aber wieder verworfen worden. Sie machte ihn perfekt.

Der erste große Erfolg war Margarete bereits ein Jahr nach »Amtsantritt« beschieden, und sie konnte damit eine Reihe von innen- und außenpolitischen Problemen zugleich lösen. Zumindest für eine Weile.

Sie hatte sich 1507 mit jugendlichem Optimismus und Eifer in die Arbeit gestürzt, in der naiven Annahme, gewissermaßen im Handumdrehen eine verfilzte Bürokratie entwirren, eine prekäre Finanzsituation bessern und die an den Grenzen des Landes immer wieder aufflackernden kleinen Rebellionen von Adeligen niederschlagen zu können, die heimlich mit Frankreich sympathisierten.

Daß sie von Anfang an den Tagesablauf der Regierungsämter auf den Kopf stellte, bereits in den frühesten Morgenstunden bis in den späten Abend unermüdlich tätig war, wurde, wenn auch mürrisch und mit Verwunderung, zur Kenntnis genommen. Daß sie jedoch ihre eigenen Beamten und Berater aus Savoyen berief und die alteingesessenen Honoratioren überging, machte viel böses Blut. Daß sie dem Adel und der Kirche lieb und teuer gewordene Vorrechte nahm und von ihnen Steuern verlangte, wie von allen anderen, war in deren Augen ein Affront. Aber auch die Bürger, die Handelsherren und Gewerbetreibenden, die Reeder und die Grundbesitzer, sparten nicht mit Kritik, da alle Anzeichen darauf hindeuteten, daß Margarete auf Konfrontationskurs mit Frankreich aus war. Krieg störte die Geschäfte, und so sah sich Margarete von allen Seiten im Stich gelassen, als sie mit den aufrührerischen Adeligen an den Grenzen, die immer unverfrorener mit Frankreich zusammenarbeiteten, endlich aufräumen wollte.

Auch der kaiserliche Vater konnte nicht helfen. Seine Kräfte waren in Italien gebunden, weil das mächtige Venetien einen Krieg vom Zaun gebrochen hatte, um sich der Krain zu bemächtigen. Ein Heer des Kaisers wurde aufgerieben. In einem barbarischen Blutrausch ließen die Sieger mehr als tausend gefallene Gegner enthaupten und stellten die aufgespießten Köpfe auf dem Markusplatz zur Schau.

Aus dieser schlimmen Lage gab es nur einen Ausweg: Margarete mußte versuchen, sich mit Frankreich gütlich zu einigen, um eine Atempause zu gewinnen. Fühlungnahmen mit Ludwig XII. signalisierten Verhandlungsbereitschaft, denn auch der französische König, mit vielfältigen Interessen in Italien, brauchte Frieden, um gegen den unberechenbaren Aggressor Venetien gewappnet zu sein. Was heute Maximilian widerfuhr, konnte morgen Ludwig geschehen.

So zog Margarete Mitte November 1508, begleitet von einer Kompanie Schwerbewaffneter, in die Stadt und Festung Cambrai, ungefähr 65 km südlich von Lille, um Ludwigs Botschafter, den Kardinal von Amboise, zu treffen, der seinerseits ebenfalls unter starker militärischer Begleitung anrückte. Mißtrauen überschattete die zähen Verhandlungen. Margarete vollbrachte ein diplomatisches Kabinettstück, indem sie alle verfügbaren Register spielen ließ. War sie heute hart und herrisch, verlegte sie sich morgen auf die Rolle des schmeichelnden Weibchens, um übermorgen den Kardinal mit einem Feuerwerk von Spott, Hohn und unwiderlegbaren Argumenten zu verblüffen.

Am 10. Dezember konnte endlich ein mit unzähligen Geheimklauseln abgesicherter Vertrag unterzeichnet werden, der zwischen Maximilian und Ludwig »ewigen Frieden und ewige Freundschaft« festschrieb. Der venezianische Gesandte allerdings berichtete frohlockend nach Hause: »Wir können mehr denn je auf Ludwigs Unterstützung rechnen.«

Ferdinand von Aragon und Papst Julius II. schlossen sich durch ihre Gesandten dem Vertrag an, dessen Zustandekommen in der Kathedrale zu Cambrai mit einem feierlichen Hochamt gebührend gewürdigt wurde. Ein Sieg für Margarete, wenn auch hart errungen: »Der

Kardinal und ich sind uns oft in den Haaren gelegen. Aber letzten Endes haben wir uns ausgesöhnt und sind recht gute Freunde geworden – soweit das eben möglich ist«, vermerkte sie in einem Brief mit leichter Skepsis. Sie wußte, was man von Frankreichs Bündnistreue zu halten hatte.

Zunächst schienen ewigem Frieden und ewiger Freundschaft kaum etwas im Wege zu stehen, und auch der Dank des Vaterlandes blieb nicht aus. Die niederländischen Generalstände überreichten der Herzogin 60 000 Gulden für die Bekämpfung der Rebellen im Grenzgebiet.

Knapp fünf Jahre hielt der Pakt, dann sah alles wieder ganz anders aus. Frankreich, immer noch begierig, Burgund an sich zu bringen, schürte mit List, Tücke und sehr viel Geld gegen Margarete in ihrem eigenen Land. Sie sah sich einer immer größer werdenden Front der Ablehnung gegenüber, der heranwachsende Karl geriet zunehmend in die Abhängigkeit von Beratern und »Beschützern«, die »nur sein Bestes wollten« und ihn ebenso sachte wie zielstrebig von seiner Tante isolierten.

Die Aufstände an der Grenze flackerten erneut auf, und Margarete, die sonst so friedliche, musische Dame, sah sich veranlaßt, für ein paar Tage selbst ins Feld zu ziehen. Da sie den Söldnern zwar Begeisterung zu vermitteln versuchte, jedoch knapp bei Kasse war, endete ihr erster und einziger Kriegszug mit einem Fiasko. Die Söldner liefen davon, sie mußte heimkehren, ehe der erste Schuß gefallen war.

Als Frankreich schließlich offen die Fronten wechselte und sich mit Venetien verbündete, war der Zeitpunkt gekommen, neuerlich ein ewiges Friedens- und Freundschaftsbündnis zu schließen. Margarete konnte sich, im Vertrag von Mechelen vom 5. April 1513, Spaniens, Englands und des Papstes versichern – eine »Heilige Liga«, die diesmal ausschließlich gegen Frankreich gerichtet war. Dies hinderte Margarete nicht, sich für einen künftigen Krieg als neutral zu erklären, und sie begründete das so: »Zwischen Spanien und Frankreich ragen hohe Berge, zwischen England und Frankreich liegt die See. Aber zwischen unseren Ländern und Frankreich gibt es keine natürlichen Grenzen, sie sind schutzlos allen Angreifern ausgesetzt.«

Es kam tatsächlich zum Krieg zwischen England und Frankreich. Mangels eigener Mittel nahm Maximilian im Solde des jungen Königs Heinrich VIII. für 100 Dukaten täglich als Feldhauptmann und Stratege daran teil. Margaretes Herz war selbstredend auf der Seite ihres Vaters gegen »unseren ersten und natürlichen Gegner«.

»Ich werde den eingeborenen Feind Burgunds bis in den Staub demütigen, seine Anschläge zunichte machen und die Provinzen zurückerobern, die von Rechts wegen dem herzoglichen Hause gehören ...«, ließ Maximilian seine Tochter wissen, ehe er einen brillanten Sieg errang. Da England in diesem Krieg bekommen hatte, was es wollte – nämlich zwei wichtige Festungen auf nordfranzösischem Boden –, stellte Heinrich alle weiteren Zahlungen ein. Margarete und Maximilian, die bereits von einer Eroberung ganz Frankreichs geträumt hatten, mußten ihre hochfliegenden Pläne begraben.

Allen Neutralitätserklärungen zum Trotz spielten sich die Kämpfe zum überwiegenden Teil auf niederländischem Hoheitsgebiet ab. Dadurch wurde Margaretes Autorität im eigenen Land noch weiter untergraben. Offene Attacken und versteckte Feindseligkeiten wechselten einander ab; Margaretes außenpolitisches Konzept geriet ins Wanken, als England sich wieder an Frankreich annäherte. Hinter ihrem Rücken verhandelten die niederländischen Stände mit Maximilian. Sie boten ihm 140 000 Livres, falls er sich bereit fände, Karl für mündig zu erklären, so daß die Herren Margarete bequem ins Ausgedinge schicken und im Namen des fünfzehnjährigen Knaben nach eigenen Vorstellungen regieren könnten. Maximilian, wie immer von Geldnöten geplagt, schlug in den Handel ein.

»Ich habe stets mein möglichstes getan und mein Letztes gegeben, jetzt habe ich alles verloren. Ich fühle mich so traurig, so bekümmert, so elend, daß ich wünschte, nie geboren zu sein«, schrieb die zutiefst verletzte Margarete ihrem Vater. An anderer Stelle: »Nie habt Ihr mir das Vertrauen geschenkt und mich in die wichtigsten Fragen des Staates eingeweiht. Fremde wußten mehr darüber als ich ... Ich will gar nicht von der persönlichen Demütigung reden, die ich erlitten habe. Ich bin bereit, wieder eine schlichte Herzogin zu werden, ich werde Zeit gewinnen für meine Liebhabereien, die ich vernachlässigte, weil ich mich ausschließlich Karls Interessen gewidmet habe.«

Das Schicksal einer verblühenden Frau von 35 Jahren mochte vielleicht den Vater, nicht aber den Kaiser und Chef des Hauses Österreich berühren. Dessen Gedanken waren auf die Zukunft gerichtet, auf die junge Generation und nicht auf die ältere, die bereits ihre Schuldigkeit getan hatte. Eine raffinierte österreichisch-ungarische Heiratskombination, von der im nächsten Kapitel ausführlich die Rede sein wird, wurde in Wien abgewickelt und Karl am 15. Januar 1515 im Ständesaal zu Brüssel als Regent etabliert.

Der Hof, die Zentren von Legislative und Exekutive, übersiedelten nach Brüssel. Margarete blieb im Schloß zu Mecheln, das – eben noch von Geschäftigkeit erfüllt – nun einsam und ausgestorben war. Verlassen von all den eifrigen, gehorsamen Untergebenen und dienstbeflissenen Freunden, wie schon so oft in ihrem Leben, war Margarete »une personne oubliée et perdue...«

Die Herzogin war wenig mehr als zwölf Monate zurückgeworfen auf private Gedanken und Liebhabereien, als ihr Schicksal erneut eine dramatische Wende nahm. Wieder waren es mehrere Todesfälle, die eine vollkommen veränderte Lage schufen. Es starb König Ferdinand von Aragon, Karls Großvater mütterlicherseits; der junge Herrscher der Niederlande mußte nach Spanien aufbrechen, um das dortige Erbe anzutreten, das nach dem Willen des Verstorbenen eigentlich Karls jüngerem Bruder, Ferdinand, zufallen sollte. Doch Karl bestand auf dem Vorrecht des Erstgeborenen. Ferdinand wurde nach Mecheln geschickt, wo der hübsche, heitere Jüngling Margaretes Witwensitz zierte, bis Karl ihm neue Aufgaben übertrug.

Auch in Frankreich vollzog sich ein Revirement von größter Tragweite. König Ludwig starb kinderlos, sein Nachfolger wurde als Franz I. der Sohn von Margaretes Schwägerin, Luise von Savoyen – dieser junge Mann hatte den Haß auf Margarete und das Haus Österreich mit der Muttermilch eingesogen.

Karl handelte rasch und entschlossen. Er setzte Margarete neuerlich als Regentin ein, als Garanten für die Kontinuität der Innenpolitik und die Beziehungen zu Frankreich. Nach dem Tod seines Großvaters im Jahre 1519 stattete er Margarete mit wesentlich mehr Vollmachten aus, als sie Maximilian jemals zu geben bereit gewesen war.

Maximilian hat Margarete sicher von Herzen gern gehabt, zugleich aber war ihm diese nüchterne, gradlinige Frau wohl immer ein wenig suspekt – weil manchen seiner hochfliegenden Pläne hinderlich. Bezeichnend ist ihre Haltung beim Abschluß der »Heiligen Liga«, als sie nicht mit fliegenden Fahnen an der Seite des Vaters in den Krieg gegen Frankreich eintrat, sondern sich auf die Position einer neutralen Beobachterin beschränkte; bezeichnend auch ihr energischer Protest, als Maximilian sich zu der absurden Idee verstieg, die Tiara des Papstes mit der Krone des Deutschen Reiches auf seinem Haupt zu vereinen.

Maximilian war der glanzvolle, romantische Ritter, der phantasiebegabte Schwärmer, der als Lichtgestalt in die Historie eingegangen ist, Margarete die Realpolitikerin, die im Hintergrund wirkte und so manche Scharte auswetzte, welche ihr temperamentvoller Vater geschlagen hatte. Ihr Andenken wird auch heute noch an der Stätte ihres Wirkens bewahrt, nicht aber in den Annalen der Heldenverehrung.

Karl, viel mehr der Linie seiner Tante als jener des Großvaters folgend, ließ Margarete erheblichen Spielraum, den sie weidlich nützte, als es um das zentrale Ereignis in Karls und damit in ihrem Leben ging: die Wahl zum römisch-deutschen Kaiser.

Es gab, im Grunde genommen, nur zwei ernstzunehmende Bewerber um die Krone, die weniger greifbare Macht als vielmehr Symbol einer mystischen Reichsidee verkörperte: nämlich Karl, der auf die Kontinuität nach Großvater und Urgroßvater pochte, und Franz I. Dieser reklamierte das Kleinod als später Nachfolger Karls des Großen für sich, und gewiß spielte auch der Wunsch, sich über die verhaßten Habsburger zu erheben, eine nicht unwesentliche Rolle. Franz war so besessen von der Idee, römisch-deutscher Kaiser zu werden, daß er bereit war, sein »ganzes Königreich für die Kaiserkrone herzugeben«. Er dachte sicher nicht daran, auf Frankreich zu verzichten, aber die Ankündigung, er werde die Krone erwerben, »sei es durch Zuneigung, sei es durch Geld, sei es durch Gewalt«, war als Drohung ernst zu nehmen.

Die sieben Kurfürsten, welche die Aufgabe hatten, den Herrscher zu erwählen, waren von einer Ausnahme abgesehen, weniger an Zuneigung denn an Geld und persönlichen Vorteilen interessiert. Die Gewalt des hervorragend gerüsteten und zu allem entschlossenen Franzosen hatten sie ebenso zu fürchten wie sein Gegenkandidat Karl und dessen Tante Margarete. Diese überließ die Routine der täglichen Regierungsarbeit ihren bewährten Helfern, während sie selbst sich auf die Erreichung ihres Lebensziels konzentrierte: Karl mußte Kaiser werden!

Von ihrem Palast in Mecheln aus spann sie die Fäden über halb Europa. Franz ließ das Gold säckeweise auf Maultierrücken nach Deutschland schaffen – Margarete zapfte die spanischen Goldreserven an, und als die zur Neige gingen, spannte sie das geschäftstüchtige und in Ränkespielen vorzüglich geübte Handelshaus Fugger ein, um Bestechungsgelder aufzutreiben und an der richtigen Stelle zu plazieren. Sie versprach Posten und Ehrenämter, sie schrieb flammende und überzeugende Briefe, und sie ließ, als der in Frankfurt stattfindende Wahlgang in die entscheidende Phase gelangte, Truppen um die Stadt zusammenziehen – ob als Drohung oder als Schutz, diese Frage ließ sie offen.

Am 28. Juni 1519 wurde Karl zum deutschen König und zum römisch-deutschen Kaiser gewählt, und zwar einstimmig. Zwei Tage später schon hielt die Herzogin die Siegesbotschaft in Händen und ordnete an: »... daß unsere guten Untertanen davon benachrichtigt werden und geboten wird, Gott dafür zu danken, durch Prozessionen, Predigten, Gebete, Freudenfeuer und andere bei solchen Gelegenheiten übliche Gebräuche.« Ein Gebot, das in diesem Fall nicht eigens zu erlassen war, denn das ganze Land versank für Wochen in einen Freuden- und Festestaumel sondergleichen, an der Spitze das Schloß Mecheln, wo auch Margarete sich gestattete, von Herzen fröhlich zu sein und die politischen Sorgen für ein paar Tage in den Hintergrund zu stellen.

Es muß sie mit unbändigem Stolz erfüllt haben, den ihr liebsten und teuersten Menschen als Herrscher der Welt zu sehen: Gebieter der österreichischen Erblande ober und unter der Enns, Kärntens, Krains, Tirols, der Vorlande, Herzog der Niederlande, König von Spanien mit seinen reichen überseeischen Kolonien, deutscher König, römisch-deutscher Kaiser dazu, mächtigster Mann der Welt, Herrscher, in dessen Reich die Sonne nicht unterging.

Das Glück ihrer letzten Jahre war aber gewiß der Mensch Karl, der langsam den Panzer seiner Unnahbarkeit ablegte und seiner Tante nicht nur mit Hochachtung, sondern auch mit Wärme entgegenkam. Wann immer er sich in den Niederlanden aufhielt, war es Margarete, die den Ehrenplatz zu seiner Rechten einnahm und deren Anregungen und Vorschlägen er nicht nur höflich lauschte, sondern diese auch beherzigte. Die Beamten, die Minister, die Höflinge, sie zeigten sich plötzlich wieder willfährig, den Anordnungen der Herzogin zu folgen, die sie so oft bekämpft und im Stich gelassen hatten. Das Wort der vierzigjährigen Frau bekam wieder Gewicht durch die Autorität eines erst zwanzigjährigen Mannes, der noch viel zu lernen hatte. Von ihr.

Karl wies wiederholt in aller Öffentlichkeit auf die Verdienste seiner Tante hin – dann stand sie mit gesenktem Blick neben ihm, tief errötend wie ein junges Mädchen. Daß der Kaiser die Herzogin auch mit finanziellen Zuwendungen verwöhnte, wird sie nicht so sehr beeindruckt haben wie die Tatsache, daß er ihr bei der Königskrönung zu Frankfurt am 22. Oktober 1520 den Ehrentitel »Erste Dame des Reiches« verlieh. Nun rangierte sie vor allen Königinnen und Fürstinnen, und sie stand auf diesem Platz kraft ihrer eigenen Persönlichkeit; sie brauchte sich nicht mehr zu grämen, keinen König zum Gemahl bekommen zu haben.

Die Krönung von Margaretes politischem Wirken erfolgte am 29. August 1529 in der Kathedrale zu Cambrai, nachdem es ihr gelungen war, eines der blutigsten Kapitel der Geschichte durch einen Friedensschluß zwischen Franz I. und Karl V. zu beenden. Diese Großtat trug ihr in den Kanzleien Europas den Ehrentitel »Europas bester Diplomat« ein.

Der Keim zur neuerlichen Auseinandersetzung zwischen den beiden Rivalen um die Vorherrschaft auf dem Kontinent war durch Karls Erhebung zum Kaiser gelegt worden. Franz, ein eitler, von sich selbst überaus eingenommener und von seiner Mutter, Luise von Savoyen, ständig aufgestachelter junger Mann, konnte die demütigende Niederlage nicht verwinden.

Bereits 1521 begannen erneut die durch Frankreich geschürten Unruhen an den Grenzen der Niederlande, und es kam zu ersten Zusammenstößen zwischen den Truppen des Franzosen und denen des Kaisers.

Später verlagerten sich die Feindseligkeiten auf das seit eh und je heißumstrittene Italien. Nach einem quälend langen Krieg, dessen Opfer überwiegend Italiens Volk war, vermochte Karl endlich einen Sieg über Franz zu erringen. Der französische König geriet sogar in Gefangenschaft, und es blieb ihm nichts anderes übrig, als einen für ihn folgenschweren Friedensvertrag zu unterzeichnen. Er mußte auf alle Ansprüche in Italien verzichten, das Herzogtum Burgund räumen und die Lehenshoheit in mehreren burgundischen Provinzen abgeben. Darauf leistete er einen Eid – und Karl glaubte ihm. Er ließ seinen Widersacher sogar frei, behielt aber vorsichtshalber die beiden jungen Söhne des französischen Königs vorübergehend als Geiseln. Franz hatte nichts Eiligeres zu tun, als eine »heilige Liga« gegen Karl ins Leben zu rufen. Es gelang ihm, Papst Klemens VII. auf seine Seite zu ziehen, wie auch Habsburgs bisher verläßlichsten Bundesgenossen, England. König Heinrich VIII. hatte triftige persönliche Gründe, einer Koalition beizutreten, welcher auch der Papst angehörte, denn der Engländer wünschte die Scheidung von seiner spanischen Frau, Katharina von Aragon, einer Tante des Kaisers. Der »allerchristlichste König von Frankreich« schreckte auch nicht davor zurück, sich des Beistands der verhaßten Türken zu versichern. Sultan Soliman II. ließ durch seine Diplomaten wissen, daß er durch Ungarn nach Wien vorzustoßen gedenke, so daß starke kaiserliche Truppenverbände an der Ostgrenze des Reiches gebunden sein würden.

Diese Rechnung ging nicht auf. Karls Söldner schlugen die des französischen Königs abermals vernichtend; auch die Armee des Papstes erlitt eine fatale Niederlage, die ein grauenvolles Nachspiel hatte. Die chronisch unterbezahlten Söldner des Kaisers fielen in einem Blut- und Vernichtungsrausch über die Ewige Stadt her, welcher der barbarischen Plünderung Roms durch die Vandalen im 5. Jahrhundert um nichts nachstand. Der berüchtigte »Sacco di Roma« ist ein an Grausamkeit bis heute kaum zu überbietendes Beispiel für die Absurdität des Krieges geblieben.

Mit dem Papst konnte sich Karl einigen und Frieden schließen. Ein Arrangement mit England brachte Margarete zustande, der es vor allem darum ging, die wirtschaftlichen Beziehungen zu dem großen Nachbarn jenseits des Kanals so rasch wie möglich in gedeihliche Bahnen zu lenken. Die Verhandlungen mit Frankreich indes waren bald völlig festgefahren, obwohl beide Kontrahenten, finanziell geschwächt und im wahrsten Sinn des Wortes ausgeblutet, nichts dringender gebraucht hätten als einen stabilen Frieden.

Damit war Margaretes große Stunde gekommen. Als eine Anfrage der französischen Königinmutter, ihrer langjährigen Rivalin, Luise von Savoyen, bei ihr eintraf, ob man nicht von Frau zu Frau über die verfahrene Lage sprechen könnte, agierte sie geschickt. Zunächst hinhaltend, dann schwache Hoffnungen weckend, bis Luise zu weitgehenden Konzessionen bereit war und dies durch eine sehr französische Geste unterstrich: Luise schickte Margarete eine Fuhre besten Weins nach Mecheln und lud zu persönlichen Kontakten nach Cambrai ein.

Margarete hatte sich des Einverständnisses des Kaisers versichert und reiste, wie schon einmal, unter starker militärischer Bedeckung nach Cambrai, wo die beiden Frauen einander nach sechsundzwanzig Jahren zum ersten Mal wieder von Angesicht zu Angesicht gegenüberstanden.

Die Konferenzen waren hart und von ständigen Rückschlägen begleitet. Doch Margarete, längst nicht mehr das gutherzige Mädchen von Amboise, sondern eine füllige Matrone mit barscher, tiefer Stimme, konnte sich durchsetzen. Franz mußte alle schon im ersten Vertrag mit Karl eingegangenen Bedingungen neuerlich annehmen, und nur in einem Punkt war Margarete bereit, eine Spur nachzugeben: Die Bourgogne sollte zunächst bei Frankreich bleiben. Der Pakt wurde durch einen weiteren Brautschacher besiegelt. Der als ausschweifend übel beleumundete Franz bekam die feinsinnige Schwester des Kaisers, Eleonore, zur Frau (siehe nächstes Kapitel).

Der Erfolg, den Margarete für ihren Neffen errungen hatte, war so überwältigend, daß sowohl der Kaiser als auch seine Berater ein neuerliches französisches Täuschungsmanöver vermuteten. Voller Zweifel machte sich Karl ein Jahr später, 1530, auf die Fahrt nach Italien, um in Bologna aus der Hand des Papstes die Kaiserkrone zu empfangen. Doch entgegen allen düsteren Befürchtungen erwartete ihn kein Hinterhalt, gab es keine Feindseligkeiten, weder von französischer noch von päpstlicher Seite.

Nach dem historischen »Damenfrieden von Cambrai« konnte sich Margarete wieder weniger aufsehenerregenden, dennoch unendlich wichtigen Aufgaben zuwenden.

Schon während ihrer politischen Lehrjahre am spanischen Hof war ihr bewußt geworden, daß eine gesunde Wirtschaft die Grundlage eines gesunden Staatswesens bildet. So legte sie besonderes Augenmerk auf den Ausbau eines internationalen Großhafens in Antwerpen, über den bald die meisten Handelsgeschäfte zwischen Spaniens überseeischen Kolonien und Europa abgewickelt wurden. Der Lässigkeit früherer Regierungen setzte sie ein Ende, indem sie die Staatsfinanzen ökonomischen Erfordernissen anpaßte, wobei sie weder vor Budgetkürzungen noch vor einer Reduzierung der Beamtengehälter zurückschreckte. Sie ging allerdings mit gutem Beispiel voran. In Krisenzeiten senkte sie die persönlichen Ausgaben auf das lebensnotwendige Minimum, zeitweise verzichtete sie überhaupt auf einen Großteil ihrer festen Einkünfte.

All diese Maßnahmen machten viel böses Blut unter den Angehörigen jener Gesellschaftsschichten, die gewohnt waren, auf Kosten der Untertanen aus dem vollen zu schöpfen, und manch bittere Klage ging an den Kaiser: »Man läßt uns draußen vor der Tür, wir erhalten keine Audienz bei Madame, während sie die kleinen Leute bevorzugt...« Die »kleinen Leute«, das waren die bürgerlichen Experten, die den Kern von Margaretes Beamtenstaat bildeten, der später in Österreich seine Fortsetzung finden sollte.

Die Beamten speisten häufig auch an der Hoftafel, die allerdings niemals üppig war, denn Margarete war sparsam auch im kleinen und hatte ein scharfes Auge auf die Haushaltsführung; selbst Reste mußten noch verwertet werden.

Zum Unterschied von den meisten Höfen der damaligen Zeit herrschten bei Margarete kultivierte Sitten – das Fluchen, das Schmatzen und das Rülpsen waren ebenso verpönt wie die allgemein verbreitete Gewohnheit, Speisereste über die Schulter den Hunden zum Fraße vorzuwerfen.

Margaretes Residenz in Mecheln, die sie im italienischen Renaissancestil erneuern ließ, war ein Zentrum von Kunst und Wissenschaft. Die Bibliothek wurde ebenso gerühmt wie die Gemäldesammlung – auch Albrecht Dürer wurde gelegentlich von der Herzogin beschäftigt. Die Musik erlebte eine vorher nie gekannte Hochblüte. Wenn Margarete Geld ausgab, dann für das, was man heute als »bleibende Werte« zu bezeichnen pflegt.

Gab es ein Privatleben im weitesten Sinn des Wortes, gab es jemals einen Mann in Margaretes Leben, nachdem Philibert gestorben war? Mit größter Wahrscheinlichkeit nicht. Denn sie hielt sich zeitlebens an das Gelübde, dem sie so Ausdruck verliehen hatte: »Solange ich lebe, mein Herz wird sich keinem anderen zuwenden, so weise, so stark, so klug, von so edlem Geblüt er auch sein mag. Ich habe meine Wahl getroffen.«

Ein einziges Mal stand Margarete, völlig schuldlos, im Mittelpunkt des europäischen Hofklatsches. Es war bei einer Begegnung mit dem jungen Heinrich VIII. zu Lille im Jahre 1514, als eine mögliche Hochzeit Karls mit der Schwester des englischen Königs, Mary, abgesprochen werden sollte.

Margarete hatte längst gelernt, alle ihr zu Gebote stehenden Register spielen zu lassen, und da sie wußte, daß der um elf Jahre jüngere Engländer auf weibliche Reize stark ansprach, erschien sie so strahlend, so elegant und raffiniert gekleidet am Konferenztisch, daß nicht nur der König von der schönen Frau tief beeindruckt war.

Brandon, Herzog von Suffolk, Ziehbruder und Favorit des Souveräns, faßte spontane Zuneigung zu der attraktiven Blondine. Margarete, in heiterer, gelöster Stimmung, ließ sich die Komplimente und die Schwärmerei des gutaussehenden, witzigen Kavaliers mit sichtbarem Vergnügen gefallen.

Suffolk wurde jedoch immer dreister. Es gibt Indizien, daß Heinrich ihn angestachelt haben könnte und sich aus einer Liaison Margaretes mit ihrem »letzten Liebhaber«, wie der König spöttelte, Verhandlungsvorteile erhoffte. Als Suffolk eines Tages einen dramatischen Kniefall vor Margarete inszenierte, ihr bei dieser Gelegenheit einen Ring vom Finger riß, diesen trotz heftiger Vorhaltungen nicht zurückgab und dann noch lauthals prahlte, die Dame habe ihm ein Liebespfand überlassen, da zog sich Margarete angewidert und empört zurück.

In einem offenherzigen Memorandum an ihren Vater brachte sie die kursierenden Gerüchte zum Schweigen, die ihr sogar eine heimliche Entbindung anhängen wollten. Die häßliche Episode war dann bald vergessen, und die Klatschmäuler konnten sich wieder dem vertrauten Thema aus Margaretes Leben zuwenden: Philiberts Grabmal.

Fünfundzwanzig Jahre lang hat die Herzogin daran gearbeitet, ihre ganzen künstlerischen Ambitionen darauf verwandt, bis ins letzte Detail mitgeplant und gestaltet, Architekten, Bildhauer und Maler mit immer neuen Einfällen verblüfft – und gelegentlich auch genervt. Persönlich suchte sie den Marmor aus, persönlich bestellte sie Baumeister und selbst Handwerker. Die Ideen zur Grabkirche und zum

Mausoleum kamen von ihr allein, die Mitarbeiter waren nur mehr oder weniger willfährige Werkzeuge. So entstand in einem kleinen französischen Nest ein Monument der Liebe, das in seiner klaren Schönheit um nichts dem weltberühmten Zeugnis einer großen Leidenschaft, dem Tadsch Mahal in Indien, nachsteht.

Immer wieder nahm sich die Herzogin vor, selbst nach Brou zu reisen, um den steingewordenen Ausdruck ihrer unverbrüchlichen Treue zu sehen, immer wieder hielten wichtige Regierungsgeschäfte sie ab.

Als sie im Herbst 1529 von ihrem Treffen mit Luise von Savoyen aus Cambrai zurückkehrte, war es wieder einmal zu spät im Jahr, den langen Weg nach Brou zu wagen. Margarete war fest entschlossen, im Frühjahr 1530 zu fahren.

Das Frühjahr verstrich, und Margarete fühlte sich den Strapazen einer Reise nicht gewachsen. Ein Beinleiden, das sie seit Jahren quälte – vermutlich ein Geschwür infolge starker Krampfadern –, machte ihr so zu schaffen, daß sie ihre Pläne neuerlich verschob.

Es kam der Herbst, und es kamen neuerlich schwere Schmerzattakken, schließlich gesellten sich hohes Fieber und rasch ausbreitende Entzündungen hinzu. Ob deren Ursache das ursprüngliche Leiden war oder eine akute Blutvergiftung, hervorgerufen durch einen Glassplitter, den sie sich eingetreten hatte, ist heute nicht mehr zu klären.

Die üblichen Behandlungen, Aderlässe, Umschläge, verschiedene Salben und Getränke, schienen zunächst anzuschlagen. Doch dann stieg das Fieber dramatisch, ihr Zustand verschlechterte sich rapid. Mit letzter Kraft diktierte Margarete einen Abschiedsbrief an ihren Neffen, Kaiser Karl V., in dem es unter anderem heißt: ». . . mit ruhigem Gewissen hinterlasse ich Euch Eure Länder, die ich nicht nur regiert, sondern gemehrt habe . . . Ich lege Euch den Frieden ans Herz, besonders mit England und mit Frankreich, und sage Euch ein letztes Adieu . . .«

Als sie vor Schmerzen nicht mehr zu sprechen imstande war, gaben ihr die Ärzte Opium und beschlossen, das Bein am nächsten Tag zu amputieren. Dazu kam es nicht mehr. Margarete von Österreich ist am 1. Dezember 1530, eine Stunde nach Mitternacht, im Alter von fünfzig Jahren gestorben.

Eineinhalb Jahre später trat sie als Tote ihre letzte Reise an. Heim nach Brou, an die Seite Philiberts.

Herz unterm Panzer

Maria 1505–1558

Die Heldin des vorangegangenen Kapitels, Margarete von Österreich, geschiedene Königin von Frankreich, Witwe des spanischen
Infanten, Witwe des Herzogs von Savoyen, Regentin der Niederlande, hatte – abgesehen von einem totgeborenen Sohn – keine
eigenen Kinder, zu ihrer Zeit nicht nur ein persönliches Drama, sondern auch ein öffentlicher Makel. Erste und heiligste Pflicht einer
Fürstin war es, nebst einem gesunden Stammhalter eine möglichst
große Zahl weiterer Prinzen und Prinzessinnen zu gebären. Margarete verhehlte in ihren intimen Aufzeichnungen zwar nie, was sie bedrückte, verlor jedoch kaum je ein Wort über ihre Kinderlosigkeit.
Man kann das als Indiz dafür betrachten, daß dieser Schicksalsschlag
sie besonders hart getroffen hat.
Wie tief ihre mütterlichen Gefühle – trotzdem oder gerade deshalb –
waren, erhellt ihr Verhalten gegenüber den Kindern ihres verstorbenen Bruders, Philipps des Schönen, die in Mecheln zurückblieben,
nachdem Philipps Witwe, Juana, immer tiefer in die Abgründe des
Wahns geriet. Sie war unfähig, die drei Mädchen Eleonore, Isabella
und Maria sowie den Knaben Karl aufzuziehen.
Margarete umgab die Nichten und den Neffen mit all jener Fürsorge,
die sie eigenem Fleisch und Blut entgegengebracht hätte, wäre ihr
Nachkommenschaft beschieden gewesen. Auch der Fehler mancher
richtigen Mutter unterlief ihr zwangsläufig: Sie bevorzugte eines der
Kinder, nämlich ausgerechnet den spröden, abweisenden, manchmal
jähzornigen Karl, der, anders als seine anschmiegsamen Schwestern,
stets kühle Distanz zu seiner Tante hielt. Gewiß hatte Margaretes besonderes Augenmerk dem Jungen zu gelten, denn auf diesem erstgeborenen Sohn Philipps ruhten die ganzen Hoffnungen des Hauses
Habsburg. Doch das allein erklärt nicht seine Favoritenrolle. Vermut-

lich sah sie in Karl einen Ersatz für den in ferner spanischer Erde ruhenden eigenen Sohn, und vielleicht hat die jahrelange Ablehnung, die sie durch Karl erfuhr, ihre Zuneigung um so heftiger entfacht. Sicher ist, daß von Karl eine starke Faszination ausging, der auch die Schwestern von klein auf erlagen. Noch als erwachsene Frauen waren sie ihm so bedingungslos verbunden, daß sie blindlings seinen Wünschen folgten. Ein seltsames Fatum wollte es, daß zwei der Schwestern im selben Jahr wie Karl aus dem Leben schieden.

Während zwei weitere Kinder aus der Ehe von Philipp und Juana, Ferdinand und Katharina, in Spanien lebten, wurden Eleonore, Isabella, Karl und Maria in Mecheln durch eine Schar von Erziehern, Lehrern, Geistlichen, Hofdamen, Kavalieren, Pagen und anderen Bediensteten betreut. Dazu kamen ausgewählte Söhne und Töchter in- und ausländischer Aristokraten, denen es zur höchsten Ehre gereichte, ihren Kindern im sogenannten »Prinzenhaus« zu Mecheln jene Erziehung angedeihen zu lassen, die den kleinen Habsburgern zuteil wurde.

Margarete, die als kleines Mädchen im französischen Amboise aufgewachsen war und eine für damalige Verhältnisse umfassende Bildung genossen hatte, gestaltete das pädagogische Programm in Mecheln nach dem gleichen Muster, wonach Mädchen um nichts weniger sorgfältig geschult wurden als Knaben. Dieselben Lehrer, die Karl und seine Gefährten unterrichteten, waren auch für die kleinen Erzherzoginnen zuständig. Alle drei lernten leicht und waren – wie ihre Tante und ihr Großvater, Kaiser Maximilian I. – hochmusikalisch. Sie spielten ausgezeichnet Klavichord, Laute und Harfe. Auch die typisch weiblichen Unterrichtsfächer beherrschten sie perfekt, und schon mit ihren kleinen Kinderfingern vermochten sie feine Stickereien und Spitzen zu fertigen.

Wenn die Tante auch nur selten den Schulstunden beiwohnte, suchte sie doch möglichst oft die Nähe ihrer Schützlinge. Hatten die Kinder brav gelernt, wurden sie auf Schlittenfahrten und lustige Jahrmarktsveranstaltungen mitgenommen. Abends durften sie, falls die Tante keine offiziellen Verpflichtungen hatte, mit der Herzogin und ihren Damen zusammensein; während Eleonore am Klavichord für musikalische Unterhaltung sorgte, stickten und nähten die anderen Mädchen, Margarete selbst verfertigte feinstgefältelte Leinenhemden für ihren Vater.

Ein inniges Familienleben, aus dem die tiefe Zuneigung der Mädchen für die Herzogin erwuchs. Rührendes Zeugnis davon gibt ein Brief, den die vierzehnjährige Isabella, damals schon mit dem König von Dänemark verheiratet, schrieb: »Madame, wenn ich die Wahl hätte, wollte ich jetzt bei Ihnen sein, denn von Ihnen getrennt zu sein, ist mein größter Kummer...«

Eines der Mädchen fiel von Anfang an ein wenig aus dem Rahmen, schon aufgrund ihres Geburtsdatums. Maria war die Jüngste und wurde darum am spätesten in den Schulbetrieb und in das höfische Leben einbezogen. Sie versuchte allerdings, kaum auf unsicheren Beinen schwankend, beim Spielen mit den Geschwistern nach besten Kräften mitzuhalten.

Eleonore wurde 1498 geboren, Karl 1500, Isabella 1501 und Maria 1505. Trotz des Altersunterschiedes von fünf Jahren war Maria, ein eher burschikoser Typ, Karls standhafteste Gefährtin bei sportlichen Betätigungen und zeigte bereits im zartesten Alter Ausdauer, Disziplin, Geschick und helle Begeisterung beim Jagen und Schießen – Eigenschaften, die ihr in späteren Jahren den Ruf eintragen sollten, ein »Mannweib« zu sein. Dieses Odium wurde durch Marias hohe Intelligenz und rasche Entschlußkraft verstärkt.

Maria nahm auch noch aus einem anderen Grund eine Sonderstellung ein. Obwohl die jüngste der drei Schwestern, war sie bereits seit ihrem ersten Lebensjahr verlobt, und zwar mit einem damals noch gar nicht geborenen Kind. Dies ist gewiß die absurdeste unter den an Absurditäten wahrlich nicht armen habsburgischen Heiratsgeschichten.

Marias Großvater, Kaiser Maximilian I., ständig bemüht, die Bereiche seiner Macht und seines Einflusses zur höheren Ehre des Hauses Österreich und zur Absicherung des bereits Gewonnenen auszudehnen, engagierte sich nicht nur im Westen Europas, indem er ein dichtes Netz von Bündnissen und Heiratsverträgen flocht. Auch der Osten war ihm wichtig, teils weil Habsburg bereits einmal Böhmen und Ungarn beherrscht hatte, wie im ersten Kapitel ausführlich dargestellt, teils aus Sorge ums blanke Überleben. Der Türke hatte sich bereits auf dem Balkan festgesetzt, und je weiter nach Osten die eigenen Verteidigungsstellungen vorgeschoben werden konnten, desto geringer schien die Gefahr für die österreichischen Erblande.

Die Ungarn hatten sich Ladislaus, aus dem Hause der Jagellonen, Bruder des polnischen Königs Sigismund, zum König genommen. Schon 1491 konnte Maximilian König Ladislaus dazu überreden und vertraglich festhalten, daß die ungarische Stephanskrone an Habsburg übergehe, falls der ungarische Herrscher keine männlichen Nachkommen hinterlassen sollte. Die Ungarn selbst, das heißt jene kleine Gruppe Adeliger, die unter Umständen etwas dazu zu sagen gehabt hätte, wurden nicht gefragt. Sie hatten sich längst auf einen der Ihren als potentiellen Nachfolger Ladislaus' geeinigt, auf János Zápolya von Transsylvanien, der nach dem Ableben des aus Polen stammenden Königs die Herrschaft fremder Fürsten für immer beenden sollte. Doch noch war es nicht soweit, noch sorgte Ladislaus für eigene, leibliche Erben.

Als ihm eine Tochter namens Anna geboren wurde, waren Maximilians Sendboten sofort zur Stelle und bewarben sich um die Hand des Mädchens für einen der Kaiserenkel, entweder Erzherzog Karl oder Erzherzog Ferdinand. Ladislaus stimmte zu. Kaum war die ungarische Königin abermals schwanger, arrangierte Maximilian die zweite Verbindung. Erzherzogin Maria wurde, obwohl das Geschlecht des Ungeborenen nicht bekannt sein konnte, mit dem Embryo verlobt. Als dann tatsächlich ein Prinz zur Welt kam, dem man den Namen Lajos (Ludwig) gab, war das Zittern und Bangen noch immer nicht ausgestanden, denn das Siebenmonatskind erwies sich als kaum lebensfähig. Welcher der Hofärzte oder Wunderheiler auf den genialen Einfall kam, dem Knaben eine Art Brutkasten aus frischgeschlachteten, noch warmen Tierleibern zu fertigen, ist nicht mehr festzustellen. Lajos überlebte und entwickelte sich in der Burg von Buda zu einem vielversprechenden Knaben, während seine kindliche Braut Maria im Prinzenhaus zu Mecheln sorgfältig darauf gedrillt wurde, einst Königin von Ungarn zu werden.

1506 wurde die Verlobung von Lajos und Maria perfekt gemacht, aber es sollte noch volle acht Jahre dauern, ehe das nächste Mädchen aus Mecheln »endlich« unter die Haube kam. Es war Isabella, ein schüchternes, blasses Kind von dreizehn Jahren, das handstreichartig an einen Mann verschachert wurde, dem die Geschichte mit vollem Recht den Beinamen »der Böse« geben sollte. Christian II. von Dänemark führte ein derart skandalöses Leben, daß nur eine ehrbare

Heirat mit einem Mädchen aus großem Haus ihn davor bewahren konnte, von den eigenen Landsleuten gestürzt und verjagt zu werden. Die Wahl fiel auf die bedauernswerte Isabella, und damit begann ein beispielloser Leidensweg für ein junges Wesen, dessen einzige Schuld es war, Trägerin eines berühmten Namens zu sein.

Man kann Kaiser Maximilian I. zugute halten, daß längst nicht alle Einzelheiten über Christians abscheuliches Wesen aus Kopenhagen bis in die südlichen Residenzen durchgedrungen waren. Einiges muß aber bekannt gewesen sein, und es mutet erschreckend herzlos an, daß Maximilian die dänischen Brautwerber in Linz, ohne viel nachzufragen, mit wohlwollender Zustimmung empfing und umgehend in Mecheln eine prächtige Hochzeit per procurationem vorbereiten ließ. Es mag dem Kaiser vorzüglich ins Konzept gepaßt haben, auch nach dem hohen Norden verwandtschaftliche Beziehungen anzuknüpfen, zumal Dänemark über Norwegen und Schweden herrschte. Überdies waren Christians Unterhändler mit dem ansehnlichen Handgeld von 5 000 Gulden, prachtvollem Schmuck für die Braut und dem Versprechen angereist, dem zukünftigen Schwager ihres Königs, Erzherzog Karl, ein modernes Kriegsschiff samt Besatzung zu überlassen.

Christian war, euphemistisch ausgedrückt, ein schwieriger Mensch. Schon der Knabe hat als kaum erziehbar, wenn nicht überhaupt als unerziehbar gegolten, obwohl – oder weil – ihn sein Vater, König Johann, wiederholt öffentlich verprügelte. Als Halbwüchsiger riß Christian häufig aus, schloß sich Banden jugendlicher Raufbolde an, schlug friedliche Bürger nieder und jagte ehrsame Mädchen. Mit einundzwanzig führte er einen Rachefeldzug gegen Norwegen, das einen Aufstand wider die dänische Gewaltherrschaft versucht hatte. Sein blutiger Weg war gesäumt von sinnlos niedergemetzelten, geköpften, gevierteilten Schuldigen und Unschuldigen. Christian blieb als Statthalter in Norwegen, mißbrauchte seine Macht in allen nur erdenklichen Facetten und fand Vergnügen daran, in Spelunken herumzutoben und alles, was einen Weiberrock trug, als Freiwild zu betrachten. Christians kluger Kanzler, Erzbischof Erik Walkendorf, führte, in der Hoffnung, den gefährlichen Ungestüm des jungen Mannes zu bremsen, diesem ein freundliches und sehr schönes Mädchen von siebzehn Jahren zu: Dübeke (Täubchen), Tochter einer aus Holland eingewanderten Kneipenwirtin. Walkendorf hatte richtig kalkuliert, Christian verliebte sich in die weißblonde, üppige Dübeke, machte sie zu seiner Geliebten und gab sein wüstes Leben auf. Womit Walkendorf nicht gerechnet hatte, womit er beim besten Willen nicht rechnen konnte, das war Dübekes Mutter, Sigbritte Willems, eine ebenso energische wie ordinäre Person, die am Feuer der fürstlichen Leidenschaft ihr eigenes Süppchen kochte.

Als Christian 1513 seinem verstorbenen Vater auf den Thron folgte, ins Schloß nach Kopenhagen übersiedelte und seiner Mätresse ein mit allen Raffinessen ausgestattetes Liebesnest erbaute, hatte Sigbritte nichts Eiligeres zu tun, als Bruder und Vetter nach Dänemark kommen zu lassen und in wichtige Regierungsstellen zu intrigieren, so daß es nun derer vier waren, die den liebestollen König fest in der Hand hatten.

So war die Situation, als Walkendorf neuerlich einen, wie er meinte, genialen Plan ausheckte, weil es im Lande an allen Ecken und Enden gegen die Herrschaft der holländischen Parasiten zu gären begann: Christian sollte eine standesgemäße Frau nehmen und Dübeke samt Anhang zum Teufel jagen. Punkt eins des Vorschlags akzeptierte der König, Punkt zwei schlug er rundheraus ab.

So kam es, daß die kleine Erzherzogin Isabella, als sie in Kopenhagen eintraf, sich zwar mit einem riesengroßen, furchterregend finsteren Mann mit wirrem rotem Bart und Haar verheiratet fand, zugleich aber im Kreise durchwegs älterer Hofdamen das Leben einer Witwe im unwirtlichen Schloß zu Kopenhagen führen mußte. Es gab keine Gäste, keine Musik, keine Unterhaltung. Sogar ihren schönen Namen hatte man der jungen Königin geraubt. Isabella klang den Dänen zu fremd, und so wurde sie kurzerhand Elisabeth genannt. Isabellas fünfzehn Jahre älterer Mann ließ sich nur sporadisch an der Hoftafel blicken und würdigte seine Frau keines Wortes. Die Nächte verbrachte er fast ständig außer Haus; Isabellas Schlafzimmer besuchte er nur, um sich möglichst rasch lästiger dynastischer Pflichten zu entledigen. Gipfel der Infamie: Christian zwang seiner Frau die Geliebte als Gesellschafterin auf.

Isabella bewahrte unvorstellbare Disziplin und Haltung. Niemals hat die Vierzehnjährige aufgemuckt, niemals ihren Angehörigen gegenüber geklagt. Dennoch konnten die Zustände am Hofe zu Kopenhagen nicht verborgen bleiben. Es gab ausländische Gesandte, und Isabellas Not wurde zum beliebten Klatschthema an Europas Höfen.

Maximilian schrieb seinem Enkel Karl: »Das schamlose Leben, das unser Bruder und Schwiegersohn, der König von Dänemark, mit seiner Konkubine führt, zum großen Mißfallen ... Eurer Schwester, wird von allen Verwandten heftig gerügt.«

Endlich entschloß sich Karl, seinem Schwager Vorhaltungen zu machen – die Isabellas Los allerdings um nichts erleichterten, sondern genau das Gegenteil bewirkten. Christian jagte seinen Kanzler Walkendorf und Isabellas Hofmeisterin aus dem Lande, die einzigen Personen, zu denen die Königin Zuneigung und Vertrauen gefaßt hatte; sie wurden von Christian beschuldigt, seinen Schwager aufgehetzt zu haben. Neue Hofmeisterin wurde Sigbritte Willems, den Posten des Kanzlers erhielt ihr holländischer Vetter. Isabella mußte alle Hoffnung fahrenlassen.

Nicht viel besser erging es fast zur gleichen Zeit ihrer ältesten Schwester Eleonore, die sich erkühnt hatte, eine Verbindung nach eigener Wahl ins Auge zu fassen. Sie fand Gefallen an einem jungen Lehrer ihres Bruders Karl, dem Pfalzgrafen Friedrich, Ritter vom Goldenen Vlies, ein schöner, stattlicher Mann von hohen geistigen und charakterlichen Qualitäten, dazu der beste Turnierkämpfer, Reiter und Fechter weit und breit. Die Beziehung war noch kaum über das Stadium zarter Liebelei hinaus gediehen, als ein Brief des Pfalzgrafen an Eleonore abgefangen wurde, in dem dieser sich der Erzherzogin erklärte. Dies war ein beispielloser Affront gegen alle höfischen Gepflogenheiten. Karl, selbst noch ein halbes Kind, aber schon voll des Herrscherstolzes, traf überstürzt die erste eigenständige Entscheidung seines Lebens. Obwohl seine Tante Margarete versuchte, die Affäre ohne Aufhebens aus der Welt zu schaffen, mußten die Liebenden vor versammeltem Hof wie arme Sünder erscheinen und feierlich beschwören, keine heimliche Ehe eingegangen und bereit zu sein, aufeinander zu verzichten. Pfalzgraf Friedrich wurde mit Schande vom Hof gejagt, Eleonore auf der Stelle mit einem unbedeutenden Bourbonenprinzen verlobt.

Das Verlöbnis wurde später gelöst, als sich bessere Chancen boten: Der fast dreißig Jahre ältere Emanuel, König von Portugal, nacheinander mit zwei spanischen Tanten Eleonores vermählt, war erneut Witwer geworden und führte nun das schönste der drei Mädchen aus Mecheln heim. Eine äußerst lukrative Verbindung, denn Emanuel, während dessen Regierungszeit Portugal zur führenden Kolonialmacht emporgestiegen war, galt als reichster Mann der Welt, sein Hof als das Zentrum glanzvoller Kulturentfaltung. Daß gleichzeitig im ganzen Land Tausende Menschen – Juden und Mauren – den Flammentod erlitten, störte niemanden.

Von all diesen aufregenden Ereignissen hat Erzherzogin Maria mit Bestimmtheit wenig, vielleicht sogar zunächst gar nichts erfahren. Sie war noch nicht neun Jahre alt, als sie, wenige Wochen vor Isabellas Trauung mit Christian von Dänemark, das heimatliche Mecheln verlassen mußte. Kaiser Maximilian I. hatte entschieden, daß Maria nach Wien kommen und dort, nahe ihrer zukünftigen Heimat Ungarn, aufwachsen sollte; dadurch würde sie auch jederzeit greifbar sein, sobald sich die Gelegenheit zur Hochzeit mit Lajos ergäbe.

Nachdem der Kaiser und seine Tochter Margarete mit Mühe die beachtlichen Übersiedlungskosten zusammengekratzt hatten, machte sich am 14. Mai 1514 eine lange, schwerfällige Karawane von Mecheln aus auf den Weg quer durch Europa.

Das kleine Mädchen thronte, hin- und hergerissen zwischen Abschiedsschmerz und kindlicher Lust am Abenteuer, in einer prächtigen Sänfte, die auf ein Packpferd geschnallt worden war. Mit ihr reisten eine alte Kinderfrau und eine junge Hofdame, die bei Maria in Wien bleiben sollten. Ferner gab es zahlreiche weitere Hof- und Ehrendamen, Kavaliere und Knechte, Bedienstete und, zum Schutz aller, eine Abteilung Schwerbewaffneter. Die Damen benützten Kutschen, die Herren trabten hoch zu Roß, das Gesinde war in rumpelnde Kastenwagen gepfercht. Das Ende des Zuges bildeten mehrere Gepäckfahrzeuge, voll beladen mit Möbeln, Zier- und Hausgerät, das bei jeder Rast ausgepackt und dazu verwendet wurde, muffige Burgen und primitive Herbergen für die Prinzessin annehmlicher zu machen.

Wie klug die Entscheidung Margaretes gewesen war, Maria mit jenen Gegenständen auf die Reise zu schicken, die ihr wenigstens ein Minimum an Komfort boten, erwies sich rund sechs Wochen später, als die niederländische Gesellschaft, staubbedeckt und bis auf die Knochen durchgerüttelt, in Wien eintraf. Maria wurde nicht in der Hofburg untergebracht, sondern im gegenüberliegenden Cilli-Hof, einst Absteigquartier der Grafen von Cilli, jetzt ein verwahrlostes, schäbiges Gebäude von verfallender Trostlosigkeit, das mit Marias Möbeln und Teppichen zumindest eine Spur wohnlicher gestaltet werden konnte. Überdies diente der Cilli-Hof als Arsenal und Schießstätte – es krachte und donnerte und stank den ganzen Tag lang.

Bei Marias Einzug in Wien strömte viel Volk herbei, um die Kaiserenkelin zu bestaunen. Man überreichte ihr Blumen und kleine Geschenke, Kinder stammelten Begrüßungsworte in einer dem Mädchen aus Mecheln unverständlichen Sprache. Maria hatte bis dahin nur französisch und flämisch gesprochen, doch lernte sie, überdurchschnittlich sprachbegabt wie alle Habsburger, in kurzer Zeit Deutsch. Es muß ein sehr wienerisches Deutsch gewesen sein, denn die Briefe, die sie später, rein phonetisch, schrieb, spiegelten auf anmutige Weise den weichen Wiener Tonfall wider.

Marias Eskorte verließ die Metropole nach kurzer Erholungspause. Das Mädchen sah sich in eine völlig fremde Umwelt mit völlig fremden Gesichtern versetzt; ein völlig neues Leben begann. War Maria bisher nur das Anhängsel der älteren Geschwister gewesen, so stand sie jetzt als Erzherzogin und königliche Braut im Mittelpunkt eines eigens für sie eingerichteten kleinen Hofstaates. Gleichzeitig war sie aber auch noch Erziehungsobjekt und Schülerin einer Reihe prominenter Lehrer, die sie in Deutsch, Latein, der ungarischen Amtssprache, musischen Fächern und allen jenen Fertigkeiten unterrichteten, die zur Bildung einer jungen Dame von höchstem Stande gehörten.

Kaiser Maximilian trieb die Vorbereitungen zur Hochzeit nach Kräften voran. Nur eine vor Gott geschlossene, unauflösliche Ehe zwischen den ungarischen und den österreichischen Königskindern konnte ein ehernes Fundament für seine Ansprüche auf die ungarische Krone bilden. So konzentrierte sich die emsige Tätigkeit der Hofkanzlei auf jenes große Ereignis, das als »erster Wiener Kongreß« historische Bedeutung erlangte. Er bildete die Wurzel jener österreichisch-ungarischen Doppelmonarchie, die fast aufs Jahr genau 400 Jahre Bestand hatte.

Der erste Wiener Kongreß war nicht weniger aufwendig als der zweite, die Demonstration von Macht und Pracht womöglich noch ausschweifender – wenn auch, zumindest was Maximilian betraf, auf der Basis von geborgtem Geld. Wieder, wie so oft, mußte das Handelshaus Fugger mit 54 000 Gulden hilfreich einspringen, wofür die geschäftstüchtigen Bankiers gleich für sechs Jahre die Ausbeute der reichen Tiroler Kupferminen beanspruchten und auch erhielten. Großzügigerweise lösten die Fugger auch die vom Kaiser verpfändeten Reichskleinodien aus, so daß Maximilian im ungetrübten Glanz der Majestät repräsentieren konnte. Die Fugger zählten zu den bevorzugten Gästen des Kongresses und knüpften bei dieser Gelegenheit eine Reihe von vorteilhaften Handelsbeziehungen, vor allem mit Ungarn, an, die durch reiche Geld- und Sachgeschenke zustande kamen. Am 16. Juni 1515 ritt der Kaiser, begleitet von den Spitzen des deutschen Adels, darunter der bayrische Herzog Wilhelm, Sohn seiner Schwester Kunigunde, und des Klerus sowie 1 500 festlich herausgeputzten Reitern, seinen Gästen bis Bruck an der Leitha entgegen. Bei Trautmannsdorf begrüßte er König Sigismund von Polen, König Ladislaus von Böhmen und Ungarn sowie dessen Kinder Lajos und Anna, Fürsten, Grafen, Ritter und Magnaten in ihren regenbogenbunten Landestrachten.

»Ist allenthalben Geschray von Rossen, trumeten und paucken erhort worden, und ain groß spektakel gewesen, davon all nachkummen wundern und sagen werden...«, heißt es in der »new zeitung«, einem vielgelesenen Flugblatt.

Noch großartiger sollte das Schauspiel des Einzugs der drei Monarchen und ihrer 3 500 berittenen Begleiter am 17. Juli werden. Buchstäblich ganz Wien war auf den Beinen, um dem zwei volle Stunden währenden Ereignis beizuwohnen, doch machte ein fürchterlicher Platzregen dem Spektakel ein abruptes Ende. Der Festzug löste sich in wilder Hast auf, die bis auf die Haut durchweichten Nobilitäten stürzten in die nächstliegenden Häuser.

Zwei Tage später sah Maria ihren zukünftigen Mann zum ersten Mal. Maximilian hatte zu einem Empfang im »Grosz Tantzhaws«, dem geräumigen Ballsaal der Hofburg, geladen. Der Kaiser saß an der Stirnseite des Raumes, erhöht, auf einem goldenen Thron, zu seiner Rechten der König von Ungarn, zu seiner Linken der König von Polen, daneben Lajos und Anna, umgeben von ihren Hofleuten. Auf ein Zeichen öffnete sich die hohe Flügeltür am gegenüberliegenden Ende des Saales, herein trat Erzherzogin Maria, ein für ihr Alter zu kleines, dünnes Kind, blaß und steif in einer bodenlangen Robe aus Goldbrokat. Kerzengerade, nicht rechts und nicht links blickend, marschierte sie auf den Großvater zu, versank in den Hunderte Male geübten Hofknicks, den sie vor den anderen Majestäten wiederholte. Nur aus den Augenwinkeln wagte sie einen verstohlenen Blick auf den neunjährigen Knaben, der ihr Bräutigam war, auch er von Kopf bis Fuß in Goldbrokat gehüllt, auf den langen, blonden Locken einen Goldreifen voll blitzender Edelsteine.

Nach einer zeremoniellen Begrüßungsansprache durch den Bischof von Přemysl in lateinischer Sprache konnte das Ballfest beginnen. Der Reigen wurde von Maria und Lajos angeführt, die anderen Paare folgten gemessenen Schrittes, und alle Tänzer trugen lodernde Fackeln in den Händen.

Die offiziellen Verhandlungen über Heirats- und andere Verträge begannen am nächsten Morgen; es gelang Maximilian, auf elegante Weise die Peinlichkeit zu überspielen, daß für die Ungarn-Prinzessin Anna kein Bräutigam zur Stelle war: Wegen Karl verhandelte seine Tante Margarete zu jener Zeit mit Heinrich VIII. über eine Verbindung des Erzherzogs mit der englischen Prinzessin Mary, Ferdinand saß nichtsahnend meilenweit entfernt in Spanien. Sein Großvater, Ferdinand vor Aragon, zeigte keine Lust, seinen Enkel, für den er ganz andere Pläne hatte, nach Wien ziehen zu lassen, um durch eine Vermählung mit Anna die Habsburger noch weiter zu stärken. So verkündete denn der sechsundfünfzigjährige Maximilian, er selbst werde der zwölfjährigen Anna das Jawort geben und sie zur Kaiserin machen, falls nicht binnen Jahresfrist einer seiner Enkel als Ehemann verfügbar sein sollte. Daß sich das Problem schon neun Monate später von selbst lösen würde, konnte Maximilian nur hoffen, aber nicht wissen: Ferdinand von Aragon starb, und sein gleichnamiger Enkel war für die Ehe mit Anna zu haben. Zum Zeitpunkt der Trauung war er es nicht.

Am 22. Juli 1515 fand vorerst die glanzvolle Doppelhochzeit zwischen dem alten Kaiser und dem kleinen Kind im Dom zu St. Stephan statt. Die riesige Kirche, deren Wände mit goldenen Tüchern drapiert und deren Steinfliesen mit flämischen Teppichen belegt waren, konnte die Masse der dicht an dicht gedrängten Menschen nur mit Mühe fassen. Kaum je zuvor hatte man soviel blaues Blut, soviel festliches Gewand, soviel einzigartigen Schmuck in der gotischen Kathedrale gesehen. Bischof Georg von Wien zelebrierte das Hochamt,

König Lajos II. von Ungarn

der berühmte Organist Hofhaimer spielte Orgel, Sängerknaben schmetterten die Jubelchöre, Kaplan Bartholimus hielt die lateinische Festrede. Der Sermon – berichtet die Überlieferung – war so lang, daß die Zuhörer zu husten, zu scharren und schließlich unbekümmert zu schwätzen begannen, worauf der Kaplan einfach mitten im Satz aufhörte.

Der Kardinal von Gran traute die beiden merkwürdigen Paare, und dann drängten alle eilig zur Tafel und zum anschließenden Turnier auf dem Neuen Markt. In den Tagen darauf folgten die üblichen Feste und Bankette sowie eine große Jagd in den fast undurchdringlichen Wäldern südlich von Wiener Neustadt.

Auch die königlichen Kinder kamen nicht zu kurz. Sie veranstalteten allerlei Spiele in den Räumen und Gärten der Hofburg und lernten einander rasch näher kennen. Maria fühlte sich zu dem lebhaften Lajos sofort hingezogen, während Anna sich langweilte. Im Tierpark der Hofburg wurde eine kleine Jagd für die Kinder veranstaltet. Mit Pfeil und Bogen hetzten sie hinter Rehen, Hirschen und Gemsen drein. Anna hielt sich fern, aber Lajos erlegte einen Hirsch, Maria eine Gemse, und im Triumph überbrachten sie ihre Beute Lajos' Vater.

Es wäre vermutlich nach Marias Geschmack gewesen, hätte die Reihe der Feste niemals geendet, doch der Kongreß von Wien hatte seine Schuldigkeit getan, die Majestäten und ihr Gefolge zerstreuten sich in alle Winde; die beiden Mädchen blieben allein in Wien zurück, noch immer im schäbigen Cilli-Hof, dessen Personal um etliche Ungarn erweitert worden war.

Marias Hoffnungen, endlich eine passende Gefährtin zu finden, zerrannen schnell. Anna pochte auf ihre Vorrechte als »Kaiserin« über Maria, die ja »nur« einen Königin war, und so folgten etliche Jahre eines eher unerquicklichen Beisammenseins. Vor lauter Standesdünkel und kleinlichen Eifersüchteleien konnte niemals das Band einer echten Schicksalsgemeinschaft entstehen oder auch nur Ansätze einer Freundschaft. Auch als Anna den Titel einer Kaiserin verlor und nur noch Frau eines Erzherzogs war, besserte sich die Beziehung der beiden Mädchen nicht wesentlich.

Das eintönige Leben im Wiener Cilli-Hof fand ein jähes Ende, nachdem am 13. März 1516 König Ladislaus von Ungarn und Böhmen überraschend gestorben war und in Buda ein heftiges Tauziehen um

105

die Thronfolge einsetzte. Unversöhnlich standen einander zwei Parteien gegenüber, die Anhänger des etablierten, aber landfremden polnischen Herrscherhauses und jene, die den Ungarn János Zápolya als König haben wollten. Die Auseinandersetzungen drohten in Gewalt auszuarten, Lajos sollte entführt werden. Es trat erst wieder Ruhe ein, als Kaiser Maximilian Truppen nach Buda entsandte, um das Erbfolgerecht seines Schwiegerenkels zu sichern.

Da dem Frieden nicht zu trauen war, wurde angeordnet, Maria und Anna aus Wien fortzuschaffen, das der ungarischen Grenze bedenklich nahe lag. Im sicheren Innsbruck sollten sie ausharren, bis ihre Ehemänner sie endlich heimführen würden.

Die Szene wechselte, der Alltag blieb der gleiche. Lernen und warten. Die beiden Mädchen begegneten einander weiterhin mit kühler Reserviertheit. Freuden- und Sonnentage brachen für Maria nur dann an, wenn der Großvater zu Besuch kam. Da hetzte das Mädchen mit ihm zu Pferd durch die Innauen, da gab es wilde Jagden in den Tiroler Bergen, da wurden Bälle und lustige »Mummereien« abgehalten, da versammelten sich interessante Gäste aus dem In- und Ausland an der Hoftafel, da sah man die sonst eher verschlossene Maria lebhaft plaudern und herzlich lachen. »Sie ist trotz ihrer Jugend eine interessante Persönlichkeit von hoher Intelligenz. Man darf viel von ihr erwarten«, berichtete der venetianische Gesandte nach Hause.

Es war für die Vierzehnjährige ein schwerer Schlag, als sie die Nachricht erhielt, daß der geliebte Großvater am 12. Januar 1519 in Wels gestorben war. Diesen Eindruck vermittelt jedenfalls ein Brief, den Maria an ihren Bruder Ferdinand schrieb: »Ich habe alles verloren ... Ich kann Ihnen nicht sagen, wie traurig ich bin. Ich bin das verlassenste Geschöpf der Welt ...« Niemals später ist es zu einem solchen Gefühlsausbruch gekommen. Vom Tode des Großvaters an lernte Maria zu leiden, ohne zu klagen.

Nachdem der Bruder Karl, knapp zwanzig Jahre alt, in Frankfurt zum römisch-deutschen Kaiser erwählt worden war, trieb er die von seinem Großvater angebahnte Verbindung der Habsburger mit den Erben von Böhmen und Ungarn energisch voran.

Der Innsbrucker Hof erwachte zu hektischem Leben. Maria und Anna, endgültig den Kinderkleidern entwachsen, wurden königlich ausstaffiert. Mit geborgtem Geld und mit Hilfe der niederländischen

Regentin Margarete wurde für Maria eine reichhaltige Aussteuer zusammengestellt, in der es weder an Tafelsilber noch an Linnen und feinsten flämischen Tapisserien mangelte.

Am 11. Dezember 1520 wurden in der Innsbrucker St.-Jakobs-Kirche die Ehebündnisse zwischen Anna und Ferdinand, zwischen Maria und Lajos per procurationem aufs neue besiegelt, und dann begaben sich die neue Erzherzogin Anna sowie Maria, »Kunigin von Ungarn und Behaim« nach Linz, wo sie Erzherzog Ferdinand trafen.

Ferdinand, ein hübscher Junge von achtzehn Jahren, ließ auf der Stelle vergessen, daß er nach strengen spanischen Etiketteregeln erzogen worden war. Spontan schloß er seine Schwester in die Arme und küßte sie herzhaft auf beide Wangen; glücklicher Beginn einer lebenslangen Zuneigung, die nur einmal, Jahrzehnte später, vorübergehend getrübt werden sollte, und zwar um Kaiser Karls V. willen, jenes Bruders, den Maria vergötterte.

Am 26. Mai wurden Anna und Ferdinand im Dom zu Linz zum dritten und letzten Mal getraut. Es sollte eine harmonische und erfüllte Ehe werden, mit nicht weniger als fünfzehn Kindern gesegnet.

Maria reiste weiter nach Buda, um mit Lajos die endgültige Hochzeit zu feiern. Geschwisterliebe und Zeremoniell hätten gefordert, daß Ferdinand seine Schwester begleitete, doch er war in der Heimat festgehalten. Karl hatte seinen Bruder Ferdinand als eigenständigen Herrscher über die österreichischen Erblande eingesetzt. Als dieser die Regierung antrat, sah er sich mit nahezu anarchischen Zuständen konfrontiert. Gesetz und Ordnung waren praktisch aufgehoben, es herrschte das Faustrecht. Bauernaufstände flammten an allen Ecken und Enden auf. Die Bürger von Wien rebellierten. Sie wurden ebenso blutig niedergeschlagen wie die zahlreichen Anhänger der neuen Glaubenslehre Martin Luthers, die immer mehr Menschen in ihren Bann zog.

Das Land, dem Maria von Linz aus zu Schiff entgegenfuhr, war um nichts weniger chaotisch. Magnaten und hoher Klerus, hoffnungslos zerstritten, waren sich dennoch einig in der Ausplünderung und Unterwerfung des Volkes, das im Elend versank. Korruption, Bestechung, Vetternwirtschaft und Intrigen lähmten die Politik, schutzlos lagen die Grenzen dem Türkensturm ausgeliefert, der sich auf dem Balkan zusammenbraute.

Hatte sich Maria auf ihrer Reise – begleitet von geschmeidigen ungarischen Höflingen und dem souveränen Cousin und Erzieher des jugendlichen Königs, Markgraf Georg von Brandenburg – das rosige Bild einer glänzenden Zukunft vorgaukeln lassen, so gab es in Preßburg ein böses Erwachen. Der Bräutigam, der sie dort treffen sollte, war nicht erschienen. Er ließ ausrichten, Maria möge nicht weiterreisen, da möglicherweise ein Türkeneinfall bevorstünde und ihre Sicherheit nicht gewährleistet sei. Ob Lajos selbst der Initiator der Absage war oder die Hofkamarilla, die eine Hochzeit mit der Habsburgerin im letzten Augenblick verhindern wollte, bleibt dahingestellt.

Wer immer die ominöse Nachricht verfaßte, er hatte nicht mit der Entschlossenheit des halbwüchsigen Mädchens gerechnet. Sie ließ sich auf keine Debatten ein, sie *befahl* als »Kunigin von Ungarn und Behaim« die Weiterfahrt. Niemand wagte zu widersprechen.

Vor den Toren von Buda erwartete der Bräutigam die Braut: ein gutgewachsener, schon sehr männlich wirkender Fünfzehnjähriger mit einem zarten rötlichen Bartflaum und einem gewinnenden Lächeln, das Maria strahlend zurückgab. Erst auf den zweiten Blick wurde sie gewahr, daß sie einem Prinzen im Bettlergewand gegenüberstand, während all die Herren um ihn in Samt und Seide und silberner Wehr einander an Luxus überboten.

Es hätte nicht Marias gerühmter Intelligenz und ihres später so oft bewiesenen Scharfsinns bedurft, um zu bemerken, daß Lajos ein Spielball in den Händen seiner Betreuer und Begleiter war. Seine Apanage hatte man von 800 000 Gulden jährlich auf magere 140 000 zusammengestrichen und ihn in die finstersten und schäbigsten Kammern der Burg abgeschoben.

Hanns Schweinpeckh, aus dem österreichischen Gefolge Marias, berichtete nach Wien: »Muss euch ein wenig anzeigen, dass wir in keinem guten und treuen land sein ... sie wollen das schwert gerne selbst in der Hand behalten und dem Kunig und der Kunigin den namen lassen und Sy den nuz haben. Haben alle einkomen des Kunigs so zugericht, das er nit zu essen, noch einen guten Rockh hat ... Hat kein gewalt, muss tanzen, was sie pfeifen ...«

Kaum war Maria in der Burg eingezogen, hörte Lajos auf, nach der Pfeife der anderen zu tanzen. Maria kleidete ihn neu ein und jagte die Höflinge aus den Prunkgemächern. Den Jüngling, der ihr sofort treu ergeben war, ließ sie nicht aus den Augen. Sie begleitete ihn, hoch zu Roß, auf Inspektionen durch die Lande und mußte dabei wenig Erfreuliches feststellen. Ungarn war überhaupt nicht gerüstet, um gegen die türkische Armee, die bestausgestattete Europas, anzutreten.

Nachdem endlose Intrigen und künstliche Verzögerungen überwunden waren, wurde Lajos in Stuhlweißenburg, der alten ungarischen Krönungsstadt, für volljährig erklärt und gekrönt. Am 13. Januar 1522 wurden Maria und Lajos endlich ein Paar, ein überaus glückliches, entflammt in erster, stürmischer Jugendliebe.

Eine Jugendliebe im Schatten der unausweichlichen Katastrophe. Belgrad war gefallen, Ungarn lag den anstürmenden Türken wehrlos preisgegeben. Hastig wurden Kriegssteuern dekretiert (niedrige für den Adel, hohe für das gemeine Volk), überstürzt und mit unzureichenden Mitteln, auf jeden Fall aber zu spät, wurde mit der Aufrüstung begonnen. Ungarn, das war klar, würde es allein nicht schaffen. Maria schrieb verzweifelte Briefe an ihren Bruder, den Kaiser, doch dessen militärische Kräfte waren in Italien gegen den französischen König gebunden – welcher seinerseits die Türken großzügig unterstützte. Hilferufe gingen nach Prag, aber Böhmens Stände erklärten, sie würden erst dann 50 000 Mann schicken, wenn ihr Herrscher ordnungsgemäß in Prag zum böhmischen König gekrönt worden sei. In Buda rieten alle von dem nutzlosen Unterfangen ab, doch Maria setzte sich durch – es ging nach Prag.

Neue Verwicklungen erwarteten das Paar. Es gab sinnlose Streitereien, wie, wo und wann die Zeremonie stattfinden solle, wer wen wohin begleiten dürfe, und zum Schluß gerieten sich die Spitzen des Adels über die Frage in die Haare, wer von ihnen die Kroninsignien tragen dürfe. Lajos versuchte zu schlichten, Maria erteilte Befehle. Beim feierlichen Krönungsfestzug vom Hradschin zum St.-Veits-Dom trug Lajos selbst Krone und Zepter vor sich her, der Markgraf von Brandenburg das Schwert und Maria den symbolischen goldenen Brotlaib.

Bitter enttäuscht wurde Lajos, als er die versprochene Hilfe, Truppen und Geld, einforderte. Weil der türkische Sultan sichtlich seine Pläne geändert und statt Ungarn zunächst die Insel Rhodos angegriffen hatte, sahen die Prager Herren keine Veranlassung, sich an ihre Zusage zu halten. Der König und die Königin von Ungarn und Böhmen kehrten genauso mittellos nach Buda zurück, wie sie von dort aufgebrochen waren.

Was sich in den folgenden Jahren in Buda abspielte, ist nur verständlich, wenn man bedenkt, daß die Jungvermählten noch nicht zwanzig Jahre alt, über Nacht aller einengenden Fesseln durch erwachsene Aufpasser und Besserwisser ledig waren und noch dazu ungehemmt den ersten Rausch der Liebesleidenschaft auskosten durften.

Maria und Lajos führten sich, gelinde gesagt, wie die Wilden auf und legten sich keinen wie immer gearteten Zwang an. Sie machten die Nacht zum Tag und feierten ungezügelte Feste, dann wieder verließen sie ihr Schlafzimmer tagelang nicht, oder sie blieben wochenlang dem Schloß fern und reisten von einer Jagd zur anderen. Sie warfen das Geld mit vollen Händen zum Fenster hinaus, waren binnen kurzem hoffnungslos verschuldet und den Pressionen gieriger Wucherer ausgesetzt.

Es besteht kein Zweifel, daß Maria die treibende Kraft in diesem Taumel überbordender Lebenslust war; Lajos allerdings, hingerissen von seiner temperamentvollen Frau, machte nur zu gern jeden Unsinn mit.

Das Treiben am ungarischen Königshof wurde von geschwätzigen Gesandten bis in die intimsten Einzelheiten an sämtliche europäische Residenzen berichtet. So schreibt ein venetianischer Diplomat, die Königin besitze zwar mit ihrer mageren, knabenhaften Figur keinerlei weibliche Ausstrahlung, der König sei ihr aber dennoch verfallen. Maria kenne nichts anders als Jagen und Vergnügungen, ihre Eßlust sei enorm, fast zu jeder Stunde nehme sie üppige Mahlzeiten zu sich und leide daher unter schlimmen Verdauungsstörungen; dies sei vermutlich der Grund, warum sie noch immer nicht schwanger wäre.

Aufgescheucht durch die alarmierenden Nachrichten über das Privatleben der jungen Majestäten, schrieb Lajos' Onkel, König Sigismund von Polen, seinem Neffen nachdrückliche Ermahnungen, die ausschweifenden Amüsements einzustellen und mehr königliche Würde zu zeigen. Ähnlich äußerte sich Erzherzog Ferdinand seiner Schwester gegenüber. Die Vorhaltungen fielen auf wenig fruchtbaren Boden. Im Gegenteil.

Betrachtet man Marias späteren, streng geregelten Lebensweg und ihr besonnenes Verhalten, dann erhebt sich allerdings die Frage, ob die junge Frau sich nur aus bedenkenlosem Übermut und verwegener Tollerei so schockierend benahm. Hingegen läßt sich eine mehr oder weniger bewußte Trotzreaktion vermuten, das Aufbäumen eines stolzen Charakters und einer höchst sensiblen Seele gegen die Ablehnung und die Verachtung, die ihr allerorten entgegenschlugen. Die ungarischen Magnaten demonstrierten unverhohlen, daß sie die deutsche Habsburgerin nicht ausstehen konnten – Maria ließ ihre Gegner darum spüren, daß sie sich um deren Meinung nicht kümmerte. Sie war die »Kunigin von Ungarn und Behaim«, und sie konnte tun und lassen, was ihr beliebte.

Aus dieser Perspektive ist auch die vielbesprochene Beziehung Marias zum evangelischen Glauben zu verstehen, die darin gipfelte, daß Prediger an den Hof geholt wurden, die mit Luther in engem Kontakt standen. Gewiß hat die blutjunge Frau, vollauf beschäftigt mit ihrer Liebe und ihrem wirbeligen Leben, kaum je ernstlich Zeit und Lust gehabt, sich mit spitzfindigen religiösen Glaubensfragen auseinanderzusetzen. Aber Markgraf Georg von Brandenburg, der engste Vertraute des Paares, und andere deutsche Höflinge zeigten sich, zum Unterschied vom erzkonservativen Adel und Klerus, zum Luthertum hingeneigt – Grund genug für Maria, und damit auch für Lajos, sich der modischen Sekte nicht zu verschließen.

Maria legte schlagartig ihr kindliches Trotzverhalten ab und ließ ahnen, welche politischen Fähigkeiten in ihr steckten, als es mit der Türkengefahr bitter ernst wurde. Es war ihr bewußt, in welch hoffnungsloser Lage sich ihre neue Heimat befand. Alle Mächte des Himmels und der Hölle schienen sich gegen Ungarn verschworen zu haben: Dürreperioden, dann wieder wochenlange Regenfälle hatten die Ernten der letzten Jahre zunichte gemacht, die Pest grassierte, die Wohlhabenden verließen in Scharen das Land. »Ungarn steht ganz allein gegen die schrecklichen Türken, ein ohnmächtiges Land, ohne Generäle, ohne Geld, ohne Schiffe, ohne Ordnung ...« schrieb der päpstliche Gesandte an die Kurie.

Während Lajos in Gleichgültigkeit versank, weiter jagte oder bis in den Nachmittag das Bett nicht verließ, nahm Maria die Zügel in die Hand. Sie suchte den Ausgleich mit den opponierenden ungarischen Ständen, auch mit János Zápolya, und als dieser härteste Bedingungen stellte, erkannte sie klar, daß jetzt nicht die Zeit war, Starrsinn zu demonstrieren. Zápolya verlangte, sie möge sich von ihren deutschen Beratern, ja sogar vom getreuen Brandenburg, trennen. Sie zögerte nicht, diese Forderungen zu erfüllen, um im Gegenzug neue Steuern und eine allgemeine Mobilmachung durchzusetzen. »Sie hat die Kraft, alles zu erreichen«, notierte der venetianische Gesandte, und ihr späterer Hofprediger, Johannes Heckel, schrieb: »Wenn man sie nur in einen König verwandeln könnte, wären wir weit besser dran.« Aber sie war kein König, und selbst als König hätte Maria die Situation nicht mehr retten können. Das kraftlose kleine Ungarn stand einem kraftstrotzenden Weltreich gegenüber, dessen Grenzen bereits Griechenland, die Gestade des Schwarzen Meeres mit der Halbinsel Krim, fast die gesamte polnische Moldauregion, Syrien, Palästina, Ägypten und den Balkan umschlossen.

Am 23. April 1526 machte sich der türkische Heerwurm mit 300 000 Mann, modernsten Handfeuerwaffen und 300 schweren Geschützen von Konstantinopel aus auf den Weg nach Norden. Die Türken wurden von Frankreich tatkräftig unterstützt, die Notrufe der Ungarn verhallten ungehört. Ein schwächlicher Versuch zur Selbsthilfe endete kläglich. Um Truppen aufstellen zu können, wurde verfügt, die Kirchenschätze einzuschmelzen und in bares Geld zu verwandeln. Doch selbst in dieser Stunde höchster Gefahr obsiegte menschliche Niedertracht. Die meisten Kirchenfürsten hielten ihre goldenen und silbernen Wertgegenstände zurück, das wenige, das aufgebracht worden war, versickerte in dunklen Kanälen.

So standen am 29. August 1526 in der südungarischen Ebene bei Mohács klägliche 24 000 Mann, Ritter und ihre Diener, einer vielfach überlegenen, kampferprobten Kriegsmaschinerie gegenüber. Mitten unter seinen Ungarn ein leichenblasser, sichtbar verstörter König Lajos. In letzter Minute hatte er sich dazu durchgerungen, an dem aussichtslosen Kampf teilzunehmen, Maria hatte ihn bis nahe an die Front begleitet und war dann nach Buda zurückgekehrt.

Es war ein glühendheißer Tag, und bis drei Uhr nachmittag geschah nichts. Die Ritter in ihren schweren Rüstungen waren vom Stehen und vom Warten bereits völlig erschöpft, als sich hinter einer Hügellinie die ersten Türken zeigten. Die Ungarn stürzten mit dem Schrei »Jesus, Jesus« vorwärts – mitten in eine Falle. Die Türken wichen zurück, die Ungarn sahen bereits die in der Etappe liegenden Zelte der türkischen Feldherren, als sie mit Geschützfeuer eingedeckt, von den Flanken her angegriffen und überrollt wurden. Es gab fast keine Überlebenden – bis auf König Lajos und einige seiner Getreuen, die ihren Herrn aus der Kampflinie zurückgerissen hatten.

Die Schlacht, die das Geschick weiter Teile Ungarns für Jahrhunderte bestimmte, dauerte nur eineinhalb Stunden. Sie endete in einem Gewitterorkan, dem sturzflutartige Regenfälle folgten; die Gewässer waren binnen Minuten in reißende Ströme verwandelt. Bei der Überquerung eines Donauarmes versanken Lajos und sein Pferd, beide schwer gepanzert, in den Fluten. Die Leiche eines der letzten Ritter aus der allerletzten Ritterschlacht wurde erst zwei Monate später aus dem Schlamm geborgen.

Während die Türken im wilden Siegestaumel jeden Mann, jede Frau und jedes Kind in Mohács und Umgebung niedermetzelten, wartete Maria in Buda zwischen Angst und Hoffnung auf Nachricht. Schon am 30. August wußte sie, daß die Schlacht verloren, daß der Türke im Anmarsch auf die Hauptstadt war. Vom Schicksal ihres Mannes erfuhr sie nichts.

Die begüterten Bürger Budas flohen Hals über Kopf aus der bedrohten Stadt, Maria zögerte die Abreise immer wieder hinaus. Eine Königin machte sich nicht einfach aus dem Staub, und wenn sie es endlich doch tat, dann unter strengster Wahrung des Gesichts. Eines Morgens, im ersten Licht des Tages, rückte eine der wohlbekannten königlichen Jagdgesellschaften aus, mit Jägern und Treibern und einer kläffenden Hundemeute. Die Königin im eleganten Jagddreß zu Pferde, auf der Schulter ihren Lieblingsfalken. Ein Jagdausflug, weiter nichts? Ein Abschied für immer!

Erschöpft, niedergeschlagen und von den meisten ihrer ungarischen Begleiter verlassen, erreichte Maria Preßburg, wo man ihr in der Burg fürs erste nur eine Schlafstelle auf Stroh anbieten konnte. Die schlechten Nachrichten überstürzten sich. Buda war gefallen und in Flammen aufgegangen, Lajos eines unheldischen, sinnlosen Todes gestorben.

Maria hatte nur den einen Wunsch: dieses Land, in dem sie so viel Leid erfahren hatte, auf schnellstem Wege zu verlassen. Doch ihr Bruder, Erzherzog Ferdinand, wollte es anders. Sie sollte ausharren, seine Rechte als Erbe Ungarns wahrnehmen und, so gut es ging, das regieren, was von Ungarn übriggeblieben war.

Maria fügte sich, war aber zu macht- und mittellos, um Entscheidendes zu erreichen. Ihre Anwesenheit auf ungarischem Boden hatte nicht mehr als symbolischen Wert – ein Wert, den Habsburgs Gegenspieler, János Zápolya, sehr wohl zu schätzen wußte. In aller Form hielt er um die Hand der ungarischen Königinwitwe an, um durch eine Ehe mit ihr seinen Thronansprüchen mehr Legitimität zu geben. Als Maria den Antrag schroff zurückwies, versuchte Zápolya sein Glück auf eigene Faust. Er besetzte Buda, das von den Türken vor Wintereinbruch geräumt worden war, und ließ sich in Stuhlweißenburg zum ungarischen König krönen. Keiner seiner Anhänger stellte überflüssige Fragen. Zum Beispiel die, wo denn König János I., wie er sich nun nannte, gewesen, als die Blüte der ungarischen Jugend bei Mohács ausgelöscht worden war. Der erste, der den neuen ungarischen König anerkannte und eine persönliche Zuwendung von 30 000 Talern im Monat zusagte, war kein anderer als König Franz I. von Frankreich.

Die Begeisterung von Zápolyas Gefolgsleuten, die den ehrgeizigen Emporkömmling aus kroatischem Kleinadel auf den Schild gehoben hatten, flaute indes rasch ab. Das ganze Land litt unter der Schreckensherrschaft des neuen Königs, der in seinen häufigen Anfällen von Verfolgungswahn den Henkersknecht selbst unter treuen Anhängern wüten ließ.

Ferdinand hatte darum relativ leichtes Spiel, als er endlich – mittlerweile ohne nennenswerte Widerstände zum böhmischen König gekrönt – mit bewaffneter Macht in Ungarn einmarschierte. Buda ergab sich, ohne daß ein Schuß gefallen wäre, Zápolyas Anhang lief in Scharen über, König János floh über die Theiß.

Am 29. Oktober 1527, vierzehn Monate nach der verhängnisvollen Schlacht bei Mohács, hielt Ferdinand unter einem goldenen Baldachin Einzug in Stuhlweißenburg, zur Rechten seine Frau, die ungarische Königstochter Anna, im leuchtenden Goldbrokat, zur Linken seine Schwester, die ungarische Königinwitwe Maria, im schmucklosen Schwarz, auf dem Haupt den weißen Witwenschleier, der nicht nur die Haare, sondern auch den größten Teil der Stirn bedeckte. Fünf Tage später wurde Ferdinand zum ungarischen König gekrönt – vom selben Erzbischof, der wenige Monate zuvor János I. die Krone aufs Haupt gesetzt hatte.

Maria hat die schwarze Witwentracht nie mehr abgelegt. Wenn sie einmal schön oder zumindest anziehend gewesen sein sollte, so war von nun an, also ab ihrem zweiundzwanzigsten Lebensjahr, kaum eine Spur mehr davon vorhanden. Die Gestalt blieb schlank, wenn nicht geradezu dürr, und sehnig, das Gesicht aber verlor jeglichen Schmelz, es war schmal, mit langer, spitzer Nase und einer Kinnpartie, die immer schärfer hervortrat. Lediglich die übergroßen braunen Augen gaben der blassen Maske eine Spur von Wärme.

Marias Aufgabe in Ungarn war beendet, und ihre beiden Brüder schmiedeten umgehend alle möglichen Heiratspläne für sie. Ein Kandidat war pikanterweise jener Pfalzgraf Friedrich, den Karl seinerzeit verjagt hatte, weil er sich in dessen Schwester Eleonore verliebte. Maria lehnte energisch ab. Sie wolle Lajos die Treue halten »pis in mein grub«, und das Thema wurde später nie mehr erwähnt.

Mag sein, daß sie ihrem liebenswürdigen, törichten jungen Mann tatsächlich bis an ihr Ende ergeben bleiben wollte, mag aber auch sein, daß ihr davor graute, unter Umständen ein ähnliches Geschick zu erleiden wie ihre Schwester Isabella, die man Christian dem Bösen von Dänemark in die Arme getrieben hatte.

Nachdem Isabella schon jahrelang als geduldetes Übel neben ihrem Mann und seiner Geliebten samt deren Anhang dahinvegetiert war, trat ein unerwartetes, folgenreiches Ereignis ein: Dübeke starb. Christian witterte Verrat und Mord, es fielen etliche Köpfe. Seiner Frau nahm er die drei Kinder weg, sie wurden von Sigbritte Willems, Dübekes Mutter und zugleich böser Geist des Hofes, aufgezogen. Christian wurde nach Dübekes Tod immer mehr zum gemeingefährlichen Wüterich. Seine grausame Rachsucht erreichte ihren Höhepunkt nach der Niederschlagung eines Aufstandes in Schweden. An einem einzigen Tag wurden 600 Führer des schwedischen Adels auf dem Marktplatz von Stockholm enthauptet, so daß sich Ströme von Blut über das Pflaster ergossen. Das »Blutbad von Stockholm« ist ein makabrer Markstein in der Geschichte der nordischen Länder.

Schließlich waren die Dänen mit ihrer Geduld am Ende. Sie stürzten den Bösen und machten dessen Vetter Frederik zu ihrem König. Christian, Isabella und die drei Kinder flohen in die Niederlande. Sie fanden zunächst in Gent, später in der kleinen Stadt Lier mit Sohn und zwei Töchtern Unterschlupf. Isabella lehnte eine Einladung des

neuen dänischen Königs, mit den Kindern nach Kopenhagen zurückzukehren, ab und harrte, trotz aller erlittenen Demütigungen, an der
Seite des Ungeheuers aus. Sie trug sogar mit großer Entschlossenheit
persönlich einen Appell auf dem Reichstag von Nürnberg vor, man
möge ihren Gemahl, den rechtmäßigen König von Dänemark, nicht
im Stich lassen. Nachdem ihr Aufruf fruchtlos geblieben war, schloß
sie sich noch enger an Christian an. Sie teilte – ob aus Überzeugung
oder aus Loyalität – seine Hinwendung zum neuen Glauben, was den
offenen Bruch mit der eigenen Familie zur Folge hatte.

Zuletzt lebte das abgesetzte dänische Königspaar in äußerst bedrängten Verhältnissen. Es konnte sich keine Dienerschaft mehr leisten,
Isabella mußte selbst kochen und nähen und schließlich gar das
Spielzeug der Kinder verkaufen, um sich die notwendigsten Lebens-
mittel leisten zu können. Die Spielsachen waren ohnedies überflüssig
geworden. Isabellas Tante Margarete, ansonsten die Güte in Person,
hatte ihr kurzerhand die Kinder weggenommen, um sie in Mecheln
im rechten Glauben erziehen zu lassen. Isabella welkte dahin, und
eines Tages, am 18. Januar 1525, fand man sie tot in ihrem Bett. Sie
war noch nicht einmal vierundzwanzig Jahre alt.

Das Schicksal der Schwester Eleonore war zwar erheblich leichter,
doch auch nicht von der Art, daß sich Maria zu einer neuerlichen
Eheschließung animiert gefühlt hätte. Eleonore, die man mit dem
greisen König von Portugal verheiratet hatte, wurde schon nach zwei
Jahren Witwe, und man erwog, die Dreiundzwanzigjährige mit ihrem
achtzehnjährigen Stiefsohn und Vetter, dem Infanten Juan, zu vermählen. Einer der Gründe für diese Verbindung war der Wunsch,
sich eine zweite Mitgift zu ersparen – allerdings war noch nicht
einmal die erste bezahlt. Der Plan wurde dann doch verworfen, und
Juan bekam Eleonores fünfzehnjährige Schwester Katharina, die
nicht in Mecheln, sondern in Spanien aufgewachsen war. Eleonore
wurde 1526 mit dem Erzfeind des Hauses Habsburg, dem französischen König Franz I., verlobt, den sie vier Jahre später heiraten
mußte. Ihre einzige Tochter blieb in Portugal zurück, die Mutter
sollte sie bis knapp vor ihrem Tod nicht wiedersehen.

Nein, Marias Sinn stand angesichts des Schicksals ihrer Schwestern
nicht nach Hochzeit, er stand nach Freiheit. Die nächsten Jahre sahen
sie ruhelos, meist nur in Begleitung weniger Diener, durch Westun-

garn ziehen, immer zu Pferd, immer auf der Jagd – am liebsten nach Bären und Wildschweinen – und immer auf der Flucht vor ihren Gläubigern. Ihr Bruder Ferdinand mußte mehrmals mit größeren Beträgen helfend eingreifen. Der Bruder schlug vor, sie möge von den Ungarn die ihr als Königinwitwe zustehenden Einkünfte fordern, doch dazu war sie zu stolz. »Lieber wollt ich, wie wol es mich hart ankem, selbst neen (nähen) mit der hilff Gottes«, schrieb sie.

Maria tauchte mit ihrer Begleitung und ihrer Meute bald in Ödenburg, bald in Neusiedl am See, in Bruck an der Leitha, in Orth an der Donau und in Kaiserebersdorf auf, und die Leute bekreuzigten sich auf der Straße, wenn die schwarze Witwe an der Spitze der kleinen Kavalkade vorüberdonnerte.

Als der Türke Buda eroberte – freudig begrüßt von Zápolya, der als König anerkannt und als Statthalter in Ungarn eingesetzt wurde –, als die Osmanen sich Wien näherten und die Stadt einen Monat lang, von September bis Oktober 1529, vergeblich belagerten, ehe sie sich wieder nach Osten zurückzogen, begab sich Maria auf österreichisches Gebiet. Im April 1530 traf sie ihre Brüder, Kaiser Karl und König Ferdinand, in Innsbruck. Es wurden gleichermaßen politische wie Familienangelegenheiten besprochen, doch das weitere Schicksal Marias wurde nicht entschieden. Niemand wußte so recht, was mit der ungarischen Königinwitwe geschehen sollte, am wenigsten wußte sie es selbst, und sie nahm ihr ruheloses Wanderleben wieder auf.

Im Dezember 1530 jagte sie in der Gegend von Krems an der Donau. Dort erreichte sie ein Brief Ferdinands mit der Nachricht vom Tod ihrer Tante Margarete, Regentin der Niederlande. Es sei möglich, deutete Ferdinand an, daß dieser tragische Todesfall für das weitere Leben Marias bedeutsam werden könnte.

Maria mußte nicht lange rätseln. Am 3. Januar 1531 übersandte der Kaiser seiner Schwester ein persönliches Handschreiben und forderte sie auf, die Nachfolge Margaretes anzutreten; er wisse im Augenblick keine geeignetere Person für dieses heikle Amt, und sie möge so rasch wie möglich in die Niederlande kommen.

Marias ausführliche Antwort schloß mit der Feststellung, daß es für sie nur ein einziges Lebensziel gebe: dem Kaiser zu dienen und zu gehorchen...

Anfang März desselben Jahres kehrte Maria in die Niederlande zurück, die sie siebzehn Jahre zuvor als Kind verlassen hatte. In einer schwankenden Sänfte war sie abgereist, hoch aufgerichtet, den unvermeidlichen Jagdfalken auf der Schulter, ritt sie in ihr Geburtsland wieder ein.

Margarete und Maria, die beiden aufeinander folgenden Regentinnen der Niederlande, waren in vielfacher Hinsicht grundverschieden. Zwar waren beide Töchter des Hauses Habsburg und Witwen, als sie ihr schweres Amt antraten – aber das waren die einzigen Gemeinsamkeiten. Margarete besaß bereits umfangreiche politische Erfahrung und einen gut eingespielten Beraterstab; Maria hatte, wenn auch unter extrem schwierigen Bedingungen, im politischen Metier eher dilettiert und konnte auf keine Erfolge hinweisen.

Auch charakterlich gab es extreme Unterschiede. Margarete, schon vom Äußeren her in ihrer mütterlichen Rundlichkeit gewinnend, strebte geduldig den Ausgleich, den Kompromiß an; sie versuchte zu überreden, zu überzeugen, war niemals herrisch, stets um Verständnis bemüht. Maria gab sich hochmütig, ungeduldig, bisweilen verletzend und zynisch, wenn nicht alles nach ihrem Willen ging – Eigenschaften, die in ihrer Kindheit wurzelten.

Die wesentlichen Jahre ihrer Jugend hatte sie unter gleichgültigen Fremden verbracht. Die seltenen Stunden des Zusammenseins mit ihrem Großvater, Kaiser Maximilian I., hatten nicht ausgereicht, in ihr die Fähigkeit zu entwickeln, zwischenmenschliche Beziehungen aufzubauen. Wahrscheinlich war sie darum zutiefst unsicher und verletzbar.

Auch Margarete war zunächst fern von der Heimat aufgewachsen, aber unter der verständnisvollen Führung einer echten Bezugsperson. Die entscheidenden Entwicklungsjahre durfte sie in den Niederlanden verbringen, geborgen bei Menschen, die ihre Mutter, Maria von Burgund, noch gekannt, geliebt und verehrt hatten. Margarete war die voll akzeptierte »Fille naturelle« ihres Landes – Maria eine von außen aufgezwungene Fremde, deren Hauptinteressen um den Bruder, Kaiser Karl V., und das Haus Österreich kreisten. Daraus ergaben sich schon von Anfang an wesentliche Schwierigkeiten für die neue Regentin.

Hinzu kam, daß Margarete wesentlich mehr eigenverantwortlich handeln konnte als Maria. Margarete hatte vom Vater, Kaiser Maximilian I., später vom Neffen, Kaiser Karl V., weitgehende Vollmachten übertragen bekommen und konnte so mit weiblichem Takt manche Fehlentscheidung korrigieren, die männliche Starrköpfigkeit getroffen hatte. Maria waren von Anfang an die Hände gebunden. Karl ließ sie durch drei Beratungsausschüsse ständig bevormunden, schwerwiegende Entscheidungen behielt er sich überhaupt selbst vor. In diesem Licht erst läßt sich seine Bemerkung richtig verstehen, er wisse keine geeignetere Person für das Amt des Regenten. Er muß sehr früh erkannt haben, daß Maria ihm blindlings ergeben war und niemals versuchen würde, wider den Stachel zu löcken. Daß er die Schwester dadurch gelegentlich in belastende innere Konflikte stürzen würde, hat er entweder nicht bedacht, oder es war ihm, was wahrscheinlicher ist, gleichgültig. Maria besaß nämlich starke, entwicklungsfähige politische Qualitäten, Initiative und Verantwortungsbewußtsein, und es wird für sie oft sehr schwer gewesen sein, immer rückfragen zu müssen, wochen- und monatelang auf Entscheidungen zu warten, die sie dann häufig gegen die eigene Überzeugung durchzuführen hatte.

Nur so lassen sich die vielen, fast flehenden Rücktrittsgesuche verstehen, die sie in regelmäßigen Abständen an den Kaiser schickte und die mit gleicher Regelmäßigkeit abgelehnt wurden. Es ist nicht verwunderlich, daß sie in geheimnisvolle Krankheiten flüchtete, von denen wir heute annehmen, daß sie psychosomatischer Natur waren.

Die neue Regentin der Niederlande schlug ihren Wohnsitz in Brüssel auf. Das intime kleine Schloß der verstorbenen Tante in Mecheln war ihr zu eng, die mit Kunstgegenständen angefüllten Zimmerchen taugten nicht für die Meute der Jagdhunde, die sie auf Schritt und Tritt begleiteten. Überdies waren die Jagdmöglichkeiten in den dichten Wäldern um Brüssel günstiger als im kultivierten Hügelland um Mecheln.

Endlich erhielt Maria auch ein regelmäßiges Einkommen, es war die stattliche Summe von 36 000 Pfund jährlich. Man gab ihr eine Leibgarde von 20 Mann – und übertrug ihr die Erziehung eines kleinen Jungen und zweier kleiner Mädchen: die Kinder ihrer unglücklichen Schwester Isabella.

Am 7. Oktober 1531 stellte der Kaiser den Generalständen ihre neue Herrin vor. Er hielt eine einstündige Rede und betonte mehrmals –

nicht eben feinfühlig – die politische Unerfahrenheit seiner Schwester. Auch Maria sprach, brennend rote nervöse Flecken im bleichen Gesicht, fast dreißig Minuten lang, aber man konnte sie selbst in der ersten Reihe kaum verstehen. Die Regentin brachte nicht viel mehr als ein heiseres Flüstern hervor.

Ehe Karl Abschied nahm, um sich in Deutschland dem leidigen Religionsproblem zu widmen, gingen die Geschwister auf Inspektionsreise durch die südlichen Landesteile. Genauer gesagt: Karl inspizierte, Maria jagte. Noch hatte sie den Ernst ihrer Lage nicht begriffen.

Sie mußte sehr schnell begreifen lernen: Bereits während der ersten Monate ihrer Regentschaft drohte Krieg. Karl hatte sich mit seinem Schwager, dem abgesetzten König Christian II. von Dänemark, ausgesöhnt. Christian versprach, wieder ein guter Katholik zu werden und Dänemark in den Schoß der römischen Kirche zurückzuführen, falls Karl ihn beim Kampf gegen seinen Vetter, den neuen dänischen König Frederik, unterstützte. Karl stellte seinem Exschwager Hilfstruppen zur Verfügung, worauf die Nordstaaten ein bedrohliches Handelsembargo gegen die Niederlande verhängten. Als Christian bei dem Versuch, sein Land zurückzuerobern, geschlagen und für den Rest seines Lebens eingekerkert wurde, war die Gefahr fürs erste gebannt.

Gefährlich wurde für Maria die innenpolitische Situation. Im Sommer 1532 fand sie sich, als sie von der Jagd zurückkam, vor verschlossenen Stadttoren. Im Zuge von Hungerkrawallen war es in Brüssel zu Plünderungen gekommen, die Stadtväter hatten die Übeltäter zwar dingfest gemacht, aber vorsichtshalber die Tore verbarrikadiert und zeigten sich erst am frühen Morgen bereit, ihre Regentin einzulassen. War dies schon eine schwere Brüskierung, so wurde Maria noch aufgebrachter, als die Gemeinderäte sich weigerten, ihr die Gefangenen zur Aburteilung auszuliefern – denn damit hätte die Stadt ein seit alters her verbrieftes Recht aufgegeben. Maria vertrat den Standpunkt, daß sie allein die Plünderer zur Rechenschaft ziehen müsse, da die Hofbäckerei überfallen worden war, in ihren Augen das Verbrechen der Majestätsbeleidigung. Als die Regentin auf ihrer Meinung beharrte, rotteten sich die Bürger zusammen, stürmten das Gefängnis und brachten die Plünderer in ihre Gewalt. Auf dringende Bitten ihrer Berater verließ Maria die Stadt. Nach wochenlangen Verhandlungen mit den Gemeinderäten lenkte Maria ein, vierzig Plünderer wurden vor ein Stadtgericht gestellt und zum Tode verurteilt. Der Kaiser war mit der Lösung nicht einverstanden. Er befahl: keine Gnade mit all den Aufrührern, es müsse ein Exempel statuiert werden. Maria verlangte daraufhin, unter Androhung schwerster Repressalien, die volle Unterwerfung und Streichung aller Bürgerprivilegien. Die Brüsseler resignierten. Drei Mitglieder des Ältestenrates erschienen vor der Regentin und baten kniefällig um Vergebung. Am 8. Januar 1533 ritt Maria in Brüssel ein. Barhäuptig und barfüßig und, wie befohlen, in schwarze Büßergewänder gehüllt, säumten die Bürger die Straßen. Maria begab sich in die Kirche St. Gudula und ließ eine Dankesmesse lesen.

Diese Ereignisse müssen Maria zutiefst aufgewühlt haben. Von da an begann sie zu kränkeln. Das Leiden verschlimmerte sich, als sie die Einladung ihrer Schwester Eleonore, nunmehr Königin von Frankreich, zu einem Wiedersehen nach vielen Jahren auf Geheiß des Bruders ablehnen mußte. Karl sah zu diesem Zeitpunkt keinen politischen Vorteil in einer Begegnung zwischen Maria und Eleonore. Maria gehorchte. Ihre Ärzte rätselten vergeblich über die Ursache von Ohnmachtsanfällen und Herzbeschwerden bei dieser noch jungen Frau.

Ein weiterer Schicksalsschlag stürzte Maria in langanhaltende Depressionen: Sie mußte sich von ihrer Nichte Christina von Dänemark, Tochter ihrer verstorbenen Schwester Isabella, trennen, die zusammen mit einem Bruder und einer Schwester in Brüssel erzogen worden war. Maria, der es kaum je gelang, anderen Menschen ihr Herz zu öffnen, Liebe und Freundschaft zu pflegen, hatte eine tiefe Zuneigung zur munteren Christina gefaßt, vielleicht deshalb, weil die sechzehn Jahre Jüngere all das an gewinnenden äußeren und inneren Vorzügen besaß, an denen es Maria mangelte. Überdies war Christina, so wie ihre Tante, eine begeisterte Jägerin. Die Regentin und das Kind verbrachten Stunden und Tage gemeinsam im Sattel.

Es ist nicht bekannt, welche Pläne Maria für ihren Liebling gehegt hatte. Sicher ist, daß der lakonische Befehl Karls, die erst Elfjährige mit dem achtunddreißig Jahre alten Herzog von Mailand, Francesco Sforza, zu vermählen, sie außergewöhnlich hart getroffen hat. Zum ersten und gleichzeitig zum letzten Mal raffte sich Maria dazu auf, dem Bruder die Stirn zu bieten. Sie schrieb: »Es ist widernatürlich und gegen Gottes heiliges Gesetz, ein kleines Mädchen, weit davon entfernt, eine Frau zu sein, zu verheiraten und, solange sie selbst noch ein Kind ist, den Gefahren des Kindbetts preiszugeben.«

Karl ging überhaupt nicht auf diese Argumente ein. Christina wurde nach Mailand gebracht; erst dort erfuhr sie, daß man sie einem Krüppel zur Frau gegeben hatte. Mit vierzehn war sie allerdings bereits Witwe und durfte nach Brüssel heimkehren.

Marias mannigfache Leiden, vor allem die quälenden Magenkrämpfe, nahmen ein Ausmaß an, daß sie kaum mehr die Kraft aufbrachte, ihren Verpflichtungen nachzukommen. Sie bat um ihre Entlassung, wurde aber barsch abgewiesen.

1535, er war fünfunddreißig Jahre alt, befand sich Karl auf dem Gipfel seiner Macht. Die deutsche Glaubensfrage war nach dem Nürnberger Religionsfrieden fürs erste ad acta gelegt, und in Tunis erkämpfte der Kaiser einen brillanten persönlichen Sieg über die mit den Türken alliierten Seeräuberbanden. Das Mittelmeer war für eine Weile befriedet.

Karl fühlte sich stark genug, die dauernden Auseinandersetzungen mit Frankreich endgültig zu bereinigen, und griff von Italien aus die Provence an. Unfähig, die Kaiserlichen dort zu schlagen, trug Franz den Krieg in die Niederlande. Marias Befehle, die Franzosen mit voller Wucht präventiv anzugreifen, wurden nur halbherzig oder gar nicht befolgt. Eine Reihe von Niederlagen kreidete die verschreckte Bevölkerung der Regentin an. Das Land stand am Rande einer Revolution. Dringende Eilboten hetzten zum Kaiser, wieder verlangte Maria, abgelöst zu werden, wieder kam die Anordnung, die Stellung zu halten.

Plötzlich erwachten in Maria die alten Lebensgeister, plötzlich war sie wieder gesund, kräftig und tatendurstig. »Frankreich soll sehen, wozu eine Frau mit Gottes Hilfe imstande ist«, hieß es in einem Tagesbefehl an die Truppenführung.

Nicht nur die Franzosen, auch die eigenen Leute erlebten ein Wunder: eine unerschrockene, kleine, drahtige Frau, die im schwarzen Lederwams, darüber einen silbernen Brustpanzer, ins Feld sprengte und unermüdlich die Soldaten anfeuerte. Nur mit Mühe gelang es, die of-

Maria als Regentin der Niederlande

fenbar zum Äußersten entschlossene Kämpferin davon abzuhalten, sich ins Feuer der vordersten Linie zu stürzen. Den Niederländern war über Nacht eine zweite Jungfrau von Orléans erstanden, und diesmal waren die Franzosen die Verlierer. Am 30. Juli 1537 unterzeichneten sie einen auf zehn Jahre befristeten Waffenstillstand.

Franz I. zögerte nicht, das neue Arrangement mit den alten Feinden gebührend zu würdigen. Er bat Maria und ihre Nichte Christina samt Gefolge zu einem Versöhnungsfest nach Compiègne und verlieh der Einladung mit einem wahrhaft fürstlichen Präsent Nachdruck: einem Brillanten von sagenhafter Größe und Reinheit.

Der Kaiser gab seinen Segen zu dem Treffen, beglückt konnten Maria und ihre Schwester Eleonore, die französische Königin, einander in die Arme schließen. Maria war eine beherrschte Frau. Mit keiner Miene zeigte sie ihr Entsetzen beim Anblick Eleonores, die einstmals eine berühmte Schönheit gewesen, nun aber unförmig dick geworden war. Ihr Gesicht war über und über mit einem abstoßenden, rotpusteligen Ausschlag bedeckt. Niemand bezweifelte, daß Eleonore ein Opfer der heftig grassierenden, aus den neuen Überseekolonien eingeschleppten »Lustseuche« geworden war, obwohl König Franz das eheliche Beisammensein auf das absolut notwendige Mindestmaß beschränkte.

Der französische Herrscher war in Begleitung gleich zweier Mätressen zu dem Familientreffen erschienen, mit seiner neuesten Geliebten, der Herzogin von Etampes, und seiner verflossenen, Diane de Poitiers, die sich nun anderweitig tröstete. Augenzwinkernd erzählte man sich, daß sie den schmalbrüstigen, linkischen Dauphin Heinrich mit Finessen und Raffinessen ihrer Liebeskunst vertraut machte, worüber seine blutjunge, reiche, aber wenig anziehende Gemahlin, Katharina von Medici, geflissentlich hinwegsah.

Mittelpunkt des bunten, festlichen Geschehens in Compiègne war allerdings eine Außenseiterin, nämlich Christina von Dänemark, verwitwete Herzogin von Mailand, zweifelsohne die bestaussehende Dame der ganzen Gesellschaft. Sie genoß mit sichtlichem Vergnügen die galanten Schwärmereien französischer Kavaliere, an ihrer Spitze Frankreichs begehrtester Junggeselle, der Herzog von Vendôme. In den Spaß am höfischen Getändel mag sich auch ein wenig Sensationslust gemischt haben, denn es hatte sich rasch herumgesprochen, daß kein Geringerer als Englands Heinrich VIII. die junge Witwe Christina begehrte, kurz nachdem er sich auf höchst anstößige Weise seiner zweiten Gemahlin, Anne Boleyn, entledigt hatte. Heinrich habe sich, so hieß es, unsterblich in Christina verliebt, und das nur aufgrund eines Bildnisses, das sein Hofmaler Hans Holbein von der Herzogin gemalt hatte.

Maria unterhielt eine lange, ernsthafte Korrespondenz mit ihrem Bruder, dem Kaiser, über eine mögliche Verbindung des Hauses Habsburg mit dem Hause Tudor, erhielt aber so lange keine bindenden Ordern, bis das Thema sich durch eine Entscheidung des Papstes von selbst erledigte. Heinrich VIII. wurde exkommuniziert und war damit kein Kandidat für die katholische Herzogin.

Christina kehrte mit ihrer Tante nach Brüssel zurück.

Für Maria gab es erneut erhebliche innenpolitische Probleme zu bewältigen. Diesmal waren es die Bürger von Gent, die der Regentin den Fehdehandschuh hinwarfen. Sie weigerten sich, gewaltige Kriegssteuern nachzuzahlen, da sie ohnehin ein eigenes bewaffnetes Kontingent gegen Frankreich beigesteuert hatten. Gent besaß, wie auch andere Städte, seit der Regierungszeit der Maria von Burgund eine Reihe demokratischer Rechte, wozu auch die eigene Steuerhoheit gehörte. Nachdem einige Steuerbüttel der Brüsseler Zentralregierung verprügelt und aus der Stadt gejagt worden waren, ließ die Regentin Truppen aufmarschieren. Nun kam es auch in anderen Orten zu antihabsburgischen Krawallen, die sich zudem gegen die harte, gnadenlose Religionspolitik der Herrscherin richteten – derselben, die in ihren Jugendtagen selbst ein wenig mit dem Protestantismus geliebäugelt hatte.

Die Genter appellierten an den Kaiser, er möge seiner Geburtsstadt gegen die, ihrer Meinung nach, eigenmächtige Handlungsweise seiner Regentin zu Hilfe kommen. Ihm vertrauten sie ihr Schicksal an. Karl erschien tatsächlich. Am 14. Februar 1540 ritt er in die Stadt ein, begleitet von Maria sowie 60 000 Mann, 15 000 Pferden und schwerer Artillerie. Wohl hörte er sich die Beschwerden der Bürger gegen seine Schwester an, doch letztlich wurden die Anführer der Rebellen gefangengesetzt, gefoltert und hingerichtet.

Das Schicksal der Stadt war damit besiegelt. Gent verlor sämtliche Privilegien, hatte eine Strafe von 150 000 Gulden zu entrichten und wurde verpflichtet, jährlich weitere 6 000 an die Staatskasse abzuliefern.

Während einer langen, hochnotpeinlichen Zeremonie mußten die Spitzen der Bürgerschaft, mit schwarzen Büßergewändern angetan, barfuß und durch Henkersstricke aneinandergebunden, im Hofe des Terwallepalastes vor dem Kaiser und seiner Schwester niederknien, Reue und Besserung geloben. Viele der so schrecklich gedemütigten Männer konnten sich der Tränen nicht erwehren.

Maria wohnte der Szene, wie immer in kritischen Situationen, leichenfahl und mit dunkelroten Flecken auf den Wangen, schweigend bei. Aber in einem plötzlichen Augenblick der Stille, als alles schon vorüber schien, erbat sie mit lauter, fester Stimme Generalpardon für die Bürger von Gent. Das wurde gnädigst gewährt – unter der Voraussetzung, daß alle harten Bedingungen genauest erfüllt würden.

Ob Maria das Schicksal der Genter so naheging oder ob sie bloß ein besseres Klima für die Zukunft schaffen wollte, ist unklar. Fast scheint die erste Version wahrscheinlicher, denn unmittelbar nach der Genter Affäre bot sie wieder einmal ihren Rücktritt an. Karl beantwortete das Gesuch mit einer neuen Betrauungsurkunde, welche der Regentin erstmals ein wenig mehr Handlungsspielraum einräumte.

Die Niederschlagung der Genter Revolte brachte eine kaum spürbare Atempause. Abgesehen davon, daß Maria wieder in ihre trostlose Isolation zurückgeworfen wurde, weil Karl seine Nichte Christina erneut verheiratet hatte, diesmal mit dem Erbprinzen von Lothringen, wollten die innenpolitischen Spannungen nicht nachlassen.

Marias unnachgiebige Haltung in Fragen der Religion und der Selbstbestimmung schuf ein Klima des Hasses und der Verweigerung, das durch grausame Maßnahmen immer weiter verschärft wurde. Ein Heer von Aufpassern und Spitzeln verunsicherte das Volk; als Todesurteile gefällt wurden, weil ein paar Wirte es verabsäumt hatten, verdächtige Gäste zu melden, kam es um ein Haar wieder zur offenen Rebellion.

Erst ein neuer Krieg ließ die innenpolitischen Schwierigkeiten in den Hintergrund treten. Allen Friedensbeteuerungen und heiligen Schwüren zum Trotz machte Frankreich wieder mobil, verbündete sich mit den Türken, dem Herzog von Geldern und den Dänen zu einer Allianz gegen die Niederlande. Die Franzosen besetzten Luxemburg,

Geldern marschierte in den Niederlanden ein und belagerte Brüssel sowie Antwerpen. Maria, nun wieder im schwarzen Wams und im silbernen Panzer, vom Morgengrauen bis in die sinkende Nacht auf dem Pferderücken unterwegs, leitete die militärischen Operationen, die allerdings erst von Erfolg gekrönt wurden, als der Kaiser mit Truppen zu Hilfe eilte. Er besetzte Geldern, das er sogleich den Niederlanden einverleibte, und gelangte, von einer rasanten Offensive getragen, bis vor die Tore von Paris.

Nicht Friedenstauben, sondern zwei prachtvolle Jagdfalken waren es, welche die Waffenstillstandsverhandlungen einleiteten. Königin Eleonore übersandte die kostbaren Vögel ihrer Schwester, mit der Bitte um Fürsprache beim Kaiser. Da Karl selbst am Ende seiner militärischen und materiellen Kräfte war, sagte er nicht nein. Im September 1544 wurde ein neuerlicher Friede mit Frankreich ausgehandelt.

Zurück blieb ein verwüstetes Land, dessen Felder größtenteils brachlagen, Städte und Dörfer in Trümmern; marodierende deutsche und spanische Landsknechte, ohne Sold entlassen, preßten das Letzte aus der Bevölkerung.

Ruhe des Friedhofs zwar – doch endlich Ruhe für einige Zeit! Karl beschenkte seine Schwester mit zwei noch halbwegs ertragreichen Besitzungen, in Biche und in Mariemont, wo sie, zum ersten Mal seit langer Zeit, ein wenig Frieden genoß und zwei prachtvolle Schlösser im italienischen Renaissancestil errichten ließ, umgeben von kunstvollen Gärten, die nicht ihresgleichen nördlich der Alpen hatten.

Nach wie vor frönte die Regentin ihrer Jagdleidenschaft, entwickelte jedoch auch neue Interessen, indem sie die Kunstsammlungen ihrer Tante Margarete erweiterte und mit der ihr eigenen Verbissenheit eine der umfangreichsten Bibliotheken ihrer Zeit aufbaute.

1547 war ein einschneidendes Jahr, gleichermaßen für Europa wie für Habsburg. Es starben der verhaßte Franz I. von Frankreich und der unberechenbare Heinrich VIII. von England, Karl errang im sächsischen Mühlberg einen fundamentalen Sieg über die protestantischen Fürsten Deutschlands, die sich im Schmalkaldischen Bund gegen ihn vereint hatten.

Wahrlich ein Grund zum Feiern! Die ganze Familie Habsburg traf in Augsburg zusammen. Der Kaiser, König Ferdinand samt Sohn Max,

Christina von Dänemark – nun schon zum zweiten Mal Witwe – und Maria, die allerdings mehr im Sinn hatte als festliche Zerstreuung und stundenlange Porträtsitzungen für den hochgeschätzten Malerfürsten Tizian, wie es die anderen Mitglieder der Familie taten. Sie hatte einen für die Niederländer unfaßbaren Plan ausgearbeitet und setzte ihn bei ihren Brüdern durch. Die Niederlande wurden ungefragt und mit einem Federstrich dem Deutschen Reich assoziiert, sie verloren damit den letzten Rest ihrer ohnedies systematisch eingeschränkten Eigenständigkeit.

Angst und Bestürzung machten sich breit, Tausende Künstler, Wissenschaftler, Gewerbetreibende und Kaufleute, vor allem jene, die noch schärfere Maßnahmen gegen ihren Glauben befürchteten, flohen nach England und hinterließen ein wirtschaftliches und kulturelles Vakuum. Die Niederlande, unter dem Burgunder Karl dem Kühnen und seiner Tochter Maria einst die reichste und blühendste Region Europas, wurden zum Armenhaus Europas.

So ausgeblutet das Land auch sein mochte, ein neuerlicher Reigen kostspieliger Feste wurde verlangt, als Kaiser Karl V. 1549 seinen Sohn Philipp mit den Untertanen bekannt machte. Der zweiundzwanzigjährige Infant erschien in Begleitung seines Erziehers und Mentors, des Herzogs von Alba, einer so hochmütig und abweisend wie der andere. Vom ersten Augenblick an begegneten die Landeskinder ihrem zukünftigen Landesvater mit Antipathie. Niemals glitt ein Lächeln über Philipps junges, hartes Gesicht, niemals richtete er ein einziges Wort an die zahlreichen Delegationen, die ihn während seiner Rundreise begrüßten. Es war bald klar, daß er dazu gar nicht fähig war, da er nur Spanisch konnte, aber man hätte doch zumindest eine freundliche Geste erwarten dürfen.

Ein einziges Mal sah man den Infanten lachen, aber es war eher ein böses Grinsen. Es geschah beim Festzug der Brüsseler Bürger zu Ehren ihrer Herrscher, ein vierstündiges Spektakel mit Prunk und Pracht und schweifender Phantasie aufgezogen. Die Gilden in ihren leuchtenden Zunftgewändern wechselten mit Wagen ab, auf denen lebende Bilder dargestellt waren, historische Szenen, Allegorien, derbe Späße. Auf einem Fahrzeug hockte ein riesiger Braunbär, schlug und trampelte mit den Tatzen auf Tasten und Pedale einer Orgelattrappe. Die Töne wurden von entsetzlich quietschenden, miauenden, jaulenden Hunden und Katzen geliefert, die in Einzelkäfige rund um die Orgel gesperrt und deren Schwänze mit den Tasten und Pedalen verbunden worden waren. Der Infant amüsierte sich königlich.

Philipp war der auslösende Faktor eines tiefgreifenden Bruderzwistes im Hause Habsburg, der nur dank Marias geschickter Vermittlung nicht in eine Katastrophe mündete.

Die beiden Brüder Karl und Ferdinand samt ihren Söhnen Philipp und Maximilian trafen einander in Augsburg, um die Reihung in der Nachfolge zu klären. Ferdinand, bereits zum deutschen König gekürt, würde im Fall von Karls Tod automatisch Kaiser werden. Als logischen Nachfolger sah er seinen Sohn Maximilian an. Karl indessen hatte sich in den Kopf gesetzt, daß dermaleinst Philipp auf Ferdinand als Kaiser folgen sollte; er ignorierte die Tatsache, daß das letzte Wort in jedem Fall die deutschen Kurfürsten haben würden.

Das Haus der Fugger, wo die hohen Gäste logierten, hallte wider vom Streit der Brüder und Vettern. Nur mit Mühe konnte nach außen das Dekorum gewahrt werden.

Karl, bereits schwer gezeichnet von der Gicht und allgemeinen Erschöpfungszuständen, fühlte sich verlassen und verraten – von der eigenen Familie und von den deutschen Fürsten, die deutlich fühlen ließen, daß sie keinen Spanier zum Kaiser haben wollten, schon gar nicht den arroganten Philipp, der sich so unvorteilhaft von seinem liebenswürdigen Vetter Maximilian unterschied.

Karl wandte sich an den einzigen Menschen, von dem er wußte, daß er ehern zu ihm stand, an seine Schwester Maria: ». . . ich kann nichts mehr tun, ohne zusammenzubrechen. Seien Sie gewiß, daß ich durch das, was der verstorbene König von Frankreich mir angetan, nicht so gelitten habe wie durch die Art, in welcher der König, Unser Bruder, mit mir verfährt.«

Kaum hatte sie den erschütternden Brief des Kaisers in Händen, reiste die nun bereits Fünfundvierzigjährige überstürzt aus Brüssel ab. Auf ständig gewechselten, schweißnassen Pferden schaffte sie mitten im klirrenden Winter die Route Brüssel–Augsburg, für die man bei besten Wegverhältnissen fast drei Wochen veranschlagte, in knappen zwölf Tagen – ein Kraftakt, wie ihn nur ein täglich trainierter Körper zustande bringen konnte.

Was sich hinter verschlossenen Türen im Fugger-Haus abgespielt hat, wird für immer ein Geheimnis bleiben, denn es existieren keine Aufzeichnungen über die Gespräche unter vier oder sechs Augen. Diplomaten aus ganz Europa, die herbeigeeilt waren, um den Ausgang des Familiendramas und der sich daraus ergebenden Folgen abzuwarten, berichteten lediglich, daß Maria nach stundenlangen Verhandlungen die Gemächer des Bruders Ferdinand und des Neffen Max hocherhobenen Hauptes verließ.

Drei Monate dauerte die Auseinandersetzung, bis Maria einen lahmen Kompromiß zustande brachte, durch den alle Beteiligten wenigstens das Gesicht wahrten. Am 9. März 1551 wurde eine Abmachung unterzeichnet, wonach Philipp als erster Kaiser werden, Maximilian ihm nachfolgen und dann die Krone abwechselnd der österreichischen und der spanischen Linie des Hauses Habsburg zufallen sollte. Der Vertrag war ein wertloses Stück Pergament, denn die Prinzen waren gleichaltrig, und an den deutschen Kurfürsten führte kein Weg vorbei.

Der französische Gesandte schilderte den Zustand, in dem sich Karl nach diesen zermürbenden Wochen befand: »... er schleppt sich an seinem Stock durch das Zimmer, totenblaß und mit schneeweißem Haar.«

Es muß Maria das Herz zerschnitten haben, ihren einst so strahlenden Gebieter in einer derart erbärmlichen Verfassung zu sehen. Der Mann, der bisher befohlen hatte, ohne zu fragen, bedurfte in zunehmendem Maße ihres Beistands und ihres Zuspruchs.

Alarmierende Nachrichten erwarteten die Regentin, als sie in die Heimat zurückkehrte. Viele Anzeichen deuteten darauf hin, daß der neue französische König alles daransetzen werde, Habsburgs Macht endgültig zu brechen. Heinrich II. wurde dabei nicht nur von staatspolitischen, sondern von äußerst eigensüchtigen Rachemotiven getrieben. Niemals konnte er vergessen und verzeihen, daß er als kleiner Junge von Kaiser Karl V. vorübergehend als Geisel festgehalten worden war.

Maria traf wie besessen Vorbereitungen für den unausweichlichen Waffengang, und Ende September war es soweit. Frankreich erklärte offiziell den Krieg. Die Festungen Metz, Verdun und Toul fielen blitzartig. Lothringen wurde besetzt, die im Namen ihres unmündigen Sohnes regierende Herzogin Christina, ehemals Prinzessin von

Dänemark, des Landes verwiesen, ihr Sohn nach Frankreich verschleppt.

Maria fühlte sich noch nicht stark genug für einen Gegenangriff. Es fehlte an Truppen, und es fehlte an Geld. Erst als die Fugger 300 000 Gulden lockermachten und die Bankiers von Antwerpen beachtliche Summen vorstreckten, als Gegenleistung für alles aus den Überseegebieten einströmende spanische Gold, erst als Karl mit den protestantischen Fürsten in Passau ein Stillhalteabkommen getroffen und somit Rückenfreiheit erhalten hatte, erst dann wagten die Niederlande eine Gegenoffensive. Sie wurde vom Kaiser persönlich geleitet, und sie blieb vor Metz hoffnungslos stecken.

Der Kaiser war krank. Jedermann konnte es sehen, als er nach Brüssel kam, in seiner Sänfte mehr liegend als sitzend. Dann entzog er sich den neugierigen Blicken für lange Zeit.

Die Gicht hatte mittlerweile seinen ganzen Körper erfaßt. Er war kaum mehr bewegungsfähig, litt an Atemnot und konnte manchmal überhaupt nicht sprechen. Hämorrhoiden peinigten ihn, zeitweise Depressionen ließen ihn in Teilnahmslosigkeit verfallen.

Die Seele des Hauses und Mittelpunkt des Staates war nun unbestritten Maria. Sie war die einzige, die zu jeder Tages- und Nachtstunde bei dem Kranken Zutritt hatte, sie pflegte ihn, sie traf seine Entscheidungen, sie führte ihm sogar die Hand, wenn ihm der Sinn danach stand, Liebesbriefe an die neue, streng katholische Königin von England, Tochter Heinrichs VIII. aus seiner ersten Ehe mit Katharina von Aragon, zu verfassen. Königin Mary war ein verblühendes, reizloses Wesen, aber Maria und Karl hatten beschlossen, sie mit dem Infanten Philipp zu vermählen. Doch dieser weigerte sich, die zwölf Jahre ältere Frau zu umwerben, und so führten sein Vater und die Tante für ihn eine amouröse Korrespondenz. Philipp ließ sich letzten Endes zur Ehe mit der reichen Erbin überreden und erhielt vorübergehend den Titel eines Königs von England.

Im Frühjahr 1554 begannen die Franzosen eine Großoffensive gegen die Niederlande. Maria rief in einer letzten Kraftanstrengung alles zu den Waffen, was nur Waffen tragen konnte, und setzte die Städte in Verteidigungsbereitschaft.

Heinrich II. stürmte an der Spitze seiner Truppen gen Norden, der entfesselten Soldateska ein wüstes Vorbild. Mit eigenen Händen legte er Feuer an die Schlösser Marias, mit eigenen Händen schleppte er Holz heran, um die Flammen zu speisen, mit eigenen Händen brachte er große Tafeln auf den rauchenden Ruinen an: »Zur Erinnerung an Folembray, Madame!« Damit spielte er auf die Zerstörung eines seiner Schlösser durch niederländische Truppen an.

Der Krieg erlahmte von selbst. Auf beiden Seiten herrschte Geldnot, unbezahlte Landsknechte hielten sich auf dem flachen Lande schadlos. Aus totaler Erschöpfung erwuchs ein Waffenstillstand.

Der Kaiser verließ das Brüsseler Schloß, zog sich in ein kleines Gartenhäuschen zurück und trug sich immer häufiger mit Rücktrittsgedanken. Sobald Philipp, der »König von England«, abkömmlich sein würde, wollte sein Vater nach Spanien heimkehren, von einem Leben des Kampfes und der Entbehrungen auszuruhen. Maria ließ keine Zweifel, daß sie, komme, was da wolle, mit dem Bruder ziehen werde, ebenso Eleonore, verwitwete Königin von Frankreich, die seit dem Tode ihres Mannes in Brüssel lebte.

Karl, vor allem aber Philipp, widersetzten sich Marias Plänen. Sie sei in den Niederlanden unentbehrlich, Philipp brauche den Rat der Tante, ihre Erfahrung aus fünfundzwanzig Regierungsjahren.

Doch dieses Mal blieb sie fest. In einem langen Memorandum an Karl, das mit der berühmten Anrede »Mon tout en ce monde« (mein alles auf dieser Welt) begann, legte sie die Gründe für ihren unumstößlichen Entschluß dar. Kernstück ihrer Schrift: »Je mehr ich an Erfahrungen gesammelt habe, desto mehr wuchs in mir die Überzeugung, daß ich meiner Aufgabe im Grunde nicht gewachsen bin.«

Der Kaiser und sein Sohn mußten einsehen, daß Maria, die stets nur für ihren Bruder gelebt und gearbeitet hatte, nichts sehnlicher wünschte, als mit ihm seine letzten Tage zu verbringen.

Nachdem Philipp in den Niederlanden eingetroffen war, versammelten sich die führenden Köpfe des Landes am 25. Oktober 1555 im Ratssaal des Schlosses zu Brüssel, um von ihrem Herrscher Abschied zu nehmen. Es war derselbe Saal, wo Karl, genau vierzig Jahre zuvor, als fünfzehnjähriger Knabe die Regentschaft angetreten hatte. Nur zwei Frauen waren unter den mehr als tausend Männern: Eleonore und Maria.

Schweigend erhob sich die Menge, als der Kaiser, von einem Begleiter gestützt, sich mühsam zum Thronsessel schleppte. Sitzend hielt er seine Abschiedsrede. In bewegten Worten schilderte er sein ruheloses Dasein, seine Bemühungen um Frieden und sein oftmaliges Scheitern.

Als er geendet hatte, vernahm man in der Stille ein lautes Schluchzen. Maria schlug die Hände vors Gesicht, eine hilflose Geste, ihre Tränen zu verbergen. Niemand hatte diese Frau jemals zuvor weinen gesehen.

Philipp kniete vor dem Vater nieder und empfing aus seiner Hand Amt und Segen.

Dann erhob sich Maria und sprach mit leiser, fester Stimme zum letzten Mal zu ihren Untertanen. Sie gab einen kurzen Überblick über ihre Regierungszeit, sie bedankte sich bei allen Mitarbeitern und sagte:»Ich habe viele Fehler gemacht. Bitte verzeihen Sie mir, es war nicht böser Wille, sondern menschliches Unvermögen.«

Ein Raunen ging durch den Saal. Am Ende ihrer Regierungstätigkeit hatte Maria erkennen lassen, daß unter dem Panzer, den sie so oft getragen, ein warmes Herz schlug.

Betretenheit und Ratlosigkeit zeichneten sich auf den Mienen der Anwesenden ab. Gewiß, Maria war nie so beliebt wie ihre Tante Margarete, man haßte sie zuweilen und hätte sie am liebsten verjagt. Dennoch war sie so etwas wie ein Fels in der Brandung gewesen, jemand, der mit starker Hand all die unbegreiflichen, auseinanderstrebenden Kräfte einer neuen Zeit einigermaßen zu beherrschen verstand. Mit Kühnheit und todesverachtendem persönlichem Einsatz hatte sie das Land gegen den Erbfeind Frankreich verteidigt. Sie war eine berechenbare Größe geworden. Angst machte sich breit bei ihrem Abschied. Angst vor dem hoffärtigen jungen Mann, der ihre Nachfolge antrat, Angst vor dem düsteren Schatten, der Philipp stets begleitete – dem Herzog von Alba.

Weil die Kasse leer war, verzögerte sich die Abreise der drei Geschwister um fast ein Jahr. Kaiser Karl V. war zwar nominell der Herr der Welt, dennoch ein armer Mann. Von den Kosten der Kaiserwahl, mehr als eine Million Gulden, hat er sich lebenslang nicht erholen können.

In Spanien angekommen, ließ sich der abgedankte Herrscher in Yuste nieder, wo er ein bequemes Haus nahe dem Hieronymuskloster bezog. Er lebte zurückgezogen seinen Neigungen und beschäftigte sich mit Vorliebe damit, seine umfangreiche Sammlung kostbarer Uhren zu betreuen.

Zu Marias bitterer Enttäuschung wünschte er seine Schwestern kaum je zu sehen. Die ab nun unzertrennlichen Damen nahmen in Jarandilla, einige Kilometer von Yuste entfernt, Quartier. Am 14. Dezember verabschiedeten sie sich von ihrem Bruder, um nach Badajoz an der portugiesischen Grenze zu reisen. Eleonore wollte endlich ihr einziges Kind, die nun bereits sechsunddreißigjährige Maria, wiedersehen, die sie verlassen mußte, als die Kleine fast noch in den Windeln lag.

Die Infantin hatte alle Einladungen, ihre Mutter in Jarandilla zu besuchen und vielleicht auch mit ihr zu leben, brüsk abgelehnt. Zögernd stimmte sie zu, ihre Mutter an der Grenze zu treffen – um sie dann dort einen vollen Monat warten zu lassen.

Eleonore fieberte dem Wiedersehen entgegen, sie schlief kaum eine Nacht, und als es soweit war, begegnete ihr keine zärtliche, nicht einmal eine höfliche Tochter, sondern eine hochnäsige, abweisende Fremde. Vergeblich warb Eleonore um ein wenig Freundlichkeit, vergeblich um die Zusage, einander wieder zu treffen. Maria hörte sich die mütterlichen Klagen eine Weile ungerührt an, dann reiste sie abrupt ab.

Die Schwestern machten sich am 10. Februar 1558 auf den Heimweg. Schon am ersten Reisetag brach Eleonore zusammen. Man schleppte die Bewußtlose in die nächste Bauernkate und setzte sie, so wie sie war, auf einen Stuhl. So wie sie war, in ihren unbequemen Reisekleidern, blieb sie sitzen und starb langsam dahin. Am achten Tag lag sie tot in Marias Armen.

Ein Hofbeamter, den Karl ausgesandt hatte, als er von Eleonores Krankheit erfuhr, fand Maria in Tränen aufgelöst, unfähig zu berichten, was eigentlich geschehen war. »Die Königin ist so erschüttert, daß sie ein herzzerbrechender Anblick ist«, meldete der Mann.

Als Maria von ihrer traurigen Reise zurückkam, wurde sie von Karl ohne weiteres empfangen. Er machte sich Sorgen über schlechte Nachrichten aus Brüssel. Philipp hatte eine schwere Schlappe im wieder aufgeflammten Krieg gegen Frankreich erlitten, neue Unruhen erschütterten die Niederlande. Karl bat Maria, nach Brüssel zurückzukehren, um ihrem Neffen beizustehen. Sie lehnte ab. Sie wollte ihren

Lebensabend in Ruhe und Frieden verbringen, ein wenig jagen, ein Landhaus erwerben und Blumen züchten.

Philipps Notsignale wurden immer dringender, doch Maria war entschlossen, hart zu bleiben. Bis Anfang September des Kaisers Tochter und zeitweilige Regentin Spaniens, Erzherzogin Juana, bei Maria erschien und ein Handschreiben ihres schwer erkrankten Vaters vorlegte. Der Brief gipfelte in der demütig flehenden Bitte, Maria möge nach Brüssel gehen und dort nach dem Rechten sehen. »Erklären Sie der Königin«, hieß es in dem Brief an Juana, »der Sturz des Königs, der Verlust der Ehre und der Zusammenbruch unseres Hauses und die Mittel, dies zu verhindern, liegen allein in ihren Händen.«

Marias Widerstand war gebrochen. Am 8. September übermittelte ein Eilbote dem sterbenden Exkaiser die Nachricht, daß seine Schwester bereit sei, seine Bitte zu erfüllen. Zum letzten Mal lächelte der alte Mann. Er verschied am 21. September.

Im Hafen von Laredo traf man bereits alle Vorbereitungen für Marias Reise, als die Nachricht vom Tod des Bruders sie erreichte. Sie zeigte sich gefaßt, erlitt aber kurz darauf zwei schwere Herzanfälle, so daß die Ärzte sie bereits aufgaben. Überraschenderweise erholte sie sich aber wieder und trieb ihre Umgebung mit nervöser Ungeduld zur Eile an.

Am Morgen des 18. Oktober brachte ein Diener Maria eine Tasse Kraftbrühe ans Bett. Sie wirkte ruhig und entspannt, aber plötzlich durchlief ein Zittern ihren Körper, und sie sank leblos in die Kissen.

»Ich möchte dem Kaiser bis zu meinem Tode dienen und gehorchen«, hatte die Königin von Ungarn nach ihrer Bestellung zur Regentin der Niederlande einst geschrieben. Sie hat ihr Wort gehalten.

Vor Sonnenaufgang

Anna 1601–1666

»Sie verdient, unter die größten Könige unseres Landes gereiht zu werden«, hat Ludwig XIV. über seine Mutter, Anna von Österreich, gesagt. Die französische Historikerin Claude Dulong, Verfasserin der bisher umfang- und facettenreichsten Biographie der »Anne d'Autriche«, geht noch einen Schritt weiter, indem sie behauptet, daß das »große Jahrhundert des französischen Königtums«, daß selbst das heutige Frankreich anders aussähe, hätte Anna nicht neunzehn Jahre lang die Geschicke des Landes gelenkt und ihm ihren Stempel aufgeprägt.

Eine Habsburgerin, Anna Maria Mauricia also, stand am Beginn des »großen Jahrhunderts« vor Sonnenaufgang des Sonnenkönigs, eine andere, Marie Antoinette, an dessen Ende. Wie kommt es, fragt man sich unwillkürlich, daß letztere in unseren Breiten wohlbekannt ist und durch eine Flut von Artikeln und Büchern immer wieder ins Gedächtnis gerufen wird, obwohl sie eine an sich unbedeutende Persönlichkeit, ein »mittlerer Charakter« war, wie Stefan Zweig es treffend formulierte; Anna von Österreich ist hingegen so gründlich vergessen (verdrängt?), daß in den meisten gängigen Habsburgerstammbäumen nicht einmal ihr Name aufscheint, obwohl sie eine starke und interessante Herrscherpersönlichkeit des verworrenen 17. Jahrhunderts war.

Ihr erster »Fehler« mag gewesen sein, daß sie »nur« der spanischen Linie entstammte, die stets ein wenig links liegengelassen wird, wenngleich die Spanier unter den Habsburgern ebensosehr oder sowenig österreichisch waren wie die in Wien residierenden. Infolge ständiger Verschmelzung beider Häuser durch Heiraten zwischen Vettern und Basen, die ihrerseits von Geschwisterkindern abstammten, zwischen Onkeln und Nichten ergibt sich kein Unterschied zwischen Spaniern und Österreichern. Alle gehörten gleichermaßen dem großen »Hause Österreich«, der »Casa d'Austria«, »Maison d'Autriche«, an.

Anna war eine Urenkelin Kaiser Karls V., ihre Mutter Margarete eine Tochter Karls von Innerösterreich, Schwester Kaiser Ferdinands II., Anna somit dessen Nichte und Kusine Kaiser Ferdinands III., zugleich auch dessen Schwägerin, denn er war mit ihrer Schwester Maria vermählt. Gegen den Cousin und Schwager, aber auch gegen den eigenen Bruder, König Philipp IV. von Spanien, hat Anna Krieg geführt und beiden schmerzliche Verluste zugefügt. Sie hat, zum Unterschied von den meisten Mitgliedern der Dynastie, nicht für das Wohl des Hauses Österreich, sondern ausschließlich für das ihres Sohnes, Ludwig XIV., gekämpft und gewirkt – und damit für Frankreich, Erzrivale und Erzfeind der Habsburger. »Es gibt keinen größeren Schurken als den französischen König.« Dieser Satz von Annas Vorfahren, Kaiser Maximilian I., hatte auch für dessen Nachkommen volle Gültigkeit, betraf also die Regentin Anna aus dem Hause Habsburg ebenso wie ihre Vorgänger aus den Häusern Bourbon und Valois.

Anna war in den Augen ihrer Verwandten eine Verräterin an der Familie, eine Abtrünnige, die in das Lager des Feindes übergewechselt war, in das man sie als Vierzehnjährige hineingestoßen hatte, und deren befremdendes Verhalten mit Schweigen übergangen wurde – und noch immer wird.

Ironie am Rande: den weitesten Kreisen von Lesern, Film- und Fernsehzuschauern ist Anna sehr wohl vertraut, wenn auch die meisten kaum wahrnehmen, daß es eine Habsburgerin ist, die zusammen mit dem englischen Herzog von Buckingham im Mittelpunkt des vielfach verfilmten klassischen Abenteuerromans »Die drei Musketiere« von Alexandre Dumas steht. Dumas Hauptfiguren sind keine dichterische Erfindung, der Kern der Geschichte beruht auf Tatsachen. Es gab eine amouröse, wenn auch gewiß nicht intime Beziehung zwischen der Königin und dem Herzog; es ist wahr, daß Buckingham zwei Schmuckstücke der Königin besaß, die er ihr auf abenteuerliche Weise wieder zukommen ließ, um das Mißtrauen ihres Gemahls, König Ludwigs XIII., zu zerstreuen. Nur die Musketiere, Angehörige der königlichen Leibwache, die hatten mit der Affäre sicher nicht unmittelbar zu tun.

Dumas konnte aus dem vollen schöpfen. Das Leben der Anna von Österreich liest sich wie ein Liebes- und Schicksalsroman vor wildbewegtem politischem Hintergrund, ganz nach dem breitesten Publikumsgeschmack. Es fehlt keine der beliebten Zutaten wie Liebe und Haß, Intrige und Bosheit, List und Mut, und im Mittelpunkt eine blendend schöne Frau. Sie war – das haben die schreibfreudigen, von Tagebüchern und Memoiren geradezu besessenen Zeitzeugen am französischen Hof immer wieder ausdrücklich erwähnt – die anziehendste und begehrenswerteste Fürstin jener Tage. Rubens, der sie wiederholt gemalt hat, brauchte sich keineswegs der ansonsten üblichen Retuschen höfischer Malerei zu bedienen, um der Nachwelt das Bildnis einer vollkommenen Frau nach dem Geschmack des 17. Jahrhunderts zu übermitteln.

Anna war mittelgroß, hochbusig, mit schmaler Taille. Das Gesicht oval, der Teint »wie Milch und Honig«, hellgrüne, strahlende Augen; von der berüchtigten Habsburgerlippe nur so viel, daß der Mund verlockend und sinnlich wirkte. Sie besaß das für viele Habsburgerinnen, von Margarete von Österreich bis hin zu Maria Theresia, typische dichte, goldblonde Haar; kleine, feingliedrige Finger, die meist bewunderten und unzählige Male besungenen Hände ihrer Zeit. Königin Christine von Schweden, nach ihrer Abdankung zu Besuch in Paris, erklärte, sie habe dort alles gesehen, was sehenswert wäre, nachdem sie die Hände der Königin Anna bewundern durfte.

Annas Charakter war nicht unkompliziert. Sie neigte ebenso zu unvermuteten Zornausbrüchen wie gelegentlich zu schneidender Schärfe. Aber im allgemeinen muß ihr Wesen heiter, offen und anziehend gewesen sein. Nicht nur Männer erlagen ihrem Zauber – einige bis zur Raserei –, auch Frauen wurden in ihren Bann gezogen, bemerkenswerterweise sogar etliche, die ursprünglich ihre Feindinnen oder Rivalinnen waren.

Anna verfügte über eherne Selbstdisziplin und unglaubliche Geduld. Nur so konnte sie den jahrzehntelangen, teils offen, teils versteckten Kleinkrieg überstehen, den der eigene Mann und sein Minister Richelieu sowie zeitweise ihre Schwiegermutter gegen sie führten. Als Regentin handelte sie kühl nach den einmal als richtig erkannten Konzepten, als Mutter offenbarte sie ihre ganze Liebesfähigkeit, vor allem, was ihren Erstgeborenen, Ludwig XIV., betraf, den sie schlichtweg vergötterte.

Anna wurde als ältestes von fünf Kindern am 21. September 1601 in

Valladolid geboren. Ihr Vater war Philipp III. von Spanien, ihre Mutter Margarete von Innerösterreich (nach anderen Quellen Margarete von Steiermark genannt), Schwester des deutschen Kaisers Ferdinand II. Die Mutter starb, als Anna zehn Jahre alt war. Wenig später verlobte man sie mit dem gleichaltrigen französischen König Ludwig XIII., auch er eine Halbwaise, nachdem sein Vater, Heinrich IV., der erste französische Herrscher aus dem Hause Bourbon, 1610 ermordet worden war. Die Regierungsgeschäfte führte während Ludwigs Minderjährigkeit dessen Mutter, Maria von Medici, auch sie eine halbe Habsburgerin. Marias Mutter Johanna war eine Schwester der spanischen Königin, Annas Mutter. Anna und ihre Schwiegermutter waren demnach leibliche Kusinen, Anna die Tante ihres Ehemanns und Großtante ihres Sohnes Ludwig.

Maria von Medici hat die Heirat zwischen den beiden Königskindern arrangiert, genauer gesagt, eine Doppelhochzeit, denn gleichzeitig wurde Ludwigs Schwester Elisabeth mit dem spanischen Infanten (später Philipp IV.) vermählt.

Maria von Medici glaubte zwei gute Gründe für diese spanisch-französische Verbindung zu haben, einen religiösen und einen politischen – und zwar in dieser Reihenfolge.

Die engagierte Katholikin konnte sich nicht damit abfinden, daß Heinrich IV., einstmals nach jahrzehntelangen grausamen Religionskämpfen Frieden mit den protestantischen Hugenotten geschlossen hatte. Der zum katholischen Glauben konvertierte Protestant (berühmt sein Ausspruch: »Paris ist eine Messe wert.«) gewährte im sogenannten Edikt von Nantes den Protestanten Glaubensfreiheit und Gleichberechtigung. Maria wollte unter allen Umständen das Ruder wieder herumreißen und suchte darum die Allianz mit dem streng katholischen Spanien. Aber sie strebte auch nach dauerndem Frieden mit dem südlichen Nachbarn, der zugleich ein nördlicher war, denn noch immer herrschte Spanien über einen Teil der Niederlande, im Gebiet des heutigen Belgien und Nordfrankreichs, während die holländischen Provinzen, von Spanien abgefallen, einen eigenen Staat bildeten. Spanien war habsburgisch, und die anderen, die österreichischen Habsburger, saßen im Elsaß an der Ostgrenze. Frankreich fühlte sich, wie eh und je, von Habsburg eingekreist und bedroht. Also wurde, wieder einmal, ins feindliche Lager geheiratet, in der Hoffnung auf dauernden Frieden.

Die Trauung per procurationem zwischen Anna und Ludwig fand am 18. Oktober 1615 in Burgos statt, in jener Kathedrale, wo 118 Jahre zuvor Annas Ururgroßtante Margarete von Österreich mit dem Infanten Juan vermählt worden war. (Siehe das zweite Kapitel.) Durch herbstliche Stürme, durch Regen und Schlamm schleppte sich dann der Brautzug mit Annas spanischem Hofstaat und dem umfangreichen Heiratsgut nach Norden: Schmuck in horrendem Wert von 61 000 Dukaten und Bettzeug, Tafelsilber und Geschirr, nicht zu vergessen sechs Dutzend feine Leinentüchlein zum Füßewaschen und drei Dutzend zum Reinigen der Zähne – Zahnbürsten waren noch nicht bekannt – sowie 366 Seidentücher in allen nur denkbaren Farben und Farbkombinationen. König Philipp geleitete seine Lieblingstochter bis zur Grenze, und als es ans Abschiednehmen ging, hing das vierzehnjährige Mädchen so lange schluchzend am Halse des Vaters, bis man es mit sanfter Gewalt von ihm löste.

Anna und ihre zukünftige Schwägerin Elisabeth wurden auf einer Insel des Grenzflusses Bidassoa ausgetauscht wie zwei Gepäckstücke; dann zog Anna weiter nach Bordeaux, wo Ludwig und seine Mutter sie erwarteten. Es ist nicht bekannt, was Anna beim Anblick des schmächtigen, ungesund blassen Bürschleins empfand, dessen Gesicht zu lang, dessen Nase zu spitz, dessen Kopf zu groß und dessen Schultern zu breit waren. Überdies stotterte er ein wenig. Das einzig Attraktive an ihm waren seine schön gewellten, kastanienbraunen Haare, die jemals schneiden zu lassen er sich standhaft geweigert hatte. Ludwig brachte damit die bald in ganz Europa verbreitete Mode der schulterlangen Männerhaare auf, die später in groteske Allongeperücken ausartete.

Ludwig war zur Trauung am 25. November in weißen Atlas gekleidet, Anna brach fast zusammen unter dem Gewicht eines langschleppigen, violetten Samtmantels, der üppig mit Hermelin besetzt, über und über mit goldenen Lilien bestickt war. Die Krone drückte schwer auf das Haupt des Kindes und drohte über die Stirn zu rutschen, Annas prächtiges Goldhaar war hoffnungslos derangiert.

Nach der Trauung trennte man das junge Paar, um es gegen acht Uhr wieder zusammenzuführen. Der Hofstaat begleitete, alter Tradition gemäß, die Frischvermählten sofort ins Brautgemach, und Maria von Medici wandte sich in ihrem harten, noch immer lückenhaften Fran-

LOUIS XIII. RECOIT À BORDEAUX
Anne d'Autriche pour sa femme.
21. octobre 1615.

*König Ludwig XIII. begrüßt seine Braut, Anna von Österreich,
in Bordeaux*

zösisch an die Schwiegertochter: »Meine liebe Tochter, hier führe ich Ihnen Ihren Gemahl zu. Empfangen Sie ihn freundlich und lieben Sie ihn von Herzen.« Anna, die noch kaum Französisch sprach – das sie allerdings schon wenig später akzentfrei beherrschte –, antwortete auf spanisch, daß es ihr einziger Wunsch sei, dem Gatten zu gehorchen. Dann wurden die Vorhänge des Himmelbettes zugezogen, Maria von Medici verließ samt Gefolge das Gemach und gab Anweisung, daß ihr Sohn eineinhalb Stunden später abgeholt werden sollte. Nur zwei Hebammen blieben zurück. Sie bestätigten später, daß die Ehe konsumiert worden sei.

Das war natürlich blanker Unsinn, denn Ludwig war zu jenem Zeitpunkt noch weit entfernt von der Pubertät. Der Spätentwickler brauchte sich erst mit dreiundzwanzig Jahren zu rasieren. Um diesen Makel zu verbergen, durfte kein Mann bei Hofe bis dahin einen Bart tragen.

Tatsächlich sollte die Ehe erst vier Jahre später vollzogen, das erste Kind gar erst nach dreiundzwanzigjähriger Ehe geboren werden, als Anna für damalige Begriffe bereits an der Schwelle des Matronenalters stand.

Maria von Medici hatte es so eilig, das Gerücht einer erfolgreichen Hochzeitsnacht auszustreuen, weil es unter ihren engsten Beratern Widerstände gegen die spanische Heirat gegeben hatte. Solange die Ehe nicht konsumiert war, konnte sie noch immer mit einem Federstrich für ungültig erklärt werden. Das wollte die Regentin unter allen Umständen verhindern, darum hatte sie die beiden Hebammen bestochen, die dann auch beschworen, daß Anna in jener Nacht zur Frau geworden sei.

So naiv Anna gewesen sein mag, der Mangel an sexuellem Interesse seitens ihres Mannes wird ihr schon aufgrund seines kindlichen Aussehens eingeleuchtet haben. Daß er ihr aber auch gesellschaftlich aus dem Wege ging und ihr, wenn er sie unvermeidlicherweise treffen mußte, mit Ablehnung, gar mit Feindseligkeit begegnete, muß für das Mädchen, bis dahin gehätscheltes Liebkind am Hofe ihres Vaters, unfaßbar gewesen sein.

Heute kennt man die Zusammenhänge, heute ist manches verständlich. Anna und Ludwig waren so verschieden, wie es zwei Menschen nur sein konnten: Anna, ein aufgewecktes, blühendes Mädchen, Ludwig hingegen oft geradezu infantil und von klein auf ständig von Schwächeanfällen heimgesucht, kränkelnd an chronischer Dünndarmentzündung, später noch an Tuberkulose. Dies alles wurde von hilflosen Ärzten gefördert, die ihm in einem einzigen Jahr 47 Aderlässe, 112 Gaben von starken Abführmitteln und 215 (!) Einläufe verpaßten.

Anna liebte Theater, Tanz und lustige Gesellschaften – Ludwig hatte nur drei Leidenschaften: Jagd, Truppenparaden und handwerkliche Tätigkeit. Er bastelte selbst seine Jagdutensilien zusammen und fertigte mit Leidenschaft Konfitüren aller Art. Anna schätzte den Komfort eines eleganten Heims, sie leistete sich sogar den heftig bekrittelten und von den meisten lächerlich gemachten Luxus einer Badewanne. Ludwig reiste mit seinen Jagdkumpanen ruhelos von einem Schloß zum andern, wobei nicht vergessen werden darf, daß die Schlösser praktisch unmöbliert waren; jeder Ortswechsel kam somit einem kompletten Umzug gleich. Das hatte seinen Grund im Fehlen jeglicher Toilettenanlagen. Man verrichtete seine Notdurft auf Stroh in Ecken von Zimmern, auf Gängen und Balkonen. Nach kürzester Zeit wurde, wie sich leicht denken läßt, der Gestank bestialisch – dann zog die Gesellschaft samt Möbeln, Teppichen, Silber und Bildern einfach weiter, das Personal besorgte die gründliche Reinigung der Unterkünfte...

Eine Tatsache hat jedoch die Ehe von Anfang an, und bis an ihr Ende, aufs schwerste belastet. Wahrscheinlich aufgrund von Jugendeindrücken – sein lebens- und liebeslustiger Vater hat nicht nur fünf eheliche, sondern auch unzählige Bastarde gezeugt, die ebenfalls am Hof erzogen wurden, und zwar völlig gleichberechtigt – hatte Ludwig von Anfang an eine problematische Beziehung zum weiblichen Geschlecht. Seine ebenso bigotte wie verbitterte Mutter, die das lose Treiben ihres Gemahls ohnmächtig mit ansehen mußte, hat ihrem Sohn eine tiefe Abneigung gegen die Frauen im allgemeinen und besonders gegen schöne (und daher zwangsläufig verworfene) aufgeprägt. Ludwig sah im Weib die Sünde schlechthin und suchte von klein auf die Gesellschaft von Männern. Da ein Kutscher, dort ein Leibjäger, die zu ständigen Begleitern avancierten.

Und dann jener Charles Albert de Luynes, der binnen kurzem vom einfachen Höfling zum Favoriten aufstieg und von dem sich Ludwig kaum eine Minute trennte. Auch die Nächte verbrachten die beiden Männer zusammen im Schlafgemach des Königs, während die junge schöne Königin, umgeben von ihrem spanischen Hofstaat, sich glücklich schätzen mußte, wenn ihr der Gatte wenigstens gelegentlich zum Essen die Ehre gab.

Von der Schwiegermutter hatte Anna keine Hilfe zu erwarten, Maria von Medici war in ihre Regierungsgeschäfte verstrickt und geriet im Laufe der Zeit immer tiefer in Einfluß und Abhängigkeit zweier italienischer Hochstapler und Abenteurer. Leonora Dora Geligai, eine ehemalige Kammerfrau der Königin, spielte die Rolle eines weiblichen Rasputin, Maria von Medici war ihr blind ergeben. Leonoras Gatte, Concino Concini, zum Marquis d'Ancre erhoben, lenkte de facto Frankreichs Geschicke – überwiegend zum eigenen Vorteil. Ludwig XIII., der junge König, hatte keinerlei Einfluß, sein Hofstaat war von Concinis Spitzeln durchsetzt, er war Gefangener im eigenen Land.

1617 stand Frankreich am Rande eines Bruderkrieges. Der Adel rief zum Aufstand gegen den »Usurpator Concini«, Maria von Medici rüstete drei Armeen, um den Aufruhr im Keim zu ersticken. Es kam nicht dazu – denn Ludwig fädelte, geführt und ermutigt von Luynes, einen Staatsstreich gegen die eigene Mutter ein. Concini wurde ermordet, seine Frau vor Gericht gestellt und hingerichtet, Maria von Medici auf das Schloß Blois verbannt. Auch ein Günstling Concinis, der Bischof von Luçon, ein gewisser Richelieu, wurde verjagt.

Mit sechzehn Jahren nahm Ludwig hernach zum ersten Male am Kronrat teil, an seiner Seite Luynes, der binnen weniger Monate zum Generalgouverneur der Normandie, zum Herzog, zum Pair und schließlich zum Connetable, der höchsten französischen Adelsstufe, gemacht wurde. Überdies erhielt er alle jene Reichtümer, die Concini sich angeeignet hatte.

Ein so nobler Herr brauchte eine standesgemäße Gemahlin, und er bekam eines der vornehmsten und zugleich eines der schönsten Mädchen, das in Frankreich zu haben war, die achtzehnjährige Marie, Prinzessin von Rohan. Mit dem Auftreten dieses Luderchens, das sich später zur größten Femme fatale entwickeln sollte, auf der Narrenbühne des höfischen Mikrokosmos begann das groteskeste Kapitel in den ehelichen Beziehungen zwischen Anna und Ludwig.

Sowohl der König als auch sein Favorit verliebten sich unsterblich in die schöne Marie. Ludwig verbrachte seine ganze Zeit mit dem jungen Paar. Wie Ludwig zuvor Luynes mit Gunstbeweisen überschüttet hatte, ging nun das Füllhorn der Gnaden über Marie hernieder. Sie wünschte sich eine hervorragende Stellung bei Hof. Nichts leichter als das! Ludwig vertrieb den spanischen Hofstaat seiner Frau, machte Marie zur Obersthofmeisterin, und diese stellte das Gefolge der Königin, bis hin zum letzten Kerzenputzer, nach eigenem Gutdünken aus loyalen Franzosen zusammen, wobei selbstverständlich Ergebenheit gegenüber Marie und nicht gegenüber Königin Anna gefragt war.

Anna schrieb nach Hause: »Ich bin die verlassenste und unglücklichste Frau der Welt.« Doch vom Vater aus Spanien kam kein Trost, nur der Ratschlag, sich um einen Thronerben zu bemühen. Solange Anna kinderlos blieb, hatte sie keinen Trumpf in der Hand.

Annas Anstrengungen, die Zuneigung ihres Mannes zu gewinnen, waren ebenso rührend wie demütigend. Sie legte die strenge spanische Hoftracht ab und schlüpfte in die verruchten, tief ausgeschnittenen Pariser Modelle, die ihr so zuwider waren – und der König machte sich über sie lustig. Sie reiste ihm ins Jagdschloß nach, wo er sich mit den Luynes vergnügte – er schickte sie wütend fort, und sie sandte ihm einen Blumenstrauß und eine herzzerreißende Entschuldigung für ihre Aufdringlichkeit.

Luynes war es, der die Wende herbeiführte. Rasend vor Eifersucht versuchte er alles, den labilen jungen König von Marie abzubringen und in Annas Arme zu treiben. Luynes war nicht zimperlich in der Wahl seiner Mittel. Nachdem es ihm mit den damals üblichen Methoden nicht gelungen war, Ludwig auf den Geschmack der heterosexuellen Liebe zu bringen – Ludwig wies die willfährigen, süßen jungen Mädchen, die Luynes ihm zuführte, empört zurück –, ließ der Favorit sich etwas Besseres einfallen. Als Christine, Ludwigs jüngere Schwester, mit dem Erbprinzen von Savoyen verheiratet wurde und, wie üblich, der Hofstaat die Jungvermählten ins Brautgemach begleitete, blieben die beiden Freunde im Zimmer zurück, nachdem die übrigen sich verabschiedet hatten. Mit Einverständnis der munteren Christine und ihres Ehemannes, der kein Spielverderber sein wollte, wohnten Luynes und der König dem Vollzug der Ehe bei, wobei Christine ihrem Bruder aufmunternde Worte zurief.

Auch der Anschauungsunterricht war vergeblich. Ludwig sträubte sich, schließlich unter Tränen, seine Frau in ihrem Schlafzimmer aufzusuchen. Wutentbrannt packte der starke Luynes den schmächtigen König, schleppte ihn zu Annas Bett, wo schon Kammerdiener warteten, den König auszogen, ihm ein Nachthemd überstülpten und ihn unter die Decke an die Seite seiner Frau steckten.

Eine Kammerfrau blieb im Schlafgemach zurück. Bei der »Premiere« des regierenden Königs mußte immer ein Zeuge zugegen sein. Die Frau gab am nächsten Morgen ein wenig unklar zu Protokoll, der König habe sich zweimal angestrengt.

Ob schon diese ersten Anstrengungen Anna von ihrem blamablen Status einer Jungfrau befreit haben oder nicht, bleibt offen. Tatsache ist, daß Ludwig mit einem Mal Gefallen an seiner Frau fand, von da an besuchte er sie regelmäßig. Über jeden Tag, jede Nacht wurde peinlich genau Protokoll geführt, und so auch vermerkt, daß er sie gelegentlich am hellichten Vormittag, zwischen Messe und Kronrat, mit seiner Anwesenheit im Ehebett zu beehren pflegte.

In der ersten Zeit dieses stark verspäteten Honigmondes schien in Ludwig ein Fünkchen Zuneigung aufzukeimen. Als Anna schwer erkrankte, wich der König nicht von ihrer Seite, streichelte und fütterte sie, ließ pausenlos für ihre Genesung beten.

Doch der Schein trog: Es war nicht Anna, sondern die Mutter seiner zukünftigen Kinder, um die er sich offenbar Sorgen machte. Im Privatleben wurde ihr keine wie immer geartete Konzession zugestanden, nach wie vor durfte der spanische Botschafter sie nur einmal in der Woche besuchen, nach wie vor wurde ihre Post zensuriert, jeder ihrer Schritte überwacht.

Die Königin erlitt 1619 eine Fehlgeburt, und Ludwig reagierte auf seine Weise: Er verbot seiner Frau, nach Spanien zu reisen, als ihr Vater schwer erkrankte und starb; er gestattete ihr auch nicht, an der Inthronisation ihres Bruders, Philipp IV., teilzunehmen.

Erleichterung für Anna kam von unerwarteter Seite. Ihre Obersthofmeisterin, Marie de Luynes, Gemahlin von Ludwigs Favoriten, wechselte das Lager und schlug sich auf die Seite Annas, die in ihrer verzweifelten Isolation die herzlichen Freundschaftsbeweise ihrer Ersten Hofdame wie eine Ertrinkende den Strohhalm ergriff. Gewiß hat die arglose, in höfischen Ränken noch unerfahrene Anna die tiefere Ursache für Maries so plötzlich überströmende Liebenswürdigkeit nicht durchschaut: der Stern des Charles Albert de Luynes war nämlich im Sinken. Auf breiter Front begann der Hochadel gegen Ludwigs Liebling zu opponieren, der in Raffgier, Hoffart und Übermut immer mehr in die Rolle eines Concini hineinschlüpfte. Daß er nicht Concinis Schicksal erleiden mußte, war einem makabren Zufall zuzuschreiben. Er erkrankte im Dezember 1620 an Scharlach und starb binnen weniger Tage.

Ein neuer Stern, der alsbald alle anderen überstrahlen sollte, war im Aufgehen. In dem Maße, in dem Luynes' Einfluß auf Ludwig zurückging, kam der König seiner Mutter näher, um sich schließlich wieder mit ihr zu versöhnen. In Glanz und Glorie kehrte Maria von Medici an den Hof zurück, in ihrem Schlepptau ein gutaussehender Mann im Priestergewand, der ihr einst von Concini empfohlen worden war und in ihrem Kabinett den Posten eines Staatssekretärs bekleidet hatte: Armand Jean du Plessis, Herzog von Richelieu, Bischof von Luçon (ab 1622 Kardinal). Das Dreigestirn Maria von Medici, Ludwig XIII. und Richelieu war dafür verantwortlich, daß Königin Anna für lange Zeit in noch tieferes Elend versinken sollte.

Einen Vorgeschmack bekam sie bereits im März 1621, als sie, einer unbedachten Torheit wegen, neuerlich eine Fehlgeburt erlitt. Ludwig befand sich auf einem Feldzug im Languedoc im südlichen Frankreich, um eine Empörung der Hugenotten niederzuschlagen, als Anna eine Verwandte am Krankenbett besuchte. Auf dem Rückweg durch die weiten Säle und Flure des Louvre durchquerte Anna, zusammen mit Marie und einer weiteren Hofdame, den Thronsaal. Die drei jungen Frauen, keine älter als zwanzig, waren in übermütiger Laune, hakten einander unter und schlitterten über die spiegelglatten Fliesen. Anna stolperte und stürzte so unglücklich, daß sie binnen weniger Stunden ihr Kind verlor.

Ludwig schäumte. Marie wurde ihres Postens enthoben, schaffte es aber bald, voll rehabilitiert zu werden. Sie heiratete, noch nicht einmal fünf Monate nach dem Tod ihres Mannes, den Herzog von Chevreuse, der ihr willenlos ergeben war und über beste Beziehungen zum König verfügte. Schon war alles wieder im Lot.

Nicht so für Anna. Ludwig strafte seine Frau mit Nichtachtung. Sie bekam ihren Mann nur zu Gesicht, wenn es ihm einfiel, für kurze

Zeit das Bett mit ihr zu teilen. Bei seltenen offiziellen Anlässen durfte Anna auch am Hofleben teilnehmen.

Kummer und Schmerz über ihre beschämende Lage mögen ihr das Herz gebrochen haben, ihre Schönheit und Anmut litten jedoch nicht darunter. Von der Aura einer verwunschenen Prinzessin umgeben, übte sie einen unwiderstehlichen Reiz auf die Herzen der ohnehin leicht entflammbaren Nichtstuer am Hofe aus. Ein Blick von ihr galt als Gnade, ein Lächeln, gar ein Wort als kostbare Trophäe. Wenn Anna erschien, hatte kaum ein Mann Aug und Ohr für die alte neue Herrscherin, Maria von Medici.

Die Königinmutter, eine plumpe, mit Häßlichkeit geschlagene Frau in mittleren Jahren, die ihren Sohn wieder fest an der Kandare hatte, ließ keine Gelegenheit ungenützt, gegen ihre angeblich kokette, männertolle Schwiegertochter zu hetzen.

Am 26. Februar 1623 kam es anläßlich eines Ballettabends im Louvre zum Eklat. Das Spektakel war von Henri, Herzog von Montmorency, arrangiert worden, einem bildschönen, ein wenig dümmlichen Jüngling, dessen ebenso leidenschaftliche wie hoffnungslose Zuneigung zur Königin niemandem verborgen geblieben war. Als Einlage zwischen zwei Tanzdarbietungen trug der Herzog eine schwülstige Apotheose auf Jupiter vor, die in dem Wunsch gipfelte: »Einen Tag nur möcht' ich Jupiter sein und statt ihm regieren...« Feuriger Augenaufschlag in Richtung Königin, tiefe Verbeugung, Abgang Henri. Betretenes Schweigen angesichts eines Königs, der purpurrot anlief und seine Wut mit Mühe unterdrücken konnte.

Montmorency wurde vom Hof verbannt, er zog sich auf seine ausgedehnten Besitzungen zurück, wo er einem wunderlichen Kult zu frönen begann. Abgesehen davon, daß er ständig ein Bild der Königin über dem Herzen trug, hatte er ein weiteres auf einem Altar mit Tag und Nacht brennenden Kerzen in einer Kapelle des Schlosses aufgestellt. Jeder Besucher mußte dem Porträt Reverenz erweisen, indem er das Knie davor beugte.

Für Anna dachte sich Ludwig neue Schikanen aus. Kein männliches Wesen, es sei denn in Begleitung des Königs oder mit dessen ausdrücklicher Erlaubnis, durfte ihre Gemächer betreten.

Die an sich läppische Affäre hatte neun Jahre später ein blutiges Nachspiel. Montmorency war in ein gegen den König gerichtetes

Komplott verwickelt; während seine Mitverschwörer glimpflich davonkamen, wurde der Herzog enthauptet.

Der König war berüchtigt dafür, daß er weder vergessen noch verzeihen konnte und daß Eifersucht eines der wenigen menschlichen Gefühle war, die sein Inneres bewegten. »Er ist ein merkwürdiger Liebhaber«, schrieb einer der Zeitzeugen bei Hofe, Gédéon Tallemant des Réaux in seinen Memoiren, »er kann nicht lieben, er kann nur eifersüchtig sein.«

Die eigentliche Triebfeder für Montmorencys grausame Bestrafung war Kardinal Richelieu. Welche Motive bewegten ihn, dermaßen hart gegen einen der prominentesten Vertreter des französischen Uradels vorzugehen? War auch bei ihm Eifersucht im Spiel? Es ist durchaus möglich. Richelieu, seit jeher nicht unempfänglich für weibliche Reize, war ursprünglich von Königin Anna sehr angetan und hat sich hartnäckig um sie bemüht. Der Kardinal selbst spielte in seinen Memoiren mehrfach darauf an und ließ auch nicht unerwähnt, daß Anna seine Empfindungen nicht erwiderte. Im Gegenteil: wir wissen, daß die Königin den Kardinal vom ersten Augenblick an verabscheute.

Richelieu war ein großer Staatsmann, ein hervorragender Vertreter der Kirche. Aber er war eben auch nur ein Mann. Ein Mann mit mehr Einfluß, als der Königin lieb sein konnte.

Der Zusammenstoß mit einem ebenso einflußreichen Mann mußte zwangsläufig weitere Komplikationen mit sich bringen. Der andere Mann war George Villiers, Herzog von Buckingham, der jenseits des Kanals eine ähnliche politische Rolle spielte wie Richelieu in Frankreich. Darüber hinaus entsprach der Dreiunddreißigjährige dem männlichen Schönheitsideal seiner Zeit: groß, von sportlicher Figur, mit ebenmäßigen Zügen, dunklem Haar und Bart, verführerischen braunen Augen, geistreich und witzig, dazu ein Herzensbrecher sondergleichen.

Im Mai 1625 hielt er mit riesigem Gefolge prunkend und protzig wie ein regierender Fürst Einzug in Paris, in seinen Koffern siebenundzwanzig elegante Anzüge der feinsten englischen Machart sowie die erlesensten Kleinodien – aus dem englischen Kronschatz, die ihm zur persönlichen Verfügung standen!

Der mächtigste Mann des Inselreiches, in dessen Hand der soeben

George Villiers, Herzog von Buckingham

auf den Thron gelangte Karl I. Wachs war – wie zuvor der verstorbene König Jakob I. –, kam nach Paris, um Ludwigs jüngste Schwester, Henriette, die mit Karl I. vermählt worden war, heimzuholen in ihr neues Königreich.

Er stieg im Palais des Herzogs von Chevreuse ab, dessen Gattin, die flatterhafte Marie, mittlerweile die Geliebte von Buckinghams bestem Freund, des Grafen Richard Holland, geworden war. Holland hatte im Jahr zuvor die französisch-englischen Heiratsverhandlungen geführt.

Buckingham stand im Mittelpunkt zahlreicher ihm zu Ehren veranstalteter Feste, und es gab kaum eine Frau, die nicht sehr viel, wenn nicht alles, darum gegeben hätte, die Aufmerksamkeit des schönen Engländers zu erregen. Doch der hatte nur für eine einzige Augen: Königin Anna.

Die Sonderstellung als Vertreter seines Königs weidlich nützend, machte er Anna fast täglich »Höflichkeitsbesuche«, die er unbekümmert über Stunden ausdehnte, um mit seiner Angebeteten charmant zu plaudern. Selbstverständlich fanden diese Begegnungen stets vor zahlreichen Zeugen statt, doch die beiden waren, tief in ihre Gespräche versunken, wie durch eine unsichtbare Wand abgeschirmt.

Der halbe Pariser Hof brach schließlich auf, Henriette nach Boulogne sur Mer zu begleiten, wo eine englische Flotte sie erwartete. Anna und Maria von Medici waren dabei, nicht aber Richelieu, der als Vorsitzender des Kronrates in Regierungsgeschäften festgehalten war. Auch Ludwig fehlte, er lag wieder einmal krank darnieder.

Die Reisegesellschaft kam nur langsam voran. Auf jeder Station wurden Empfänge und Bälle gegeben. Hunderte klatsch- und tratschsüchtige Beobachter konnten sehen, wie Königin Anna mit blitzenden Augen und roten Wangen zu noch größerer Schönheit erblüht war, wie Buckingham sie mit seinen Samtaugen verschlang.

An einem lauen Juniabend, nach einem langen und hitzigen Tanzfest, wandelte die Königin durch den dunklen Schloßpark von Amiens, um sich ein wenig abzukühlen, wie sie sagte. Nach einer Weile – einer sehr langen Weile – hörte man einen Aufschrei, die Königin lief zum Schloß zurück, die Frisur zerstört, die Kleider in Unordnung; einige Leute wollten Buckingham gesehen haben, als er hinter Buschwerk verschwand.

Anna von Österreich

Der Zwischenfall machte binnen Minuten die Runde, Maria von Medici regte sich über die Maßen auf und befahl, daß Henriette, und mit ihr Buckingham, am nächsten Morgen abzureisen hätten. Die französische Eskorte, also auch Königin Anna, sollte in Amiens bleiben und später direkt nach Paris zurückfahren.

Der ganze Hof stellte aufgeregt Mutmaßungen über die Kernfrage des Skandals an, *wann* nämlich die Königin jenen Schreckensruf ausgestoßen hätte: unmittelbar nach der stürmischen Annäherung durch Buckingham oder doch erst viel später, sozusagen als Alibi für ihre Empörung über eine Attacke, die sie sich nur zu gerne habe gefallen lassen. Es gibt in den Memoiren diverser Hofleute unterschiedliche Versionen, die Wahrheit wußten nur die beiden Beteiligten.

Während Anna, einem Nervenzusammenbruch nahe, am nächsten Morgen im Bett lag und zur Ader gelassen wurde, kam Buckingham – er hatte sich unter einem fadenscheinigen Vorwand von seiner Reisegesellschaft verabschiedet – nach Amiens zurückgaloppiert, stürzte ins Schlafzimmer der Königin, sank, zum blanken Entsetzen der anwesenden Hofdamen, vor Anna in die Knie, ergriff ihre Hände, die er über und über mit tränennassen Küssen bedeckte, und stammelte »die zärtlichsten Worte der Welt«, wie eine der anwesenden Damen, Madame de Motteville, in ihren Erinnerungen festhielt. Er machte den Eindruck eines Wahnsinnigen, als er wieder davonstürmte.

Ludwig hielt strenges Gericht. Sämtliche Höflinge, die an jenem verhängnisvollen Abend Dienst und somit den Befehl hatten, die Königin zu begleiten und zu überwachen, wurden entlassen. Mit Anna wechselte der König kein einziges Wort. Im übrigen war Ludwig anderweitig intensiv beschäftigt, und zwar mit einem blutjungen Pagen, den er innerhalb weniger Monate zum Generalleutnant beförderte.

Der Zweifel, wie weit die Königin in ihrer Zuneigung zu Buckingham gegangen sein mochte, scheint den Kardinal Richelieu so heftig gequält zu haben, daß er Mittel und Wege suchte, die Wahrheit herauszufinden. Über sein dicht geflochtenes Netz von Spitzeln und Zuträgern gelang es ihm, Verbindung mit einer Lady Carlisle in London aufzunehmen und diese ehemalige Geliebte Buckinghams als Mitarbeiterin zu gewinnen.

Die eifersüchtige Lady entwendete Buckingham während eines Tanzes einen der beiden brillantbesetzten »Ferrets«, die sie vorher noch nie an ihm gesehen hatte. (Ferrets hießen die Endstücke aus Metall an den Verschnürungen von Wämsern und Korsagen, die Damen und Herren gleichermaßen trugen.) Tatsächlich hatte Anna George Buckingham ein Paar solcher Ferrets geschenkt, die sie kurz zuvor von ihrem Mann erhalten hatte. Sie wäre endgültig verloren gewesen, hätte Richelieu das Corpus delicti in die Hände bekommen.

Zum Glück entdeckte Buckingham den Diebstahl sofort und zog die richtigen Schlüsse. Als Erstem Lord der Admiralität war es ihm ein leichtes, alle Häfen sperren zu lassen, so daß Lady Carlisle mit ihrer Beute nicht entkommen konnte. Buckingham ließ eine Kopie des gestohlenen Ferrets anfertigen und sandte das nun wieder vollständige Paar an Marie de Chevreuse, welche die Schmuckstücke an die Königin weiterleitete.

Diese abenteuerliche und höchst unwahrscheinlich klingende Geschichte bildet bekanntlich das Hauptstück von Alexandre Dumas' Roman »Die drei Musketiere«. Ihre Authentizität ist dennoch belegt durch die als seriös anerkannten »Mémoires« des berühmten Schriftstellers François Herzog von La Rochefoucauld, dessen Quelle nur zu bekannt ist: Auch La Rochefoucauld war einer der Liebhaber der Marie de Chevreuse.

Aus einer späteren Bemerkung Annas ist belegbar, daß sie über die Chevreuse ständig mit Buckingham in Verbindung stand. Leider ist keiner der Briefe erhalten oder noch nicht entdeckt.

Buckingham hat sich mehrfach bemüht, als Sonderbotschafter nach Paris versetzt zu werden, wurde aber als Persona non grata zurückgewiesen und dadurch schwer beleidigt. Überliefert ist sein Ausspruch: »Wenn ich nicht im guten nach Frankreich kommen kann, dann eben im bösen.«

Es wäre absurd zu unterstellen, daß die nun folgenden Ereignisse allein der Rivalität zwischen zwei Männern um die Gunst einer schönen Frau entsprungen wären. Doch aus der Kenntnis ähnlich gelagerter Fälle ist nicht zu leugnen, daß hochpolitische Aktionen *auch* sehr persönliche Beweggründe haben können.

So nützte Richelieu eine durchaus harmlose, von Marie de Chevreuse eingefädelte kleine Intrige, um sie zur Staatsaffäre aufzubauschen, sich mit einem Schlag zahlreicher seiner Gegner zu entledigen und die Königin neuerlich schwerstens zu kompromittieren. Die Intrige bestand darin, Ludwigs jüngeren Bruder, Gaston, Herzog von Orléans, einen charmanten, leichtsinnigen Burschen von achtzehn Jahren, vor der Heirat mit einer ungeliebten Frau zu bewahren. Anna nahm an dem Spielchen teil, weil sie Gaston mochte und weil die noch immer Kinderlose nichts so sehr fürchtete wie konkurrenzstarken Nachwuchs aus einer Seitenlinie des Hauses Bourbon.

Richelieu, wie immer umfassend informiert über die Vorgänge im Hause der Königin, ließ seine Marionetten tanzen – und plötzlich wurde aus einer leichtfertigen Intrige ein Umsturzversuch, der Gaston an die Macht bringen sollte. Das Komplott, das Richelieu selbst inszeniert hatte, wurde natürlich aufgedeckt. Gaston kam glimpflich davon, weil er die Namen sämtlicher Verschwörer preisgab, wobei er ausdrücklich betonte, daß Anna nichts von den Ausweitungen der Affäre gewußt hätte. Seine Komplizen wurden hingerichtet oder des Landes verwiesen; darunter befanden sich bemerkenswerterweise nicht nur fast sämtliche Kreaturen des verstorbenen Charles Albert de Luynes, der Favorit des Königs gewesen war, sondern auch viele einflußreiche Hugenotten, die Richelieu schon lange ein Dorn im Auge waren. Marie de Chevreuse wurde verbannt, und die Königin, die von den blutigen Folgen ihres kleinen weiblichen Ränkespiels nichts geahnt hatte, neuerlich schwer gedemütigt.

Sie mußte vor ein Tribunal, bestehend aus dem König, dessen Mutter und dem Kardinal, erscheinen, wobei man ihr nur einen Platz auf einem niedrigen Hocker ohne Lehne zuwies. Die drei, Ankläger und Richter zugleich, unterstellten ihr, sie habe den König ermorden wollen, um Gaston zu heiraten.

Anna beteuerte ihre Unschuld, aber der König sagte schließlich in schneidendem Ton: »Madame, in meiner Stellung bin ich verpflichtet, Ihnen zu verzeihen. Nichts verpflichtet mich, Ihnen zu glauben.«

Wenig später kam – vor allem auf Buckinghams Betreiben – ein schon lange zwischen England und Frankreich glosender Konflikt zum offenen Ausbruch. Es ging dabei um die Vorrangstellung auf See. Frankreich drohte mit einer mächtig aufstrebenden Handels- und Kriegsflotte, durch Erwerb von Kolonien in Afrika und Kanada eine ernsthafte Konkurrenz für England zu werden; es ging um den damals bedeutendsten französischen Seehafen La Rochelle, halbwegs zwischen Bordeaux und der Normandie. La Rochelle war zugleich die heimliche Hauptstadt der Hugenotten, die dort ausgedehnte Privilegien besaßen und als deren Beschützer sich die Engländer immer fühlten. In einem nie erklärten Krieg besetzte die englische Flotte die Insel Ré vor La Rochelle, konnte die Stadt aber nicht nehmen, die Richelieu und Ludwig ihrerseits persönlich mit einem starken Landheer belagerten und schließlich zur Kapitulation zwangen. Die Hugenotten wurden aller ihrer Sonderrechte beraubt.

Buckingham hat das klägliche Ende seiner Expedition nicht mehr erlebt. Er wurde am 23. August 1627 von einem seiner politischen Gegner, und deren gab es viele, erdolcht.

Als man Anna die Nachricht von seinem Tod übermittelte, entfuhr es ihr: »Nein, das ist unmöglich, ich habe gerade erst einen Brief von ihm erhalten.« Nachher hat sie den Namen Buckingham kein einziges Mal mehr erwähnt.

In der Trostlosigkeit der folgenden Jahre – Anna erlitt zu allem Überdruß eine weitere Fehlgeburt – schien sich dennoch eine Wende zum Besseren abzuzeichnen. Anna und ihre Schwiegermutter, Maria von Medici, kamen einander, in gemeinsamer Ablehnung des Kardinals Richelieu, ein wenig näher. Mit steigender Besorgnis beobachtete die Königinmutter die ins Unheimliche anwachsende Macht des Kardinals. Ludwig hatte ihn zum Ersten Minister erhoben, eine Position, die es bis dahin niemals gegeben hatte, und Richelieu betrug sich wie ein regierender Fürst. Sein Palast stand in nichts hinter dem Königshof zurück, seine Leibgarde bestand, wie die des Königs, aus Musketieren. Er förderte die Künste, Frankreichs großer Dichter Corneille wurde von ihm entdeckt; er gründete die Académie Française.

Er war ein herausragender Staatsmann und verwandelte Frankreich aus einem Sammelsurium einander und den König bekämpfender Provinzen zu einer straff zentralistisch organisierten Weltmacht, die nicht länger im Schatten Englands, Spaniens und Österreichs stehen mußte. Er untergrub die politischen Bastionen der Hugenotten, ohne deren Religionsfreiheit anzutasten, und alliierte sich später, nicht vom leisesten Skrupel geplagt, mit dem Schwedenkönig Gustav Adolf und deutschen Protestantenfürsten, um die österreichischen Habsburger im Dreißigjährigen Krieg zu schwächen und durch die Annexion des Elsaß das Traumziel aller Franzosenkönige, den Rhein, zu erreichen. Bis zum letzten Atemzug hat sich Richelieu an ein Programm gehalten, das er in einem Satz so formulierte: »Es gilt, die Hugenotten zu vernichten, den Hochmut des Adels zu brechen und das Ansehen des Königs bei den ausländischen Mächten zu heben.«

Weder Maria von Medici noch die meisten seiner Zeitgenossen begriffen die weit vorausblickende politische Strategie Richelieus. Was sie sahen, war »das Monster«, das den Einfluß des Adels beschnitt, dem Volk eine unerhörte Steuerlast auferlegte – es gab darum immer wieder Bauernaufstände und Bürgerrevolten –, und was sie sahen, war der Mann, der den König zur Marionette degradierte. Ludwig schrieb keine Zeile, sprach kein Wort, das nicht vom Kardinal inspiriert oder diktiert wurde, selbst die Gespräche des Königs mit Anna lenkte Richelieu mit von ihm gegebenen Stichworten.

Als 1630 Richelieu, zum Entsetzen der überzeugten Katholikin Maria von Medici, in Italien gegen das katholische Spanien in einen Erbfolgekrieg um Mantua eintrat, als der König so schwer erkrankte, daß er bereits die Sterbesakramente empfing, schritt Maria zur Tat. Sie entließ Richelieu aus ihren persönlichen Diensten – er war Vorsitzender ihres Rates sowie Schatz- und Haushofmeister – und entfernte gleichzeitig alle Günstlinge des Kardinals aus ihrer Umgebung. Sie stellte eine Ministerliste für eine Regierung nach Ludwigs Tod zusammen, sie schmiedete bereits Heiratspläne für die zukünftige Witwe Anna und Ludwigs Bruder Gaston – und dies angesichts der Tatsache, daß sie nicht lange zuvor ihre Schwiegertochter verdammt hatte, die ja angeblich Ludwig ermorden wollte, um Gaston zu ehelichen.

Wider Erwarten genas der König, aber es gelang Maria fürs erste, ihn auf ihre Seite zu ziehen. In einer peinlichen, lärmenden Szene zwischen Ludwig, Maria und Richelieu, wobei alle weinten und durcheinanderschrien, der Kardinal mehrmals schluchzend vor Maria in die Knie sank, entließ der König seinen Ersten Minister und zog sich nach Versailles zurück.

Doch Richelieu war nicht der Mann, der sich sofort geschlagen gab. Noch in derselben Nacht ritt er zu dem kleinen Jagdschlößchen, das sich der König als Refugium inmitten eines ergiebigen Reviers nahe dem Dorf Versailles hatte erbauen lassen. Dem Kardinal gelang es, dank seiner noch immer ungebrochenen Autorität, bis ins Schlafzimmer des Monarchen vorzudringen, und er überzeugte den König in einem stundenlangen Gespräch, daß die Feinde Richelieus auch jene

Frankreichs und der Krone seien. Am nächsten Tag war er wieder in Amt und Würden.

Dann machte Richelieu erbarmungslos tabula rasa. Maria von Medici floh zusammen mit Gaston in die spanischen Niederlande. Sie starb 1642, verarmt und vergessen, in Köln. Gaston durfte schon bald in die Heimat zurückkehren. Die Ratgeber der vertriebenen Königin wurden als Staatsfeinde vor Gericht gestellt und entweder zu langjährigen Haftstrafen verurteilt oder hingerichtet. Einige wenige durften sich ins Ausland absetzen.

Auch Königin Anna bekam die Rache des Kardinals erneut zu spüren. Ihr Hofstaat wurde scharf durchkämmt, jeder Mann, jede Frau, die nur andeutungsweise im Verdacht standen, mit ihr zu sympathisieren, wurden entfernt. Dafür durfte Marie de Chevreuse zurückkehren, nachdem sie eingewilligt hatte, dem Kardinal Spitzeldienste zu leisten. Da sie dem Lippenbekenntnis keine Taten folgen ließ, da sie vielmehr am Rande in jene von Ludwigs Bruder angezettelte Verschwörung verwickelt war, die Annas ehemaligem Anbeter Montmorency den Kopf kostete, wurde auch sie entlassen und floh nach Spanien. Sie langweilte sich in der Fremde nicht lange und wurde die Mätresse von Annas Bruder, König Philipps IV.

Annas Schmerz über den neuerlichen Verlust der langjährigen Freundin wurde abgelöst durch ohnmächtige Wut über das Auftauchen einer neuen Hofdame, die man ihr zugeteilt hatte; ein vierzehnjähriges Mädchen, blond und sanft und schüchtern, namens Marie de Hautefort, die offensichtlich kaum begriff, wie ihr geschah, als der König, seines letzten männlichen Gespielen überdrüssig, auf einmal seine heterosexuelle Seite wiederentdeckte und dem Mädchen geflissentlich den Hof machte – direkt unter den Augen Annas –, ihr solcherart drastisch beweisend, daß er sehr wohl an einer Frau Gefallen finden könnte, nur eben nicht an der eigenen.

Sein Einfallsreichtum an subtilen Quälereien war schier unerschöpflich, immer wieder ersann er neue Variationen fein dosierter Bosheiten. Als der spanisch-französische Krieg im Jahre 1635 auch im Grenzgebiet zwischen Frankreich und den spanischen Niederlanden offiziell erklärt wurde, als die Truppen des französischen Königs gegen jene seines Schwagers, Annas Bruder, die erste Schlacht gewannen, spazierte der König ins Zimmer seiner Gemahlin, warf nonchalant ein paar Blätter Papier in den Kamin und sagte: »Voilà, Madame, ein Freudenfeuer für unseren Sieg!«

Da keine persönlichen Aufzeichnungen der Königin über diese Zeit vorhanden sind, wissen wir nicht, aus welchen Quellen sie die Kraft schöpfte, unter solch deprimierenden Umständen, im Stadium der absoluten Hoffnungslosigkeit, überhaupt weiter zu existieren. Wen würde es wundern, hätte sie sich in eine Krankheit geflüchtet oder einfach aufgegeben und heimlich das Land verlassen. Manche Historiker behaupten, daß in ihrer Umgebung tatsächlich derartige Pläne gesponnen worden wären, daß Anna sich jedoch weigerte, sie auch nur anzuhören. Vermutlich hat ihre Fähigkeit, einstige Feinde als treue Freunde zu gewinnen, ihr wesentlich geholfen und dazu beigetragen, ihren Überlebenswillen, selbst angesichts einer ungewissen Zukunft, zu festigen. Sie hatte keine Reichtümer und keine Ämter zu verschenken, darum waren es ausschließlich aufrichtige und uneigennützige Menschen, die Anna um ihrer selbst schätzten und ihr in bedrohlichen Augenblicken beistanden.

So konnte es geschehen, daß ausgerechnet die neue Favoritin Ludwigs, die kleine Marie de Hautefort, ihre Königin aus einer brisanten Hochverratsaffäre errettete.

Richelieu hatte Anna seit Beginn des französisch-spanischen Krieges im begründeten Verdacht, mit dem »Feind«, also mit ihrem Bruder, König Philipp IV., und ihrer Freundin, Marie de Chevreuse, Kontakt zu halten. Es mußte ihm klar sein, daß diese Briefe keine Staatsgeheimnisse enthielten, da Anna in ihrer streng bewachten Abgeschlossenheit nichts Wesentliches erfahren konnte. Allein daß sie mit dem feindlichen Ausland korrespondierte, wurde ihr als Kapitalverbrechen angekreidet. Richelieu ließ sich nicht die geringste Gelegenheit entgehen, die verhaßte Frau in Verlegenheit zu bringen.

Der Kardinal wußte, daß Anna Briefe aus dem Ausland erhielt – unter anderem durch einen seiner Minister, der ihr einmal keck ins Dekolleté griff, als sie dort ein Beweisstück verschwinden lassen wollte. Das war zwar ein eklatanter Fall von Majestätsbeleidigung, doch wenn es um Anna ging, nahm man derlei nicht so genau.

Die Frage, wo Anna die Briefe schrieb und wer sie beförderte, blieb indes lange Zeit rätselhaft. In ihrem Appartement war es unmöglich, denn sie blieb keine Sekunde unbeobachtet, und selbst wenn sie sich nachts aus dem Bett zum Schreibtisch schlich, war sofort eine Hofdame zur Stelle, die auffällig-unauffällig etwas Dringendes in der Nähe der Königin zu tun hatte. Jeder ihrer Schritte wurde mit Argusaugen beobachtet, lediglich in dem von ihr einstmals gestifteten Kloster Val de Grâce konnte sie längere Zeit allein im Gebet oder im Gespräch mit der Äbtissin bleiben. Der Kirchenfürst schöpfte Verdacht und schreckte nicht davor zurück, das Frauenkloster durch seine Schergen überfallsartig durchsuchen zu lassen, doch fand man weder die toten Briefkästen noch die Dechiffriereinrichtungen, die dort tatsächlich vorhanden waren. Dennoch wurde das Kloster fortan schärfstens überwacht, und als eines Tages ein Verdächtiger herauskam und in einer wartenden Kutsche eilig abfuhr, wurde der Mann, ein gewisser La Porte, aus dem Fahrzeug gezerrt, in einen Arrestantenwagen verfrachtet und in die Bastille verschleppt. Der Kardinal verhörte den Gefangenen, der ein paar lapidare Zeilen der Königin an Marie de Chevreuse bei sich trug, mehrmals persönlich; doch selbst unter der Androhung, man werde ihn grausam foltern, war La Porte nicht bereit, mehr zuzugeben, als man ihm beweisen konnte. Er nannte weder seine Kontaktleute noch weitere Briefempfänger.

Durch Marie de Hautefort, die einen in der Bastille inhaftierten Verwandten hatte, erfuhr Anna umgehend von der Verhaftung La Portes, denn auch die dicksten Kerkermauern hatten Augen und Ohren. Sie war darum hinlänglich vorbereitet, als Ludwig und der Kardinal sie einem strengen Verhör unterzogen. Anna verlegte sich aufs Leugnen, aber die Ungewißheit, was La Porte verraten hatte, was er unter der Folter vielleicht noch preisgeben könnte, stürzte sie in Angst und Schrecken.

Wieder griff Marie de Hautefort helfend ein. Bis zur Unkenntlichkeit verschminkt und durch eine dunkle Perücke getarnt, ging sie zu ihrem Verwandten, der bereits Besuche empfangen durfte, und spielte ihm einen Brief der Königin an La Porte zu, den der Getreue, dank der Solidarität der Bastille-Gefangenen, auch wirklich erhielt. Seine Antwort kritzelte er auf einen Fetzen Papier, der sich zufällig in der Einzelzelle fand, als »Tinte« benutzte er Speiseöl, vermischt mit Ruß, als »Feder« diente ihm ein Stückchen Stroh von der Bettstatt. Später gelang es, ihm auch Tinte und Feder zukommen zu lassen.

So konnten Anna und La Porte ihre Aussagen abstimmen. Von der ganzen Staatsaffäre blieb nichts übrig als das Verbrechen Annas, einer Freundin ein paar nichtssagende Grüße geschickt zu haben. Die Königin mußte feierlich schwören, niemals mehr mit der Chevreuse Briefe zu wechseln, und es wurde ihr untersagt, ohne ausgewählte Begleitung Kirchen oder Klöster zu besuchen.

La Porte wurde für einige Monate festgehalten. Eine freundliche Geste der Königin versüßte ihm die Gefangenschaft. Fast täglich fuhr sie in der Kutsche an der Bastille vorbei und hob unter seinem Fenster ein wenig die Hand.

Die Beziehungen zwischen dem König und der Königin waren nach diesem Zwischenfall frostiger denn je. Erschwerend kam hinzu, daß eine Badekur, welche die Ärzte dem Paar angeraten hatten, um doch noch zum ersehnten Kindersegen zu gelangen, vergeblich gewesen war. Ludwig lehnte es ab, seine Frau zu sehen, von einem Besuch ihres Schlafzimmers ganz zu schweigen. Schon waren Gerüchte im Umlauf, daß Ludwig Anna verstoßen wollte, um eine Nichte des Kardinals zu heiraten.

Anna und Ludwig waren bereits sechsunddreißig Jahre alt, als sich am 5. Dezember 1637 ein, wie man später behauptete, »göttliches Wunder« in Form eines verheerenden Unwetters ereignete. Der König befand sich in einem Kloster und wollte von dort in das Schloß Saint-Maur, einige Kilometer außerhalb von Paris, fahren, doch es herrschte ein derartiger Orkan, es stürzten solche Wassermassen vom Himmel, daß daran nicht zu denken war. Ludwig ließ sich vom Gardehauptmann Guitaut, auch er ein heimlicher Bewunderer der Königin, überreden, Zuflucht im nahe gelegenen Louvre zu suchen, wo Anna sich aufhielt.

Angesichts eines verblüfften Hofes speiste das Paar gemeinsam, stumm und ohne einen Blick zu wechseln, und es ging ein Seufzer des Staunens durch die anwesende Menge, als der König seiner Frau später ins Schlafzimmer folgte.

Bereits am 30. Januar 1638 vermeldete die »Gazette« einer geneigten Leserschaft, daß aus St-Germain-en-Laye, wo die Majestäten derzeit zu residieren geruhten, in Kürze eine beglückende Nachricht zu erwarten sei. Am 10. Februar bestätigte Ludwig die »beglückende Nachricht« und rief auf, für die Geburt eines Kronprinzen zu beten.

In der ersten Septemberwoche setzten bei der Königin ungewöhnlich heftige Wehen ein. Alles, was hohen Rang und Namen und damit die Chance hatte, der, wie üblich, öffentlich stattfindenden Entbindung beizuwohnen, eilte nach St-Germain-en-Laye. Bei Tag und Nacht war das Schlafgemach der erbärmlich leidenden Königin mit Lärm und Gelächter, mit Essen, Trinken und den Ausdünstungen Dutzender dichtgedrängter Leiber gefüllt. Auch Ludwig eilte aus Versailles herbei, wo er eben das erste Liebesglück mit einem engelsschönen, achtzehnjährigen Knaben, Marquis Henri Cinq-Mars, genoß. Ludwig war aufs äußerste erbost, als er feststellen mußte, daß sich die komplizierte Geburt über mehrere Tage hinzog. Die Königin war schließlich so geschwächt, daß alle um ihr Leben bangten. Der Gatte aber blickte ungerührt auf seine gepeinigte Frau und bemerkte zu einer Hofdame: »Ich wäre froh, wenn man das Kind retten könnte.«

Zur Mittagsstunde des 5. September, einem Sonntag, war es endlich soweit. Anna brachte auf den Tag genau neun Monate nach dem an Wundern reichen 5. Dezember einen Knaben zur Welt, der allerdings so schwächlich war, daß augenblicklich die Nottaufe vollzogen werden mußte. Ludwig saß im entscheidenden Augenblick an der Tafel, rannte dann aber, so schnell er konnte, in die Wochenstube, die einem Tollhaus glich. Jedermann brüllte: »Es ist ein Dauphin! Es ist ein Dauphin!« Und nachdem Ludwig sich persönlich davon überzeugt hatte, daß am Geschlecht des Kindes kein Zweifel bestehen konnte, sank er in die Knie und dankte Gott, der ihm diesen Knaben geschenkt hatte. Deshalb erhielt der Neugeborene, der sich übrigens bald erholte, den Namen »Ludwig-Dieudonné«. Auf die Idee, daß auch Anna an dem freudigen Ereignis beteiligt war und bedankt werden müßte, kam in dieser Stunde der überschäumenden Freude, die alsbald das ganze Land überflutete, niemand.

Der Status der Prinzenmutter änderte nichts an Annas Lebensumständen. Keine der ihr auferlegten Einschränkungen wurde gelockert, ja sogar Marie de Hautefort, die einzige Vertraute, unter einem fadenscheinigen Vorwand vom Hofe entfernt.

Anna hatte kein Stimmrecht bei der Auswahl des Hofstaates für den Dauphin. Richelieu suchte persönlich das ihm geeignete Personal aus, wobei er in erster Linie auf politische Zuverlässigkeit achtete, die fachliche Eignung der Amme und der übrigen Betreuer und Betreuerinnen kümmerte ihn nicht. Die sogenannten Pflegerinnen wickelten und schnürten den Säugling dermaßen ungeschickt, daß die Bildung des Knochenaufbaus und der Muskulatur schwer behindert wurden und Ludwig XIV. lebenslang an einer Schwäche des rechten Beines litt. So glücklich der König sich über die Geburt des Stammhalters zeigte, so wenig Anteil nahm er an dessen Gedeihen. Als der Zweijährige den Vater nach monatelanger Abwesenheit nicht wiedererkannte, ließ der König seine eifersüchtige Wut an Anna aus und beschuldigte sie, ihm das Kind mit voller Absicht und aus abgrundtiefer Bosheit zu entfremden.

Der wahre Grund für Ludwigs mangelndes Interesse an seinem Sohn hieß noch immer Henri Cinq-Mars, den der König bis zur Raserei liebte. Der Jüngling war binnen Jahresfrist zum Oberstkämmerer und Oberststallmeister aufgestiegen, und Ludwig überschüttete ihn mit einer Flut goldiger Geschenke. Einmal 40 000 Ecus (1 Ecu = 3 Gramm Feingold), drei Monate später 18 000 und nur wenige Tage nachher 6 000.

Der geschäftstüchtige junge Mann machte gar kein Geheimnis daraus, daß ihm sein glühender Anbeter im Grund ganz gleichgültig war; kaum aus dem Schlafzimmer des Königs entlassen, galoppierte er nach Paris, wo der königliche Goldsegen in Bordellen und Spielhöllen bald versickerte.

Cinq-Mars war in Gegenwart des Königs meist übellaunig und mundfaul. Ein Kammerherr berichtete später, daß Ludwig einmal seinen Herzbuben ins Bett zog, ihm, Tränen in den Augen, die Hände heftig küßte und stammelte: »Liebling, was fehlt dir? Bist du traurig? Was kann ich nur für dich tun?«

Cinq-Mars wäre es wohl am liebsten gewesen, hätte er Reichtum und Macht erlangt, ohne den lästigen Umweg über Ludwigs Schlafzimmer nehmen zu müssen; darum war er eifrig bemüht, plausible Vorwände für eine zeitweilige Trennung auszuhecken. Einem solchen Einfall hatte es Anna zu verdanken, daß sie noch einmal Mutter wurde. Cinq-Mars hatte seinem Gönner so lange eingeredet, daß ein Sohn nicht genug sei, um die Thronfolge zu garantieren, bis der König sich überzeugen ließ und mehrmals hintereinander seine Frau heimsuchte. Am 5. September 1640 wurde ein zweiter Sohn geboren und auf den Namen Philipp getauft.

So erfolgreich Richelieu in den großen Linien der Politik gewesen sein mag, seine Menschenkenntnis war erbärmlich. Er war es, der dem König Marie de Hautefort zugeführt hatte – und Marie war zu Anna übergelaufen. Auch Cinq-Mars war sozusagen eine »Erfindung« des Kardinals, und in ihm hatte er sich schlimmer getäuscht als jemals zuvor. Der Spielgefährte Ludwigs, dazu ausersehen, ein »hautnaher« und zuverlässiger Zwischenträger zu sein, hatte nicht nur Gefallen an Geld und Ansehen gefunden, er wollte mehr. Er wollte Macht, und zwar so viel davon, wie in Frankreich zu haben war. Die Rechnung stellte sich für Cinq-Mars denkbar einfach: Da die höchste Position im Staate besetzt war, mußte eben derjenige weichen, der sie innehatte. Da dieser ganz gewiß nicht die Absicht hatte, freiwillig zu gehen, blieb offensichtlich kein anderes Mittel als Gewalt. An Mord war nicht gedacht, aber an Umsturz.

Der Marquis war zu jung, um miterlebt zu haben, wie noch jedes Komplott gegen den Kardinal gescheitert war, und er war zu geistesträge, um aus dem, was man ihm darüber erzählte, eine Lehre zu ziehen. Auch er verband sich mit dem immer zu Staatsstreichen aufgelegten Bruder des Königs. Gaston hegte begreiflicherweise ganz andere Absichten, als einen liederlichen Tunichtgut zum Herrn Frankreichs zu machen, doch als Werkzeug war er ihm willkommen. Andere unzufriedene Aristokraten wurden in das Unternehmen einbezogen, und auch Spanien ließ sich als Verbündeter gewinnen, in der Hoffnung auf ein baldiges Ende des Krieges.

Die Verschwörung entwickelte sich nach bekanntem Muster: der Kardinal, Drahtzieher eines internationalen Agentennetzes, bekam rechtzeitig Wind, der König, zutiefst gekränkt in seiner Eitelkeit und enttäuscht in seiner Liebe, ließ Cinq-Mars fallen. Gaston verriet seine Komplizen und blieb straffrei, der Marquis und die anderen wurden am 12. September 1642 hingerichtet.

Kardinal Richelieu waren keine drei Monate mehr gegeben, sich dieses neuerlichen Triumphs über einen Gegner zu erfreuen. Er starb am 4. Dezember, siebenundfünfzigjährig, an einer Lungenentzündung. Der König befahl Staatstrauer, in weiten Teilen des Landes indes loderten Freudenfeuer.

Der Gesundheitszustand des Königs verschlechterte sich nach Richelieus Tod dramatisch. Am 3. April 1643 konnte er zum letzten Male das Bett verlassen. Gestützt auf zwei Diener schleppte er sich durch die Gänge des alten Schlosses von St-Germain-en-Laye, um schon nach wenigen Minuten in einen Sessel zu sinken, den ein weiterer Bediener hinterhertrug.

Die letzte Krankheit läßt sich aufgrund der Aufzeichnungen nicht mehr mit absoluter Gewißheit diagnostizieren, doch nehmen Medizinhistoriker an, daß die Tuberkulose, an welcher der König schon seit langem litt, auf den Darmtrakt übergegriffen, einen Durchbruch des Dickdarms und damit die letale Bauchfellentzündung verursacht hat. König Ludwig XIII. starb langsam, qualvoll und mit großer Würde, während die Besuchermassen – der Tod war ebenso öffentlich wie die Geburt – durch das entsetzlich stinkende Krankenzimmer zogen.

Am 20. April verfügte Ludwig, daß seine Frau Anna die Regentschaft für den minderjährigen Sohn übernehmen sollte. Seinen Bruder Gaston schloß der König ausdrücklich von den Regierungsgeschäften aus.

Am 21. April wurde der vierjährige Ludwig am Bette seines Vaters feierlich getauft, da er bei der Geburt, wie erwähnt, nur eine Nottaufe erhalten hatte. Zum Paten bestimmte der König Giulio Mazarini, auch er Kardinal, ein begabter italienischer Kirchendiplomat von einundvierzig Jahren, den Richelieu ins Kabinett geholt hatte. Zum König hatte Richelieu damals gesagt: »Ich wüßte keinen Besseren, der einstmals meine Nachfolge antreten könnte.« Zu Anna bemerkte Richelieu süffisant: »Er wird Ihnen gefallen, Madame, er sieht dem Herzog von Buckingham ähnlich.«

Die innenpolitische Lage war zu dieser Zeit undurchsichtig, die Stimmung aufs höchste gespannt. Während sich die Günstlinge des verstorbenen Kardinals, die bereits auf offener Straße ausgepfiffen wurden, schleunigst verdrückten, strömten dessen ehemalige Opfer in Scharen zurück. Vor allem das Gefolge Gastons vermehrte sich schlagartig, und alle waren bis an die Zähne bewaffnet. Anna, die ruhelos zwischen dem alten Palast, in dem Ludwig starb, und dem neuen Schloß, wo sie mit den Kindern residierte, pendelte, mußte das Schlimmste befürchten. Sie gab Befehl, ihren Wohnsitz vom Garderegiment zernieren zu lassen, Besuche waren nicht mehr erlaubt.

Am 12. Mai fiel Ludwig in Agonie, während Anna und Gaston, zu seiner Rechten und Linken sitzend, ihm die Hände hielten. Seine letzten Worte waren: »Mir kommen quälende Gedanken.« Am 14. Mai 1643 – man feierte das Fest Christi Himmelfahrt –, fünfzehn Minuten vor drei Uhr nachmittag, tat Ludwig seinen letzten Atemzug.

Vom Totenbett weg eilte die Witwe zu ihrem Ältesten, den sie »begrüßte wie einen König und umarmte wie einen Sohn«, so Madame de Motteville in ihren Memoiren.

Nachdem Anna sich für eine halbe Stunde allein in ihrem Zimmer eingeschlossen hatte, ordnete sie den sofortigen, aber bereits von langer Hand vorbereiteten Umzug in den Louvre, im Herzen von Paris, an, wo sie und der kleine König jetzt ihrer Meinung nach hingehörten.

Es war ein endlos langer Konvoi mit all den Kutschen und Möbelwagen, den Lakaien und Hofleuten. Aber es war vor allem eine Demonstration der Stärke und des Willens Annas, nie mehr schutzlos, wem auch immer, ausgeliefert zu sein. Das Garderegiment war aufgeboten, die Musketiere, ein Regiment leichte Kavallerie und Soldaten zu Fuß; mitten drin die königliche Karosse, in der Anna, die Kinder und ihr Schwager Gaston saßen. Das sieben Stunden währende Schauspiel, von den Parisern heftig akklamiert, glich eher einer Truppenparade denn einer Übersiedlung von einem Schloß zum andern.

Am 18. Mai trat das Parlament zusammen. Es muß hier ausdrücklich angemerkt werden, daß das französische Parlament jener Zeit nur den Namen mit dem damaligen englischen und den heutigen, in Demokratien üblichen, gemeinsam hatte. Es handelte sich vielmehr um ein oberstes Reichsgericht, dessen Mitglieder aus den Spitzen des Adels, der Geistlichkeit und der Justiz bestanden. Da die Sitze teils vererbbar, teils käuflich waren, war das Parlament politisch relativ unabhängig und konnte sogar vom König erlassenen Gesetzen die Zustimmung verweigern. Richelieu hatte es verstanden, den Einfluß des Parlaments stark zurückzudrängen, jetzt hofften die Deputierten, ihre alten Privilegien zurückzuerobern.

Das Parlament tagte ab fünf Uhr früh, denn noch bis in die Regierungszeit Ludwigs XIV. erhob sich ganz Frankreich, einschließlich des Hofes, beim ersten Morgengrauen. Um halb zehn hielt Anna samt Gefolge Einzug. Sie trug Schwarz, der kleine König, der seiner Mutter verblüffend ähnlich sah, war in lila Samt gehüllt. Die Mutter hob ihren Sohn auf den Thron und nahm zu seiner Rechten, auf einem erhöhten Lehnstuhl, Platz. Ludwig wisperte die Worte, die man ihm eingepaukt hatte: »Ich bin gekommen, um dem Parlament meinen guten Willen zu bezeugen.« Dann hielt Anna, mit steinernem Gesicht und sehr blaß, eine kurze Ansprache und schloß mit der Bitte an das Hohe Haus, ihr und dem jungen König immer hilfreich zur Seite zu stehen. Das Parlament ernannte sie einstimmig zur Regentin Frankreichs, wobei ihr ausdrücklich das Recht bestätigt wurde, Minister und Berater nach eigenem Gutdünken zu bestimmen.

Annas erste Handlung als Herrscherin bestand in der Berufung des Kardinals Giulio Mazarini, den die Franzosen Jules Mazarin nannten, zum Vorsitzenden des Kronrates.

Diesen Kardinal Mazarin hat man Anna immer zum Vorwurf gemacht – bis in unsere Tage. Keiner aus der ständig wachsenden Schar ihrer Gegner – und deren fanden sich nicht zu wenige in der eigenen Familie Habsburg und unter deren Verbündeten – vermochte zu begreifen, daß eine Frau, noch dazu eine mit starker femininer Ausstrahlung, sich aus dem vollkommenen Abseits zu einer staatsmännisch agierenden Person entwickeln könnte; noch dazu zeugten ihre Entscheidungen wohl von politischer Ratio, keineswegs jedoch von verwandtschaftlichen Gefühlen. Da mußte doch wohl der Teufel im Spiele sein, und wenn nicht der, dann – natürlich! – ein Mann, dem dieses Weib eben hörig war. Ein Mann, der, jeder konnte es sehen, dem verblichenen Buckingham stark ähnelte, ein Mann mit Geist, Charme und vollendeten Manieren, nicht sparend mit Komplimenten und Aufmerksamkeiten, ein »homme à femmes« par excellence. Trotz größter Diskretion konnte auf die Dauer nicht verborgen bleiben, daß Mazarin nicht nur der Gefährte auf dem oft gefährlichen politischen Weg war, sondern daß er mit Anna, allerdings erst nach Jahren des engsten beruflichen Kontaktes, durch eine tiefe Zuneigung, eine späte, große Liebe verbunden war. Die üble Fama verstieg sich sogar zu der Unterstellung, Ludwig XIII. wäre gar nicht der Vater seines ersten Sohnes und Thronfolgers gewesen. Wie lächerlich diese These ist, beweist die Tatsache, daß Anna, als das Kind gezeugt wurde, die bestbewachte Gefangene Frankreichs war und Mazarin sich im Dezember 1637 in Italien befand. Aber der Klatsch wollte nicht verstummen; es hieß, daß dem Paar zumindest später ein Kind geboren worden sei, zu einem Zeitpunkt übrigens, da Anna längst

Kardinal Jules Mazarin

nicht mehr im gebärfähigen Alter gewesen sein konnte. Diese Skandalgeschichte verliert auch dadurch nicht an Infamie, daß man den beiden eine heimliche Ehe andichtete, wie in alten Geschichtswerken und Lexika nachzulesen ist.

Annas erste hochpolitische Entscheidung dröhnte wie ein Paukenschlag durch das vom Dreißigjährigen Krieg aufgewühlte Europa. Niemand hatte daran gezweifelt, daß das »schwache Weib auf dem Thron«, die Tochter des Hauses Österreich, sofort die Feindseligkeiten gegen Österreich und Spanien, gegen den Vetter und zugleich Schwager, Kaiser Ferdinand III., und den Bruder, König Philipp IV. also, einstellen würde; einen Krieg noch dazu, den ihr Todfeind Richelieu angezettelt hatte. Anna tat genau das Gegenteil von dem, was allgemein erwartet worden war. Frankreichs Verbündete – Schweden, die deutschen protestantischen Fürsten sowie die Republik Niederlande – wurden umgehend verständigt, daß sie auf ungebrochene Bündnistreue zählen könnten.

Müßig zu fragen, ob Anna ebenso gehandelt hätte, wäre sie kinderlos gewesen oder hätte nur Töchter gehabt. Vielleicht hat die Tatsache, daß sie die Mutter des Königs von Frankreich war, dessen Interessen sie wahrnehmen mußte, und daß ihr das Kind wesentlich näher stand als Cousin und Bruder, sie beeinflußt. Vielleicht auch nicht. Wahr ist, daß sie, nach den Worten der Madame de Motteville, für ihre Söhne eine geradezu »leidenschaftliche« Zuneigung hegte. Wahr ist aber auch, daß eine Frau an der Spitze der Regierung allemal der härtere »Mann« sein mußte, um ihre Autorität zu beweisen. Der scharfsinnige und objektiv-nüchterne Herzog von La Rochefoucauld faßte jedenfalls seine Eindrücke in einem Satz so zusammen: »Königin Anna stellte alle Interessen gegen die des Staates zurück.«

Ein patriotischer Freudentaumel erfaßte Frankreich, als bei Rocroi (an der heutigen französisch-belgischen Grenze) ein fundamentaler Sieg über Spanien errungen wurde. Neben zahlreichen schmeichlerischen Gelegenheits- und Hofpoeten hat auch Frankreichs regierender Dichterfürst, Pierre Corneille, kräftig in die Saiten gegriffen, als er Anna, »die große Königin, Wunder vollbringend . . .«, besang.

»Die Königin ist so gut«, beschrieb Jean Retz, Erzbischof-Koadjutor von Paris, weniger blumig, dafür um so genauer, die allgemeine Stimmung, die vom Hof ihren Ausgang nahm. Keine Spitzel und Spione waren mehr zu fürchten, die Düsternis der Angst wich heller Lebensfreude, es gab wieder Theater- und Ballettaufführungen, Gartenfeste und Bälle, im Mittelpunkt eine gutgelaunte Königin, zu Scherzen und lebhaftem Geplauder aufgelegt.

Ein trügerischer Glanz! Denn noch immer lag die Wirtschaft darnieder, war die Finanzlage, infolge des Krieges, prekär, der Steuerdruck ließ nicht nach. Doch alle waren sicher, daß die »große Königin« auch hiebei bald für eine glückliche Wende, wenn nicht überhaupt für ein weiteres Wunder sorgen werde.

Richelieus Mannen atmeten auf, denn sie blieben, soweit man ihnen nicht schwere Verfehlungen nachweisen konnte, ungeschoren, ebenso wie die Protestanten, die am meisten vor der erzkatholischen Königin aus Spanien gezittert hatten. Die Schafotte, zu Richelieus Zeiten pausenlos in Aktion, begannen zu verrotten.

Ernsthafte Schwierigkeiten gab es vorerst nur mit den zahlreichen Remigranten, welche die gleiche dominierende Rolle zu spielen gedachten wie vor der Zeit, da Richelieu sie aus dem Lande getrieben hatte. Sie fanden nun alle wichtigen und einflußreichen Positionen teils mit Leuten besetzt, die noch der alte Kardinal wegen ihrer hohen fachlichen Qualifikationen eingesetzt hatte, teils mit Personen, die das Vertrauen der Königin und Mazarins besaßen.

Die unzufriedenen Rückwanderer waren es, welche die allgemeine Aufbruchsstimmung störten. Zu ihnen gehörte auch Marie de Chevreuse, die nicht wahrhaben wollte, daß die souveräne Regentin dieselbe Frau war wie das getretene Aschenputtel früherer Tage, das sich oftmals an die starke Freundin geklammert hatte.

Wahrscheinlich war die intrigenreiche Chevreuse die heimliche Quelle all der hinter vorgehaltener Hand weitergetuschelten Bösartigkeiten über Anna und Kardinal Mazarin. Mit Sicherheit waren es gezielt und mit voller Absicht in Umlauf gebrachte Unterstellungen, denn zu jenem Zeitpunkt, und noch sehr lange danach, hatten die beiden keine wie immer gearteten privaten Kontakte. Eine Liaison mit dem Kardinal schien schon aufgrund von Annas Charakter undenkbar. Die geborene Habsburgerin zeigte nämlich erheblichen Standesdünkel. Bei aller Liebenswürdigkeit hielt sie streng auf Abgrenzung »nach unten«, und sie wurde nicht selten wegen ihres offen zur Schau getragenen Hochmuts kritisiert. Als Marie de Chevreuse der Königin mit geflissentlicher Besorgnis von dem üblen Gerede Mitteilung machte und sie fragte, ob es nicht klüger wäre, Mazarin zu entlassen, reagierte Anna mit Gelächter und ging belustigt über die ihr widersinnig scheinenden Tratschereien hinweg. Der Königin verging das Lachen, als sie eines Abends auf ihrem Kopfkissen einen Drohbrief fand: »Wenn Sie sich nicht Mazarins entledigen, werden wir es tun.«

»Wir«, das war ein machthungriger Aristokratenklüngel, der glaubte, mit Anna leichtes Spiel zu haben, sobald Mazarin aus dem Weg geräumt sein würde. Eine neue Verschwörung also, diesmal gegen den Nachfolger des verhaßten Richelieu, und ein bis in die letzten Einzelheiten ausgearbeitetes Mordkomplott, das nur wegen der stümperhaften Vorgangsweise des gedungenen Mordbuben aufflog. Die Rädelsführer wurden verhaftet und des Landes verwiesen. Marie de Chevreuse, die zehn Jahre lang aus der Heimat verbannt gewesen war, wurde aufgefordert, Paris sofort zu verlassen. Sie reiste ab, weniger als drei Monate, nachdem sie dort angekommen war.

Nach diesen Ereignissen fürchtete man ernstlich um Annas Sicherheit und legte ihr nahe, die Leibwachen zu verstärken. Sie lehnte ab. Die eben überstandene Bedrohung war für sie eine Episode, die sich nicht wiederholen würde. Sie verließ sogar den wenig geliebten, aber unangreifbaren Louvre und übersiedelte in die geräumige italienische Villa, die Richelieu sich hatte erbauen lassen, das »Palais Royal«, mit seinen weitläufigen, ungeschützten Gärten, in unmittelbarer Nähe der »Halles«, dem Zentrum des pulsierenden Pariser Geschäftslebens.

Anna sah in jenen Jahren, obwohl sie noch immer Schwarz trug – oder gerade deswegen? – hinreißend aus. Bei ihrem stets kräftigen Appetit und einer Vorliebe für erlesene Speisen war sie ein wenig rundlich geworden; sie schminkte sich überhaupt nicht, so kam ihr makelloser, sanft rosiger Teint unter der Fülle des prachtvollen rotblonden Haares voll zur Geltung.

Annas Tagesablauf war dicht gedrängt, beginnend mit einem Bad, dem anschließenden offiziellen Lever und den obligaten Audienzen. Mindestens eine Stunde Gebet in der Privatkapelle, die vollgestopft war mit den seltsamsten Reliquien; darunter ein Finger der heiligen Anna, ein Stück vom Schleier der Jungfrau Maria und das skelettierte Haupt des heiligen Knut. Nach dem Kronrat Mittagessen um zwei

172

Uhr, nachmittags häufig Beratungen mit Mazarin, am Abend geselliges Beisammensein mit Gästen aus aller Welt und Vertretern von Kunst und Wissenschaft. Auch Forschungsreisende waren gern gesehen, und Anna konnte sich nicht satt hören an deren Berichten.

Theater machte Anna viel Vergnügen, besonders genoß sie leichte italienische Komödien, was manchem Gottesmann ein Dorn im Auge war. Eines Tages erschien ein Priester zur Frühaudienz und legte ein Gutachten von sieben Professoren der Sorbonne vor. Die Gelehrten bestätigten übereinstimmend, daß die Commedia dell'arte der Seele höchst verderblich sei. Schon kurze Zeit später konnte Anna mit den Gegenexpertisen von zwölf hochrangigen geistlichen Würdenträgern aufwarten: derlei Unterhaltung würde keinen wie immer gearteten Schaden anrichten.

Von gesellschaftlichen Veranstaltungen abgesehen, teilte Ludwig, der angebetete Sohn, viele Stunden des Tages mit der Mutter, die er schon frühmorgens im Bett begrüßen durfte. Er sollte die Führung der Staatsgeschäfte gründlich erlernen, darum fehlte der Knabe bei keinem Kronrat. Es ist verständlich, daß ihn die endlosen Sitzungen langweilten und daß er lieber mit seinen Spielgefährten, die Anna aus den Kreisen des Hochadels ausgewählt hatte, durch die Gärten tobte. Seine Lieblingsbeschäftigung war das Kriegsspiel mit Miniaturwaffen, gefolgt von Schwimmen in der Seine, wenn die Familie sich in der Sommerresidenz zu Fontainebleau aufhielt. Mit Befremden wurde registriert, wie Anna ihre Kameraderie mit den Kindern so weit trieb, daß sie mit ihnen im kalten Fluß badete, allerdings vom Halse bis zu den Zehen in ein langärmeliges Leinenhemd gehüllt.

Die Aufsicht über die Erziehung der Prinzen lag in den Händen Mazarins, der zugleich den Posten eines Obersthofmeisters innehatte und im Palais Royal eine Dienstwohnung bezog, was dem alten Klatsch neuen Auftrieb gab, ungeachtet der Tatsache, daß es am französischen Hof seit jeher üblich war, die Minister auch in persönlichen Dienst zu nehmen. (Richelieu beispielsweise war, wie erwähnt, Obersthofmeister bei Maria von Medici gewesen.) Überdies, auch das war ein feststehender Brauch, teilte jede Nacht eine andere Kammerfrau das Schlafzimmer mit der Königin – und alle privaten Gespräche mit Mazarin fanden stets bei weit geöffneten Flügeltüren statt.

Der Blitz, der diese Idylle zerstörte, kam nicht aus heiterem Himmel.

Das Grollen des heraufziehenden Unwetters war schon lange vernehmbar gewesen, es hatte seit der Adelsverschwörung gegen Mazarin niemals ganz aufgehört.

Schon Jahrzehnte vor Annas Regentschaft hatten sich Mißstände breitgemacht, die, abgesehen von marginalen Korrekturen, im wesentlichen bestehen blieben: Vor allem den kleinen Mann traf die volle Wucht der Kriegslast, die Reichen verstanden es erfolgreich, sich zu drücken; der Schacher mit Ämtern hatte niemals aufgehört, die Staatsschulden wuchsen auf die gigantische Summe von 150 Millionen der neuen Livre-Währung (6 Ecus = 1 Livre), und die Königin mußte Teile ihres Schmuckes und ihres Tafelsilbers verkaufen, um die Armee bezahlen zu können. Die Banken machten durch horrende Zinsen fette Gewinne, große Vermögenswerte wurden verschoben und somit der Wirtschaft entzogen.

Die Königin und Mazarin konzentrierten sich vorwiegend auf die Außenpolitik, auf Kämpfe und Siege in Deutschland, in den spanischen Niederlanden und an der südlichen Grenze zu Spanien. Mazarin tat noch dazu den schweren Mißgriff, für innenpolitische Belange italienische Landsleute als Berater zu berufen, von denen etliche kapitale Fehler begingen. Eine Welle des Fremdenhasses erfaßte Frankreich, weiter angeheizt durch Annas und Mazarins leichtsinnige Angewohnheit, sich meist auf spanisch zu unterhalten. Mazarin hatte einen erheblichen Teil seiner Jugend in Spanien verlebt, im Feindesland also, wodurch ihm das Stigma des Verräters anhaftete.

Das Volk sehnte sich nach Frieden – Frankreichs »Gloire«, die großen Gebietsgewinne, die später im Westfälischen Frieden bestätigt werden sollten, kümmerten den Untertan wenig, der nicht einmal trockenes Brot zu essen hatte.

Das Parlament, seit Richelieu geschwächt, sah eine Chance gekommen, als das englische Parlament Charles I. stürzte (der dann 1649 hingerichtet wurde), und es begann, sich den Wünschen der Regierung nach Einführung immer neuer Abgaben entgegenzustellen. Schließlich forderte es sogar Herabsetzung der Steuern, Kontrolle über die Staatsfinanzen und, nach englischem Vorbild, Einführung des Habeas corpus (= niemand darf ohne richterliche Anordnung länger als 24 Stunden festgehalten werden).

Zu guter Letzt schlossen sich auch die Spitzen des ständig unzufriedenen Adels der Bewegung an, die unter dem Namen »Fronde« (so hießen die kleinen Steinschleudern, mit denen die Pariser Gassenjungen um sich schossen) in die Geschichte eingegangen ist. Daß die Fronde nicht das volle Ausmaß der 150 Jahre später ausgebrochenen großen Französischen Revolution erreichte, daß am Ende von vier turbulenten und gefährlichen Jahren die Königin und Mazarin obsiegten, ist allein dem Umstand zuzuschreiben, daß diese erste große Erhebung von drei völlig verschiedenen Gruppen mit einander oft widersprechenden Zielen getragen wurde: vom Parlament, vom Adel und vom einfachen Volk. Es fehlte eine gemeinsame, zündende Idee, und es fehlte eine mitreißende Integrationsfigur, wie sie die Große Revolution gleich mehrfach hervorgebracht hat. Hätte es all dies gegeben, dann wäre Anna vermutlich dasselbe Schicksal beschieden gewesen wie ihrer unglücklichen Nachfahrin Marie Antoinette. Doch die Zeit war noch nicht reif. Sie war es erst, nachdem Ludwig XIV., geprägt durch die traumatischen Erlebnisse seiner Kindheit, den extremen Absolutismus zur Regierungsform erhoben hatte.

Die ersten Unruhen begannen im Sommer 1648. Anna, schon immer zum Jähzorn neigend und schockiert durch die Vorgänge in England, reagierte unbedacht. Als einmal der Präsident des Parlaments bei ihr vorsprach, fuhr sie ihm über den Mund: »Schweigen Sie, Sie alter Narr.« Nach der Verhaftung eines beliebten Parlamentariers kam es zu schweren Ausschreitungen in der Stadt. Hunderte Barrikaden wurden errichtet, Soldaten und Angehörige des Hofes bespuckt und mit Steinen beworfen, die Musketiere schossen wahllos in die Menge, es gab Tote und Verwundete auf beiden Seiten.

Auf eine offizielle Demarche des Parlaments zwecks Freilassung des Gefangenen reagierte Anna mit einem Wutausbruch: »Nein, nein, lieber erwürge ich ihn mit meinen eigenen Händen.« Sie ließ ihn dann doch enthaften, aber die aufgebrachte Menge war damit nicht zufrieden und machte Anstalten, die königliche Residenz zu stürmen. Daraufhin ließ die Königin demonstrativ die Wachen vom Palais Royal abziehen, denn: »Eine Nachkommin Karls V. fürchtet Gott, sonst niemanden.« Die Geste machte Eindruck, das Volk beruhigte sich, doch Anna schickte trotzdem vorsichtshalber den Dauphin und seinen Bruder aus der Stadt, nach Rueil. Als einige Abgeordnete die Rückkehr der Knaben forderten, erklärte ihnen die Königin kaltblütig, jeder Mensch habe das Recht, die schöne Jahreszeit in frischer Landluft zu verbringen – und reiste tags darauf ebenfalls nach Rueil. Auch nach der Rückkehr der königlichen Familie blieb die Stimmung explosiv. Die Stadt wurde mit Flugblättern gegen den Kardinal (»Zum Teufel mit Mazarin!«) und die Königin überschwemmt, murrende Volksmassen sammelten sich in und vor den Halles, kamen dem Palais Royal immer wieder bedrohlich nahe, und langsam wurde klar, daß Teile der Musketiereinheiten in ihrer Loyalität wankend zu werden begannen. Es roch nach Revolution, es roch nach Katastrophe.

Am 6. Januar 1649, um zwei Uhr morgens, gelang Anna und den Kindern sowie einigen Getreuen die von Mazarin generalstabsmäßig vorbereitete Flucht. Sie entkamen in unauffälligen Kutschen, die an einem Seitentor des Parkes warteten, und fuhren nach St-Germainen-Laye – mit nur zwei Feldbetten, für Anna und Ludwig, alle übrigen schliefen zunächst auf Strohsäcken in ungeheizten Räumen. Und das im kältesten Winter des Jahrhunderts!

Außer sich vor Zorn und Empörung verweigerte die Regentin dem Parlament eine Aussprache, worauf es Mazarin für abgesetzt erklärte und alle seine Besitzungen beschlagnahmte.

Zahlreiche Adelige, darunter Henri de Turenne, Marschall von Frankreich und hochdekorierter Eroberer des Elsaß, ein Protestant notabene, schlugen sich auf die Seite der aufsässigen Pariser, die nun zum offenen Bürgerkrieg rüsteten.

Alles schien verloren, und Anna erhielt einen zusätzlichen Fußtritt von ihrem Cousin, dem deutschen Kaiser Ferdinand III.: »Wenn die Königin mit ihrem Sohn Frankreich verlassen muß, wird sie in meinen Ländern nicht empfangen werden.«

Rettung kam vom Bourbonenprinzen Henri de Condé, einem weiteren Heros im Kampf gegen Spanien. Condé, der einst den entscheidenden Sieg von Rocroi errungen hatte, rüstete ein Heer gegen Paris, Mazarin tat ein übriges, indem er die seit langem nicht besoldeten Truppen Turennes mit mehr als einer Million Livres bestach und so außer Gefecht setzte. Turenne floh nach Deutschland. Der Aufstand brach zusammen, ehe er noch begonnen hatte, die Königin kehrte mit den Kindern in die Hauptstadt zurück, die wankelmütigen Pariser jubelten ihr zu wie einer Erretterin, und Mazarin blieb im Amt.

Nicht für lange. Denn nun war es Condé, der zum Gegner überlief, weil Anna und der Kardinal ihn nicht großzügig genug entlohnt hatten. Ehe auch diese gefährliche Situation eskalieren konnte, überwarf sich der präpotente und maßlos anspruchsvolle Prinz mit dem Parlament, das nun seiner Verhaftung zustimmte. Zusammen mit Condé wurden zwei weitere Prinzen von königlichem Geblüt festgenommen, worauf sich auf der Stelle wieder eine neue Partei gegen die Königin und ihren Minister bildete, diesmal angeführt vom stets zu Verrat und Intrige bereiten Gaston, Herzog von Orléans, dem Schwager Annas, und der zahlreichen Verwandtschaft Condés. Truppen wurden um Paris zusammengezogen, Gaston und seine Verbündeten forderten die Enthaftung der drei Prinzen und die Absetzung Mazarins.

Anna war am Ende ihrer Widerstandskraft. Am 10. Februar 1651 unterzeichnete sie das Entlassungsdekret Mazarins. Der Kardinal setzte sich mit einer kleinen Schar ergebener Musketiere – darunter ein gewisser d'Artagnan – nach Köln ab, wo ihnen der Fürsterzbischof das Schloß Brühl als Unterkunft zur Verfügung stellte.

Was tun mit einer Königin, die unter Umständen wieder Mut schöpfen und das Gesetz des Handelns an sich reißen könnte? Die Lösung lag nahe. Man sperrte sie – zumindest symbolisch – ein. Sie konnte das Palais Royal nicht mehr verlassen, das von Wachmannschaften des Herzogs von Orléans und einer bedrohlich erregten Menschenmenge Tag und Nacht umstellt war.

Einen vollen Monat lang waren Anna und die Kinder im Palais eingeschlossen, dann verliefen sich die Pariser, und Gaston zog seine Soldaten ab; das war der Anfang vom Ende der Fronde, deren führende Köpfe sich nicht über die weiteren Schritte einigen konnten. Nachdem in den lärmenden Versammlungen der Fronde heftig die kühnsten Vorschläge diskutiert worden waren – es wurde sogar erwogen, den Dauphin zu entführen und seine Mutter vor Gericht zu stellen –, trat Ernüchterung ein. Was, so fragten sich die Parlamentarier betreten, würde nachher sein? Würde der hochfahrende Condé die Macht an sich reißen? Oder der unbeliebte Herzog von Orléans, ein Muster an Unzuverlässigkeit, für den minderjährigen König die Regentschaft führen? Oder würden gar Condé und Orléans zusammen das Parlament neuerlich ausschalten?

Vorsichtig tastend versuchten einige Abgeordnete mit der Königin

Fühlung aufzunehmen, doch die schien nicht die geringste Lust zu verspüren, sich in irgendeiner Weise festzulegen. Sie handelte nach einem ganz bestimmten Plan, und der war dem Kopf Mazarins entsprungen, mit dem Anna im geheimen Briefkontakt stand. Zeit gewinnen lautete die Devise. Die Gespräche immer wieder hinauszögern, bis zum 5. September, dem Tag von Ludwigs 13. Geburtstag, dem Tag, da er nach altem französischem Recht großjährig sein würde.

Früh gereift durch die einschneidenden Erlebnisse der vergangenen Jahre, war der noch nicht einmal Dreizehnjährige kein Kind mehr. Er wußte, was er wollte, und er wußte, zu wem er stand; zu seiner Mutter nämlich. Schon im Sommer hatte er seinen Onkel Gaston erschreckt, indem er ihn aufforderte: »Mein lieber Onkel, deklarieren Sie sich zweifelsfrei. Stehen Sie zu mir?« Den berühmten Ausspruch: »L'Etat, c'est moi«, soll er bereits mit siebzehn Jahren getan haben.

Am 7. September 1651, zwei Tage nach seinem Geburtstag, wurde Ludwig XIV. im Parlament für mündig erklärt. Es war für die Pariser, die wieder einmal Hoffnung schöpften auf ein neues, ein goldenes Zeitalter, ein einziger Freudentaumel. Während des Festzugs vom Palais Royal zum Parlament – der König ganz in Gold, strahlend wie die Sonne und hoch zu Roß, dahinter die Königin mit Ludwigs jüngerem Bruder Philipp in einer Staatskarosse – vermochten die Ordnungshüter kaum die begeisterte Menge im Zaum zu halten. Immer wieder versuchten die Menschen, die Absperrungen zu durchbrechen, um ihrem Idol näher zu kommen. Als der Junge dann noch lachend den Hut vom blonden Lockenkopf riß und seinen Untertanen damit heftig schwenkend zuwinkte, kannte die Begeisterung keine Grenzen mehr.

Feierliche Stille im Parlament, als Anna mit bewegter Stimme dem »so lieben und teuren Sohn« offiziell die Regentschaft übergab. Ludwig bedankte sich mit artigen Worten für die sorgfältige Erziehung, die seine Mutter ihm hatte angedeihen lassen, für die nimmermüde Sorge für sein Königreich und ernannte sie in einem Atemzug zur Vorsitzenden des Kronrates, auf daß sie ihm weiterhin tatkräftig zur Seite stehen könne. Anna und Mazarin haben dann de facto die Regierungsgeschäfte noch weitere zehn Jahre geführt.

Nach der Rede des Königs sanken sämtliche Anwesende in die Knie, um ihrem neuen Herrn zu huldigen, auch Anna machte Anstalten, wurde aber noch rechtzeitig von Ludwig daran gehindert. Er zog sie spontan an sich und umarmte sie zärtlich.

Am Heiligen Abend desselben Jahres kehrte Mazarin, vom König in einem Handschreiben ausdrücklich dazu aufgefordert, nach Frankreich zurück. Am 28. Januar 1652 traf er in Poitiers ein, wo Ludwig und seine Mutter sich während einer Reise durch die Provinzen aufhielten. Ludwig ritt seinem Taufpaten bis zur Stadtgrenze entgegen und geleitete diesen zu seinem Quartier. Sogleich eilte der Kardinal zur Königin. Anna wies ihr Gefolge aus dem Zimmer und schloß sich mit Mazarin für mehrere Stunden ein.

Mit dieser Wiederbegegnung begann vermutlich die enge, später auch intime Beziehung der einundfünfzigjährigen Frau mit dem um ein Jahr jüngeren Mann. Irgendwann im Laufe der elfmonatigen Trennung – sie allein und fast wehrlos in einer Umwelt voller Feinde, er in demütigender Verbannung – muß den beiden klargeworden sein, wie sehr sie einander brauchten, wie sehr sie einander liebten.

Die Briefe, die sie während dieser Zeit wechselten, waren zu Beginn nüchtern und geschäftsmäßig, die Korrespondenz einer Herrscherin mit ihrem ersten Diener. Nach und nach flossen immer persönlichere Wendungen ein, kamen zwei Menschen in all ihren Nöten, mit all ihrer Sehnsucht nach Verständnis und Zuneigung zum Vorschein.

Die Briefe wurden so sehr zum Lebenselixier der Königin und des Kardinals, daß sie einander seit Poitiers täglich schrieben, selbst wenn sie nur für ein paar kurze Stunden getrennt waren, und an manchen Tagen waren es mehrere Grüße und Botschaften, die von ihm zu ihr, von ihr zu ihm gesandt wurden.

Diese Geheimkorrespondenz, geziert mit einem besonderen Siegel, das beide benutzten – es zeigte die verschlungenen Buchstaben A und M – muß Tausende Seiten umfaßt haben. Es sind nur noch Bruchstücke erhalten, das meiste davon lag bis vor wenigen Jahren unentdeckt und nicht ausgewertet in der französischen Nationalbibliothek. Bis jetzt ist es nicht gelungen, die zum Teil verschlüsselt geschriebenen Briefe vollkommen zu enträtseln, es wurden Chiffren benützt, Ziffern und allerlei Zeichen wie Sternchen, Lilien und anderes mehr. Mazarin an Anna: »Ich möchte Ihnen 1 000 zärtliche Dinge über das Meer [Code für Mazarin] und 22 [Anna] sagen ...« Oder: »Die Welt wird versinken, wenn ich Sie wiedersehe. Während ich dies schreibe, bin ich außer mir ... Malen Sie sich bitte aus, was geschehen wird, wenn 26 [Mazarin] 22 [Anna] wiedersehen wird.«

Anna an Mazarin: »Ich weiß, daß es die Vernunft gebietet und nicht Ihr Wille, daß Sie noch nicht zurückkommen, und ich kann nichts dagegen sagen. Aber ich verwünsche alle jene, die Sie mir länger fernhalten als mir lieb ist ...« Oder: »Ich habe Ihre Briefe erhalten ..., die mir Hoffnung geben, Sie bald wiederzusehen, aber ich glaube es nicht, bis ich es nicht gewiß weiß, denn ich bin schon zu oft enttäuscht worden ...« Oder: »Ihr Brief vom 8. kam viel zu spät, später als der vom 9. Es war schmerzlich für mich, denn ich weiß ja, daß Sie mir täglich schreiben, und so ging mir der Brief sehr ab ...«

Nach monatelangen Querelen mit dem Parlament, mit dem Prinzen Condé, die Mazarin schließlich zu seinen Gunsten entscheiden konnte, kehrte er am 3. Februar 1653 als Erster Minister nach Paris zurück, das er, fast auf den Tag genau, zwei Jahre zuvor fluchtartig verlassen hatte.

Von dem Augenblick an, da die ganz große Liebe in ihr Leben trat, begann sich Anna auf die traditionelle Frauenrolle zurückzuziehen. Es ist nicht ganz geklärt, ob sie dies freiwillig tat oder unter dem Druck Mazarins. Seine Zuneigung war ihr möglicherweise so kostbar, daß sie, die sich all die Jahre zuvor mutig und »mannhaft« allein geschlagen hatte, seinen Wünschen nachgab, um ihre Beziehung nicht zu gefährden. Übereinstimmenden Berichten zufolge hat es gar nicht selten lautstarke Auseinandersetzungen zwischen den beiden gegeben. Doch den heftigen Szenen folgten alsogleich die innigsten Briefe.

Mazarin jedenfalls regierte in den letzten Jahren seines Lebens autark im »Draußen«, Anna kümmerte sich um das »Drinnen«, und sie war damit hinreichend in Atem gehalten, vor allem durch ihre Kinder. Während Philipp in frühen Jugendjahren noch keine Anzeichen seiner später offen zutage tretenden homophilen Neigungen zeigte, bekundete Ludwig von klein auf eine unübersehbare, heftige Vorliebe für das weibliche Geschlecht. Der ganze Hof amüsierte sich über ihn, wenn er nicht genug bekommen konnte von den Zärtlichkeiten, die Ammen, Gouvernanten und Hofdamen dem hübschen Knaben im Übermaß schenkten.

Kaum sechzehn, machte er Anstalten, Olympia Mancini, eine bild-schöne Nichte des Kardinals, zu umgarnen – und dies durchaus schon wie ein routinierter Roué. Die junge Dame wurde eiligst mit einem Prinzen aus dem Hause Savoyen verheiratet, und sie bekam später sogar eine bescheidene Fußnote im großen Buch der Geschichte, als Mutter des Feldherrn Prinz Eugen.

Die nächste Liebelei Ludwigs wurde fürs erste kaum zur Kenntnis genommen, denn es schien ausgeschlossen, daß der junge Mann mit seinem ausgeprägten Schönheitssinn sich in die um ein Jahr ältere Schwester Olympias, Maria Mancini, ernstlich verlieben könnte. Maria war, nach den Worten der Madame de Motteville, »extrem häßlich«, also müssen es ihre brillante Intelligenz, ihr Witz und ihre Schlagfertigkeit gewesen sein, die den König so faszinierten, daß er ihretwegen wiederholt das höfische Protokoll verletzte. Anna registrierte verärgert, daß die jungen Leute in ihrer Gegenwart unbekümmert kicherten, tuschelten und Händchen hielten, daß Ludwig, der Etikette trotzend, auf Bällen fast ausschließlich mit der Italienerin tanzte.

Als Mazarin mit Spanien endlich einen Frieden ausgehandelt hatte, der Frankreich übrigens ansehnliche Gebietsgewinne bescherte, und zur Besiegelung des Paktes die Heirat Ludwigs mit dessen Kusine, Maria Teresa, Tochter König Philipps IV., beschlossen wurde, zeigte sich der junge Mann störrisch: Maria Mancini würde er heiraten, sonst keine.

Mazarin nahm ihn streng ins Gebet, seine Mutter redete ihm tagelang gütlich zu, und schließlich sah man ihn, Tränen in den Augen, niedergeschlagen aus ihrem Zimmer kommen. Maria wurde nach La Rochelle geschickt, der König blieb in Paris und kränkelte dahin. Sein Leibarzt stellte die düstere Diagnose: »Majestät ist schwer liebeskrank«, und empfahl als Therapie, man möge den Verliebten wenigstens erlauben, miteinander zu korrespondieren. Zögernd gaben Anna und Mazarin nach. Als auch dies nichts half, wurde noch einmal ein Wiedersehen in der Nähe von Bordeaux ermöglicht, was Ludwig aber in noch tiefere Depressionen stürzte.

Den Schlußstrich zog dann Maria, die von ihrem Onkel so lange bearbeitet wurde, bis sie sich zu einem endgültigen Absagebrief durchrang. Ludwig sandte ihr zum ewigen Andenken eine kostbare Perlenkette und einen kleinen Hund. Dann war er endlich bereit, die Ehe mit Maria Teresa einzugehen.

Die Verbindung Ludwigs XIV. mit Maria Teresa ist ein klassisches Beispiel für die Inzucht in Europas Herrscherhäusern. Ludwigs Mutter und Maria Teresas Vater waren Geschwister, ebenso wie Maria Teresas Mutter und Ludwigs Vater. Sie waren also Cousin und Kusine in doppelter Hinsicht und so nahe verwandt wie Bruder und Schwester. Statt der üblichen acht Großelternteile hatte das Paar nur zwei Großmütter und zwei Großväter – und auch die stammten aus Ehen unter engsten Verwandten.

Am 6. Juni 1660 gaben der zweiundzwanzigjährige König und seine gleichaltrige Braut, eine hübsche, freundliche Blondine, die ihn blauäugig anhimmelte, in St-Juan-de-Luz, nahe der spanischen Grenze, einander das Jawort. Auch der Bräutigam war gut gelaunt, niemand konnte mehr Merkmale eines gebrochenen Herzens feststellen.

Es war ein Fest für Ludwig und für Maria Teresa, es war aber auch ein Fest für Anna, die nach vierzig Jahren Trennung und fünfzehn Jahren Krieg endlich wieder den Bruder in die Arme schließen konnte. »Ich hoffe«, sagte sie beim Wiedersehen, »Sie verzeihen mir, daß ich eine so gute Französin geworden bin. Ich war es meinem Sohn, dem König, und ich war es Frankreich schuldig.« Philipp verzieh seiner Schwester – die meisten anderen Habsburger taten es nicht.

Die rauschenden Festtage von St-Juan-de-Luz waren die letzten ungetrübt glücklichen im Leben Annas, die nun den Titel einer »Königin-Mutter« trug, nachdem Frankreich mit Maria Teresa eine neue Königin erhalten hatte. Mazarin, zeitlebens ein Vorbild an eisernem Willen, doch gesundheitlich eher labil, erkrankte ernstlich. Gicht und Nierensteine machten ihm schwer zu schaffen, ein Herzleiden kam hinzu.

Anna weigerte sich, den zunehmend besorgniserregenden Zustand des Kardinals zur Kenntnis zu nehmen. Die Augen wurden ihr erst geöffnet, als im Februar 1661 ein Feuer im Louvre ausbrach, wo der Hof wieder residierte, und Mazarin nicht mehr imstande war, sein bereits brennendes Zimmer aus eigener Kraft zu verlassen. Buchstäblich im letzten Moment gelang es, ihn zu retten.

Mazarin wußte, wie es um ihn stand. Er ließ sich zum Sterben auf seinen Besitz in Vincennes bringen, wo ihn Anna täglich besuchte und viele Stunden an seinem Lager verbrachte.

Dem König, auch er Tag für Tag an Mazarins Krankenbett, erteilte der Sterbende letzte Ratschläge, vor allem den, niemals einen Ersten Minister zu berufen, sondern die Regierungsgeschäfte allein zu führen. Mazarin wußte sehr wohl, was er sagte, wenn er den Patensohn, den er liebte wie einen eigenen, vor seinesgleichen warnte; vor diesen machthungrigen, ehrgeizigen und oft skrupellosen Emporkömmlingen, die neben dem Wohl des Staates das eigene mindestens ebenso im Auge hatten. Mazarin ging, wie sein Vorgänger Richelieu, wie Concini, wie Luynes, wie Cinq-Mars, als reicher Mann aus dieser Welt. Bis heute weiß man nicht genau, wo all die Paläste, die Kunstschätze, die Stallungen, die Parks, die Güter herkamen, die er im Laufe seiner Karriere an sich gebracht hatte, während die Staatsfinanzen stets im argen lagen.

Mazarin starb am 9. März 1661 eines langsamen, qualvollen Erstikkungstodes, hervorgerufen durch ein Lungenödem. Er vermachte der Königin-Mutter einen Brillanten von 14 Karat, und er bestimmte, daß sein Herz in der Kirche St-Anne-la-Royale beigesetzt werde, die seine Geliebte einst gestiftet hatte.

Anna, die während Mazarins letzten Lebenstagen stets mit rotgeweinten Augen umhergelaufen war, befahl nach dem Tod des Kardinals, dessen Namen in ihrer Gegenwart nicht mehr zu erwähnen, so wie sie sich Jahrzehnte vorher verbeten hatte, jemals wieder über Buckingham zu sprechen.

Allmählich begann Anna, sich aus der Tagespolitik zurückzuziehen. Nach dem Ableben des Freundes ließ sie ihre Appartements im Louvre von Grund auf neu einrichten, und zwar von jenem Architekten, der auch Mazarins Wohnsitze prachtvoll ausgestattet hatte. Herz- und Prunkstück der Wohnung war ein Badezimmer mit einer Marmorwanne auf vergoldeten Bronzefüßen, das zugleich als Boudoir diente. Dort empfing Anna ihre intimsten Freunde, darunter Marie de Chevreuse, endlich wieder an den Hof zurückgekehrt – aber nicht mehr, um politische Intrigen zu spinnen, sondern nur, um für ihre zahlreichen Enkelkinder vorteilhafte Heiraten anzubahnen. Die einstmals männerbetörende Marie war alt und zahnlos geworden und fast ebenso fromm, wie es ihre Freundin Anna immer gewesen.

Viel Zeit widmete die Königin-Mutter ihrer Nichte und Schwiegertochter Maria Teresa, der bereits nach wenigen Ehemonaten bewußt
wurde, daß sie am Hof ihres von Herzen geliebten und bewunderten
Gemahls nicht mehr war als eine »Quantité négligeable«. Schon damals vergnügte sich der König in aller Öffentlichkeit mit seinen Mätressen, darunter sogar die Frau des eigenen Bruders, der wiederum
die Gesellschaft junger Herren bevorzugte. Meist jedoch wählte Ludwig seine Gespielinnen der Einfachheit halber unter den Hofdamen
seiner Gemahlin aus. Als ihm Anna deshalb Vorhaltungen machte,
demütigte er seine Mutter, indem er sie wochenlang vor aller Augen
übersah. Es kam dann allerdings wieder zur Versöhnung, Mutter und
Sohn schluchzten heftig. Man weinte sehr viel in jenen Tagen.

1663 – Maria Teresa hatte eben eine Fehlgeburt erlitten – begann Annas Leiden, das später als Brustkrebs erkannt wurde. Die üblichen
Quacksalbermethoden, Klistiere, Aderlässe, Einreibungen mit
Schlangenpulver und Schierlingskraut, nützten nichts, und man entschloß sich Ende 1664 zu einer Operation. Die Wunde, die niemals
mehr heilte, wurde mit heißen Kompressen behandelt.

Beide Söhne bemühten sich nach besten Kräften um die Kranke,
Ludwig verbrachte viele Nächte an ihrem Bett und legte bei der
Pflege selbst Hand an.

In den letzten Wochen vor ihrem Tod erhielt Anna kleine Gaben von
Opium, das ihr wenigstens über die Nächte half; tagsüber wünschte
die Königin-Mutter bei vollem Bewußtsein zu bleiben. Nach der all-
morgendlichen Beichte zogen, wie schon beim langen Sterben ihres
Mannes, endlose Besucherkolonnen an dem mit blauem Samt be-
schlagenen Himmelbett vorbei, das durch ein silbernes Gitter vor zu-
dringlichen Gästen abgeschirmt war. Wenn die Schmerzen unerträglich wurden, schickte Anna alle, auch die Söhne, aus dem Zimmer,
niemand sollte ihr Stöhnen hören.

Am Morgen des 19. Januar 1666 erwachte sie aus einem unruhigen
Schlaf, betrachtete ihre einstmals so schönen Hände und sprach mit
einem Anflug von Sarkasmus: »Meine Finger sind geschwollen, es ist
Zeit, abzutreten.«

Dann verlangte sie ihre Söhne einzeln zu sprechen. Anschließend war
das Publikum wieder zugelassen, und staunend sah man eine Frau
mit blitzenden Augen und flammenden Wangen, anziehend wie in

früheren Jahren, in ihrem Bett liegen. Ludwig, von Weinkrämpfen geschüttelt, flüsterte: »Sehen Sie meine Mutter, sie war noch nie so schön.«

Wenig später sagte Anna energisch und überraschend scharf: »Tun Sie, was ich Ihnen gesagt habe. Ich wiederhole es, das Sakrament auf meinen Lippen.« Diese Worte bezogen sich offenbar auf das Gespräch, das Mutter und Sohn zuvor unter vier Augen geführt hatten.

Am Abend verlangte Anna die Letzte Ölung. Sie versank, nachdem man ihr eine starke Dosis Opium gegeben hatte, in totenähnlichen Schlaf. Ludwig stürzte verzweifelt aus dem Zimmer; er hatte nicht die Kraft, noch einmal zurückzukommen. Anna erwachte jedoch wieder und bat, ihr ein Kruzifix in die Hand zu geben. Sie umklammerte es fest und schlief um 5 Uhr, am Morgen des 20. Januar 1666, für immer ein.

Man hat Frankreichs letzten weiblichen Regenten an der Seite ihres Mannes, Ludwig XIII., in der Kirche St-Denis begraben. Im Herbst 1793, als Marie Antoinette die Guillotine bestieg, wurden die Grabstätten aufgebrochen, die Gebeine des Königs und der Königin auf die Straße geworfen und von einer johlenden Menschenmenge zu Staub zertrampelt. Die Revolution hatte Anna von Österreich eingeholt.

Allein gegen Napoleon

Marie Karoline 1752–1814

War Maria Theresia eine gute Mutter?
Je mehr man sich Wien, dem Zentrum der Maria-Theresia-Verehrung
nähert, desto dringender scheint geboten, diese Frage zu vermeiden,
will man geballten Emotionen entgehen. Das Bild der populärsten
Herrscherin Österreichs ist überdeckt von einer dicken Schicht süßli-
chen Kitsches und nostalgischer Wunschträume, in deren Mittel-
punkt eine gütig lächelnde Landesmutter steht, umringt von einer
Schar wohlbehüteter, zärtlich geliebter Kinder, für deren Zukunft
Maria Theresia nur das Beste im Sinn hatte.
In welchem Sinn? Diese Frage muß erlaubt sein. Und da liegt die
Antwort klar auf der Hand: im Sinn der Politikerin. Maria Theresia,
darüber herrscht kein Zweifel, hat ihre Kinder aufrichtig geliebt –
aber nicht über alles. *Über allem* rangierten die Interessen des Hauses
Österreich sowie des Staates, und damit handelte die Frau des deutschen Kaisers, Franz I. Stephan von Lothringen, durchaus konform
mit jahrhundertealter Herrschertradition, die uns Heutigen fremd, ja
schlechterdings unbegreiflich ist. Ausdrücklich anzumerken ist, daß
persönliches und privates Glück damals auch allgemein im Lebens-
plan keine dominierende Rolle spielte.
Maria Theresia war eine perfekte Mutter nach den Vorstellungen
ihrer Zeit. Aus dem Blickwinkel unserer Gefühlswelt mit dem Drang
nach Selbstverwirklichung war sie es nicht. Die Kinder wurden ausschließlich nach den Bedürfnissen der Staatsräson erzogen und dann
auch verheiratet, wobei die männlichen Nachkommen allemal besser
dran waren als die weiblichen. Wenn die Männer das Pech hatten,
mit einer ihnen nicht genehmen Frau vermählt zu werden, hatten sie
unzählige andere Gelegenheiten, ihrem Leben einen angemessenen
Inhalt zu geben. Den Frauen stand diese Möglichkeit nicht offen,

denn die Mutter hatte ihnen von Kindesbeinen an eingebleut, daß es ihr Lebenszweck sei, eine politisch vorteilhafte Eheverbindung einzugehen, und daß sie dann nichts weiter zu tun hätten, als ihren Männern gefügig zu sein und sich um, hoffentlich möglichst viele, Kinder zu kümmern. Sie, Maria Theresia, hätte es genauso gehalten, wäre ihr von Gott nicht der Platz auf dem Thron zugewiesen worden.

Maria Theresia sah ihre Kinder selten. Sie besuchten an Sonn- und Feiertagen mit den Eltern die Messe und nahmen am gemeinsamen Mittagmahl teil. Die Erziehung erfolgte durch »Ajas« für die Mädchen, durch »Ajos« für die Knaben, durchwegs adelige Witwen und zuverlässige Hofbeamte. Jeweils zwei im Alter am nächsten stehende Kinder wurden von derselben Person betreut, hinzu kamen noch Fachlehrer, Musik- und Tanzmeister. Der Stundenplan war dicht gedrängt, eine Privatsphäre besaßen die Kinder nicht. Selbst die Festlichkeiten im Familienkreis, bei denen die Knaben und Mädchen Ballette aufführten und Theater spielten, waren Teil des Schulungsprogramms, das auf diese Weise die Kunst vermittelte, sich in der Öffentlichkeit anmutig zu bewegen und angstfrei zu sprechen.

Maria Theresia beobachtete die Kinder scharf, erkannte deren Vorzüge und Schwächen, auf handschriftlichen Zetteln gab sie genaue pädagogische Anweisungen.

Das Kaiserpaar hatte sechzehn Kinder, von denen sechs Knaben und acht Mädchen das Säuglingsalter überlebten. Maria Anna wurde 1738 geboren, der letzte Sohn, Max Franz, kam 1756 zur Welt – ein Unterschied von fast zwei Jahrzehnten zwischen dem ältesten und dem jüngsten Kind.

Über mehr als zwei Jahrzehnte erstreckten sich Maria Theresias Bemühungen, jedes einzelne – mit Ausnahme des letzten Sohnes, der Geistlicher wurde – möglichst günstig zu verheiraten. Friedrich II. von Preußen, der Intimfeind der österreichischen Herrscherin, spielte dabei ungewollt eine wesentliche Rolle. Maria Theresias Außenpolitik und die ihres Ministers Kaunitz strebte unter dem ständig drohenden Druck Preußens eine Allianz mit dem Uralt-Erbfeind Frankreich an. Was also lag näher, als endlich wieder mit den Bourbonen verwandtschaftliche Bande zu knüpfen, die seit dem bedauerlichen »Verrat« der im vorangegangenen Kapitel behandelten Anna von Österreich so jäh zerrissen waren.

Des weiteren war Maria Theresia aufs höchste an familiären Beziehungen mit Italien interessiert, vor allem seit dem Hause Österreich die Herrschaft über Neapel-Sizilien an die spanische Linie der Bourbonen verlorengegangen war. Man hatte dafür in einem wahnwitzigen Länderkarussell die Lombardei und die Toskana gewonnen – letztere von Franz Stephan sozusagen als Mitgift mit in die Ehe gebracht –, doch der Wunsch nach noch mehr Einfluß in Italien blieb aufrecht.

So wurde Erzherzog Joseph (später Kaiser Joseph II.) in erster Ehe mit Isabella von Bourbon-Parma vermählt; Erzherzog Leopold (später Großherzog von Toskana, dann Kaiser Leopold II.) mit der spanischen Bourbonin Maria Ludovika, Erzherzog Ferdinand Karl (später Statthalter der Lombardei) mit Herzogin Beatrix von Modena-Este.

Gingen die Heiratsarrangements für die Söhne einigermaßen reibungslos vonstatten, so gab es bei den Mädchen unvorhergesehen Komplikationen. Die älteste Tochter, Maria Anna, eine hochbegabte Naturwissenschaftlerin, sozusagen der Blaustrumpf der Familie, war nicht an den Mann zu bringen, weil von so zarter Gesundheit, daß präsumtive Bewerber befürchteten, sie könnte ihrer Hauptaufgabe, der Hervorbringung zahlreicher Kinder, nicht gewachsen sein. Maria Elisabeth, genannt Liesl, die weitaus attraktivste unter Maria Theresias Töchtern, sollte den alten Wüstling Ludwig XV. von Frankreich heiraten, doch der Plan zerrann buchstäblich über Nacht, als das schöne Kind erwachte und sein Gesicht durch Pocken verwüstet sah.

Maria Theresias Lieblingstochter, Maria Christine, war die einzige, Vielbeneidete, die dem Ruf ihres Herzens folgen und den politisch gänzlich uninteressanten Herzog Albert von Sachsen-Teschen heiraten durfte. Die nächste im kaiserlichen Mädchenreigen, die aparte Maria Amalia, hoffte vergebens auf ein ebensolches Wunder. Der Bayernherzog, den sie liebte, war nicht gut genug, sie mußte den schwer neurotischen Herzog von Parma zum Manne nehmen und wurde in einer katastrophalen Ehe selbst fast verrückt.

Die drei auf Maria Amalia folgenden Schwestern waren hintereinander für denselben Mann bestimmt: Ferdinand IV. von Neapel-Sizilien, Sohn des spanischen Königs Karl III. von Bourbon. Zwei von ihnen entgingen durch den Tod ihrem Schicksal, die dritte mußte es bis zum bitteren Ende ertragen.

Johanna Gabriele, geboren 1750, war noch ein Kind, als zwischen Madrid und Wien Sondierungen über eine mögliche Verbindung der Kaisertochter mit dem um ein Jahr jüngeren Ferdinand gepflogen wurden. Die Angelegenheit war noch längst nicht spruchreif, als das Hannerl, nicht einmal dreizehn Jahre alt, von den Pocken dahingerafft wurde.

Die wenig verlockende Aussicht, einst Königin von Neapel-Sizilien zu werden, ging alsogleich auf Maria Josepha, geboren 1751, über. Der Thron von Neapel-Sizilien, ein Reich, das sich von der großen Insel bis knapp vor die Tore Roms im Westen und an der adriatischen Küste bis nahe Ancona erstreckte, wäre auch für eine österreichische Erzherzogin durchaus angemessen und erstrebenswert gewesen, hätte sie ihn nicht mit einem jungen Mann teilen müssen, über den die abstoßendsten Geschichten im Umlauf waren. Er sei, so sikkerte allmählich durch, zwar groß, doch völlig unproportioniert gewachsen; Spindelbeine unter einem mächtigen, muskelbepackten Oberkörper, niedere, fliehende Stirn, kleine stechende Augen und ein Riechorgan, mindestens so groß wie das des Zwerg Nase – daher sein Spitzname »il re nasone«. Er sei, abgesehen von einem fast unverständlichen neapolitanischen Dialekt, keiner anderen Sprache mächtig, er könne kaum lesen und schreiben, sein Zimmer sei vollgestopft mit Spielsachen, wie sie sonst Fünfjährige besitzen, er sei ungewaschen, ungepflegt und hätte keinerlei Interessen außer der Jagd und groben Späßen.

Maria Theresia wußte genau, was auf ihre Tochter zukam, als sie schrieb: ». . . ich (erkenne) die Vorteile dieser Verbindung, aber mein Mutterherz ist doch . . . aufs äußerste beunruhigt. Ich betrachte die arme Josepha als ein Opfer der Politik. Wenn sie . . . nur die Pflichten gegen Gott und ihren Gatten erfüllt und für ihr Seelenheil sorgt, dann würde ich zufrieden sein, selbst wenn sie unglücklich würde.«

All diese Überlegungen und die unaufhörlich fließenden Tränen ihrer Tochter hinderten das besorgte Mutterherz nicht, die Hochzeitsvorbereitungen zügig voranzutreiben. Am 23. Dezember 1766 wurde der Heiratsvertrag perfekt, am 13. Januar 1767 bestieg der sechzehnjährige Ferdinand offiziell den Thron von Neapel-Sizilien, was allerdings nichts zu bedeuten hatte. Die Regierungsgeschäfte besorgte ohnehin seit langem der Minister Bernardo Tanucci als verlängerter

Arm König Karls III. von Spanien. Für den 14. Oktober war die Trauung der unglücklichen »Sepherl« per procurationem in Wien angesetzt.

Schon waren die Gäste aus aller Herren Länder fast vollzählig versammelt, schon die Fülle der Hochzeitsgeschenke im Belvedere einem staunenden Publikum gezeigt worden, schon Vater Mozart und Sohn Wolfgang Amadeus angereist, um die Brautmesse mit himmlischen Tönen zu krönen, schon standen Hunderte Kutschen und Gepäckwagen bereit, um die neue Königin von Neapel-Sizilien, samt Gefolge und Trousseau, ins ferne Italien zu bringen, als am 4. Oktober die von Maria Theresia so genannte »Geißel unseres Hauses« erneut zuschlug.

Nachdem bereits einige Monate zuvor die zweite Ehefrau Josephs, Josepha von Bayern, den Pocken erlegen und Maria Theresia selbst, wenn auch nur leicht, von der Seuche erfaßt worden war, erkrankte Maria Josepha an der schwersten Form, den schwarzen Pocken, die in jenem Jahr Tausende Wiener das Leben kostete. Es begann mit den üblichen Symptomen: hohes Fieber, Mattigkeit, unerträgliche Gliederschmerzen, dann kleine rote Pünktchen, die sich über den ganzen Körper ausbreiteten. Unter schweren Fieberschüben fingen die Pusteln zu eitern an, das Gesicht, der ganze Kopf schwollen ballonförmig, die Eiterbeulen verfärbten sich schwärzlich und brachen auf. Das Ende war, trotz Aderlässen, Brech- und Abführmitteln, Umschlägen mit Sauerteig und Milch, nicht mehr aufzuhalten. Maria Josepha starb genau zu der Stunde, da sie getraut werden sollte. Sie war eine brave, gefügige Tochter gewesen. Noch auf ihrem Sterbelager bat sie ihre Mutter um Verzeihung, daß sie ihr durch den Tod so viel Leid bereiten müßte.

Marie Karoline war niemals ein willfähriges Kind. Sie besaß einen unbändigen Freiheitsdrang, war gelegentlich wild, trotzig und rebellisch. Während ihre jüngere Schwester, Maria Antonia (später Marie Antoinette) versuchte, die Schulstunden zu schwänzen, da sie lieber spielte als lernte, entfloh Marie Karoline dem Klassenzimmer, weil sie sich eingesperrt fühlte, unterdrückt von ihrer Erzieherin, der Gräfin Judith von Brandis. Schon früh begann sich ein starker Charakter zu formen, dem nichts unerträglicher war als die Einschränkung des persönlichen Lebensraumes.

Maria Theresia, die einmal erkärt hatte, daß Marie Karoline jene Tochter sei, die ihr selbst am meisten gleiche, machte sich große Sorgen um das ungebärdige Mädchen und überschüttete sie mit einer Flut von Verhaltensvorschriften wie: »Ich kann diese Ungezogenheit von Dir nicht vergessen und werde Dir nie verzeihen. Deine Stimme und Deine Sprache sind ohnedies schon unangenehm genug ... Du darfst Deine Stimme niemals erheben ... Du mußt Deinen Geist beschäftigen, denn das wird Dich davon abhalten ... unpassende Bemerkungen zu machen.«

Gelegenheit, den Geist zu beschäftigen, erhielt die Erzherzogin reichlich genug, nachdem ihre Schwester Sepherl gestorben war und nun sie fast augenblicklich die Braut des gräßlichen neapolitanischen Prinzen wurde. Ferdinand hatte deren Tod auf seine Weise nachinszeniert, indem er einen Jagdkumpanen in einen Sarg verfrachtete, ihm mittels Schokolade schwarze Pockenmale ins Gesicht tupfte und den »Leichnam« unter Gelächter und lautem Hallo für kurze Zeit in einer Gruft versenken ließ!

»Die neapolitanische Partei wünscht nichts sehnlicher, als daß Ihre Majestät, die [zukünftige] Königin, sich der Regierung, da es des Königs Majestät an dem Willen, als auch an der Fähigkeit fehlet, annehmen und mithin der gänzlichen Zugrunderichtung dieser in so elenden Umständen sich befindlichen Länder zuvorkommen möchte«, schrieb ein österreichischer Diplomat aus Neapel nach Wien. Alle Hoffnung eines in großer Not lebenden und von Spanien aus mit eiserner Hand regierten Volkes richtete sich auf ein sechzehnjähriges Mädchen, das die Mängel des kindischen Königs ausgleichen und womöglich noch die Macht des Ministers Tanucci brechen sollte.

Staatskanzler Fürst Wenzel Kaunitz beeilte sich, Marie Karoline in langen Einzelsitzungen politische Bildung über ihr künftiges Königreich zu vermitteln und ihr die Grundzüge geschickten Agierens und Reagierens beizubringen. Er konnte sich nicht genug darüber verwundern, wie schnell seine Schülerin das Wesentliche erfaßte, wie lern- und wißbegierig die Kleine war, wie kritisch, scharf und logisch ihr Verstand arbeitete.

Auch Maria Theresia sparte nicht mit guten Lehren für die künftige Königin, und sie zeigte ihr den weiblichen Weg der erniedrigenden Anpassung, den Marie Karoline einschlagen sollte, um das zu erreichen, was Kaunitz vordringlich von ihr gefordert hatte, nämlich alles dranzusetzen, so bald wie möglich den Sitzungen des Geheimen Staatsrates beizuwohnen. »Du mußt das Vertrauen Deines Gatten gewinnen, aber ... Du kannst es nur erwerben, wenn Du Dich ihm durch Sanftmut und Liebenswürdigkeit angenehm machst, ohne ihm jemals Überlegenheit fühlen zu lassen ... Du weißt, daß die Frauen dem Willen ihres Gatten, ja selbst seinen Launen unterliegen müssen ... Die Welt muß glauben, daß Du nur nach dem Geschmack Deines Gatten denkst und handelst.« Gipfel der mütterlichen Ermahnungen, die sich eher wie gezielte Entmutigungen lesen: »Aller Anfang ist schwer, und Deine Lage schwieriger als die einer jeden anderen.«

Marie Karoline war keine strahlende Braut, als man sie am 7. April 1768 in der Augustinerkirche traute, kaum fünf Monate nachdem ihre Schwester Josepha, deren Stelle sie nun einnahm, gestorben war. Der Bräutigam wurde vom Bruder Marie Karolines, Ferdinand, vertreten. Das Mädchen trug eine Robe aus weißem Atlas, bestickt mit Myrthen. Sie war keine Schönheit, aber nett anzusehen in ihrer rosigen Frische und dem prachtvollen blonden Haar der Habsburgerinnen; aber das, was sie für gewöhnlich so reizvoll machte, fehlte an diesem Tag: das gewisse Lächeln, das ihr zwei tiefe Grübchen in die Wangen zauberte.

Mutter und Tochter weinten heftig nach der Zeremonie, und beim anschließenden Essen, das die beiden ohne Gäste einnahmen, rührten sie kaum einen Bissen an.

Sofort nach Tisch zog sich Marie Karoline um – sie trug am ersten Reisetag blauen Samt mit Goldborten –, umarmte hastig Mutter und Geschwister und stieg im Burghof in eine sechsspännige Karosse. Ehe der Kutscher die Pferde zur Abfahrt trieb, öffnete sich noch einmal die Tür, heraus sprang die kleine Königin und fiel der Mutter und ihrer Lieblingsschwester, der dreizehnjährigen Maria Antonia, blind vor Tränen um den Hals. Sie hat beide nie mehr wiedergesehen. Zweihundertfünfzig Hofleute in siebenundfünfzig Wagen oder zu Pferd waren aufgeboten, Marie Karoline zu begleiten; langsam fand sie ihre gute Laune wieder. Sie wurde von Ort zu Ort weitergereicht, ein Volksfest jagte das andere, erst in Innsbruck wurde sie zum ersten Mal von heftigem Heimweh befallen und hatte Sehnsucht nach der Schwester. »Schreiben Sie mir alles über Antonia, auch die kleinsten Einzelheiten ...«, schrieb sie ihrer Aja.

Die beschwerliche Fahrt ging über Trient, Rovereto, Venedig, Modena und Bologna nach Florenz. Leopold, Großherzog von Toskana, und seine Frau Maria Ludovika, eine Schwester des Königs von Neapel, bereiteten der Schwester und Schwägerin einen herzlichen Empfang. Sie veranstalteten für ihren Gast eine Reihe von Festlichkeiten in einem Ausmaß und Glanz, wie sie Marie Karoline am eher sparsamen Hof der Mutter noch nie erlebt hatte. Ein Maskenball in einem Saal (»groß wie der Burghof«, schilderte Marie Karoline) versammelte einmal nicht weniger als 6 000 Besucher, alle aufs eleganteste gekleidet.

Marie Karoline konnte nur ahnen, was auf sie zukam. Ihr Bruder Leopold wußte es schon ziemlich genau, denn er hatte einen Brief von Maria Theresias Sondergesandten in Neapel erhalten, der keine Zweifel über die bevorstehenden Ereignisse ließ. Franz Graf Rosenberg schrieb: »Ich habe den König an Aussehen schlechter, aber an Verstand besser gefunden als erwartet. Ich fürchte die Wirkung des ersten Augenscheines auf die Königin sehr. Der Monarch hat überdies eine Stentorstimme, schreit und gestikuliert beim Sprechen ... Er hat eine schreckliche Angst vor dem Zusammentreffen mit seiner Zukünftigen ... Es ist unerläßlich, daß die Frau Erzherzogin [gemeint ist Leopolds Frau Maria Ludovika] und alle Damen ihr Mut einflößen, damit sie sich ihren fraulichen Pflichten unterziehe, ohne Ekel zu zeigen ...«

Maria Ludovika übernahm tapfer die Aufgabe, das Mädchen in die Geheimnisse einzuweihen, wie man seine fraulichen Pflichten erfüllt, ohne Ekel zu zeigen, und sie tat das erst am Abend des 11. Mai, kurz nach der Ankunft in Terracina, der ersten Station auf neapolitanischem Boden.

Am nächsten Tag fand die offizielle Übergabe der Braut an eine neapolitanische Delegation statt. Es war ein Abschied für immer. Ab sofort mußte sich Marie Karoline von ihrem Hofstaat trennen und wurde nur mehr von Neapolitanern begleitet. Schauplatz der Zeremonie war der Festsaal eines kleinen Palazzo, der kaum Platz bot für die vielen Teilnehmer aus beiden Ländern. Marie Karoline, in der Mitte des überfüllten Raumes auf einem Thronsessel plaziert, war so bleich und bebte dermaßen, daß zu befürchten stand, sie würde jeden Augenblick in Ohnmacht fallen. Sie hielt sich aber zunächst gut, bis

Ferdinand IV. und Marie Karoline von Neapel-Sizilien

sie, schon am Ende der Feierlichkeit, die Nerven verlor, aufsprang, zur nächsten Hofdame stürzte und sich schluchzend an ihr festklammerte. Ehe es sich die verblüfften Neapolitaner versahen, fiel ihre neue Königin jeder einzelnen der österreichischen Damen heulend um den Hals, die ihrerseits allesamt heftig zu weinen begannen.

Was als erhebendes Fest geplant war, nahm die Formen eines Leichenbegängnisses an. »Ich möchte nicht für ein ganzes Königreich noch einmal so eine Szene erleben«, schrieb Leopold seiner Mutter Maria Theresia.

Leopold und Maria Ludovika nahmen schließlich das verstörte Mädchen in die Mitte und führten sie für eine halbe Stunde in ein gesondertes Zimmer, um sie zu trösten und ihr gut zuzureden.

Die kleine Königin war noch immer wachsweiß, aber einigermaßen gefaßt, als sie später, umgeben von ihrem neuen Hofstaat, die Fahrt ins nahe Portello antrat, wo Ferdinand seine junge Frau erwartete. Nur der Bruder und die Schwägerin blieben bei ihr. Das war auch gut so, denn als Marie Karoline den Saal betrat, in dessen Mitte sie ihren Gemahl begrüßen sollte, machte sie Anstalten, umzukehren und davonzulaufen. Doch Leopold und Maria Ludovika hielten sie mit sanfter Gewalt zurück. Marie Karoline saß in der Falle. Langsam ging sie auf Ferdinand zu, der ihr verschreckt entgegenstarrte; sie zog, wie es die Etikette vorschrieb, die Handschuhe aus, wollte niederknien zum Handkuß, aber der Bräutigam fing sie auf, und sie stammelte im sorgfältig vorbereiteten Italienisch: »Ich bin überglücklich, Eure Majestät, meinen lieben Gatten, in so blühender Gesundheit und Wohlergehen begrüßen zu können.«

Der König blieb stumm. Er hatte vergessen, welche Antwort man ihm aufgetragen hatte. Schließlich faßte er einen heldenhaften Entschluß und drückte seiner Frau einen schmatzenden Kuß auf die Wange.

Weder auf der Fahrt nach Gaëta noch während des dort stattfindenden Essens, auch nicht auf Schloß Caserta, wo das Paar die Hochzeitsnacht verbringen sollte, vermochte Marie Karoline ihrem Angetrauten ein einziges Wort zu entlocken, obwohl sie sich durch nervöses Geplapper heftig darum bemühte. Er sah sie lediglich manchmal scheu von der Seite an, um dann weiter vor sich hin zu schweigen. Schließlich verstummte auch Marie Karoline.

Die Ehe sei noch in derselben Nacht konsumiert worden, vermeldete

Maria Ludovika nach Wien, nachdem sie und ihr Mann bis zum Morgengrauen in zitternder Unruhe gewacht hatten, immer darauf gefaßt, eine verzweifelte Marie Karoline aus dem Brautgemach stürzen zu sehen.

Statt der jungen Königin spazierte Ferdinand um sechs Uhr früh ins Zimmer seiner Gäste, um kundzutun, daß er nun gedenke, auf die Jagd zu gehen. Ein englischer Diplomat, der unter den Jagdgästen war, erkundigte sich höflich nach dem Befinden der Königin und erhielt die Antwort: »Sie schläft wie eine Tote und schwitzt wie ein Wildschwein.« Was Ferdinand rüde ausdrückte, hat wohl den Tatsachen entsprochen. Marie Karoline, an das gemäßigte Wiener Klima gewöhnt, litt furchtbar unter der Temperatur, die sich in jenen Tagen um die 40 Grad im Schatten bewegte.

Wie die Königin selbst ihre sogenannten Flitterwochen erlebte, geht aus einem Brief hervor, den sie ihrer letzten Aja, Gräfin Maria Lerchenfeld, schrieb, nachdem diese ihr mitgeteilt hatte, daß Maria Antonia den französischen Thronfolger, Ludwig XVI., heiraten werde: »Ich weiß jetzt, was die Ehe ist, und habe tiefes Mitleid mit Antoinette, der die Ehe noch bevorsteht. Ich gebe offen zu, daß ich lieber sterben würde, als all das noch einmal erleben zu müssen. Wenn ich nicht durch meine Religion gelernt hätte, an Gott zu denken, hätte ich mich umgebracht, denn es war die Hölle...«

Einem Mädchen, das bislang nichts anderes kennengelernt hatte als den ruhigen, geregelten Tagesablauf in der strengen Wiener Hofburg oder im heiteren Schloß Schönbrunn, muß ihr neues Dasein wie ein Alptraum erschienen sein.

Schon allein die spanische Etikette, der sich vor allem die Damen unterwerfen mußten – der König und seine Kumpane nahmen es damit längst nicht so genau –, stellte eine beträchtliche Einengung der gewohnten Bewegungsfreiheit dar. Marie Karoline durfte nicht den kleinsten Handgriff selbst tun, jedes Kleidungsstück wurde ihr von den Kammerfrauen an- und ausgezogen, jedes Bändchen geknüpft, jeder Schuh übergestreift. Die Roben aus schweren, steifen Stoffen mußten Hals und Arme bedecken, so daß bei der herrschenden Hitze nicht nur die Königin, sondern auch ihre Damen »schwitzten wie die Wildschweine«, um im Jargon des Königs zu bleiben. Selbst im Bett durfte die Königin weder Mieder noch Handschuhe ablegen!

Punkt sieben Uhr erhob sich das Paar, um das Frühstück – Schokolade und süße Bäckereien – einzunehmen. Nach dem Besuch der Messe wurde ein kaltes zweites Frühstück gereicht, bestehend aus Schinken, Würsten, Eiern und Pasteten; bereits um zwölf Uhr ein reichliches Mittagessen mit mehreren Gängen, um fünf Uhr Tee und Backwerk, um halb zehn Uhr ein üppiges Souper. Anschließend ging man, wenn kein anderes Programm vorlag, mit vollem Magen ins Bett. Der Erfolg dieser Mastkur blieb nicht aus. Marie Karoline nahm ziemlich stark zu; daß sie bis zu ihrem achtzehnten Lebensjahr noch um einige Zentimeter wuchs, änderte nichts an ihrem molligen Erscheinungsbild.

Die Zeit zwischen Aufstehen und Schlafengehen war angefüllt mit Repräsentationsaufgaben, oft der seltsamsten Art – einmal mußte Marie Karoline nicht weniger als 1 200 Herren zum Handkuß empfangen –, daneben gab es »Vergnügungen« wie Theater, Ball und Ballett, die keine solchen waren, denn sie gehörten zum eisernen Pflichtpensum.

Keine ruhige Stunde, nicht einmal eine ruhige Minute unter Tags, denn es gab keinen Raum im ganzen Schloß, wo nicht bis zu einem Dutzend dienstbarer Geister bereitstanden, dazu noch unzählige Hofschranzen, deren einziger Lebenszweck darin zu bestehen schien, herumzulungern oder ziellos durch die Zimmer, Säle und Gänge zu wandeln. Ganz zu schweigen von den vielen Tieren, die den Palast zusätzlich bevölkerten. Riesige Jagdhunde streunten herum oder machten sich ungehindert auf kostbaren Möbeln und Teppichen breit, Katzen sonder Zahl, und in vielen Zimmern gab es Käfige mit stinkenden Kaninchen, Mäusen und sogar Ratten.

War dies schon unerträglich genug, so setzte der König mit seinem tölpelhaften Benehmen all dem noch die Krone auf. Zum Glück für Marie Karoline ging er häufig auf die Jagd, was allerdings kein weidmännisches Unterfangen, sondern ein wildes Abknallen zugetriebener Tiere war. Da er die Beute mit Eifer und Begeisterung selbst zerlegte, erschien er abends blutverschmiert wie ein Fleischhauer im Palast, um dort Unfug zu treiben. Sei es, daß er seine Kavaliere mit gezücktem Degen, laut brüllend, durch die Räume jagte, sei es, daß er einen Käfig voll Mäuse und Ratten ausließ, um sich am hysterischen Gekreisch der Hofdamen zu ergötzen, sei es, daß er beim Tanzen den

Marie Karoline, Königin von Neapel-Sizilien

Damen grölend aufs Hinterteil klopfte oder seiner Frau an den Busen griff, wobei er mit sichtlichem Besitzerstolz dessen Qualitäten lauthals anpries. Auch genierte er sich keineswegs, den Leibstuhl zu benutzen, und zwar während im selben Salon seine Frau mit ihren Damen musizierte.

In den ersten Tagen und Wochen ihrer Ehe ließ Marie Karoline, wie gelähmt vor Entsetzen, die physischen und psychischen Torturen klaglos über sich ergehen. Aber in dem Maße, in dem sie an nervöser Erschöpfung zu leiden begann, konnte sie ihre wahren Gefühle nicht mehr unterdrücken. Sie wurde gereizt und zänkisch, sie mokierte sich mit unbedachten Bemerkungen, die schon ihre Mutter oft an ihr gerügt hatte, über den König, über den Hof, über das ganze unmögliche Leben in Neapel. Als Maria Theresia vom menschlich verständlichen, für eine Königin aber unakzeptablen Betragen ihrer Tochter unterrichtet wurde, geriet sie in heiligen Zorn über den »königlichen Fratzen« in Neapel.

Marie Karoline wurde erst ein wenig gefaßter, als sich endlich, nach vierjähriger Ehe, am 6. Juni 1772, der heißersehnte Nachwuchs einstellte. Es war eine Tochter, sie wurde auf den Namen Marie Therese getauft. Damit begann allerdings ein neuer, mehr als zwanzig Jahre währender Dornenweg für die Königin. Sie war zwischen 1771 und 1793 so gut wie pausenlos schwanger und gebar in dieser Zeit achtzehn Kinder, um zwei mehr als ihre fruchtbare Mutter. In einem Jahr brachte sie sogar innerhalb von elf Monaten zwei Kinder zur Welt, und zwar im Januar 1775 einen Sohn und am 23. November 1775 eine Tochter. Die beiden letzten Kinder wurden geboren, als Marie Karoline bereits Großmutter war. Von sieben Söhnen und elf Töchtern starben elf als Säuglinge oder im zartesten Alter. So war Marie Karoline zwei Jahrzehnte lang entweder guter Hoffnung oder in Trauer, häufig auch beides zugleich.

In den Beziehungen zwischen Marie Karoline und Ferdinand vollzog sich im Laufe der Zeit ein merkbarer Wandel. Ferdinand begann seine Frau aufrichtig zu lieben, und ihr wurde allmählich klar, daß sie nicht mit einem Verrückten, sondern mit einem an sich passablen Menschen verheiratet worden war, der über eine hübsche Portion Hausverstand verfügte. Man hatte ihm nur weder Erziehung noch Bildung angedeihen lassen und ihn künstlich auf der Geistesstufe eines Unmündigen gehalten. Für diese bewußte Retardierung eines Menschen, der immerhin ein Reich mit sieben Millionen Einwohnern regieren sollte, bieten die Historiker zwei Erklärungen an. Die eine lautet, daß Ferdinands Vater, König Karl III. von Spanien, jede pädagogische Beeinflussung seines Sohnes untersagt hätte, weil Ferdinands älterer Bruder durch zuviel Lernen wahnsinnig geworden wäre. Die zweite Version besagt, daß Minister Tanucci, seit Jahrzehnten Regierungschef in Neapel und mit der Erziehung Ferdinands betraut, seinen Zögling – mit oder ohne Wissen des Vaters – im Zustand der Infantilität belassen hätte, um ihm jede Möglichkeit zu nehmen, eigenständig Entschlüsse zu fassen und womöglich das von Spanien entworfene und nur auf Spaniens Vorteil ausgerichtete Regierungskonzept zu stören. König Ferdinand sollte Unsinn treiben, soviel er wollte; niemand nahm Anstoß daran, solange er die Hände von der Politik ließ und Tanuccis Kreise nicht störte.

Wenn es tatsächlich der Minister war, der diesen Plan ausgeheckt hat, so übersah er vollkommen die Möglichkeit, daß aus der naiven kleinen Habsburgerin, mit der man Ferdinand verheiratet hatte, vielleicht eine starke politische Persönlichkeit werden könnte, fähig und nur zu bereit, die Zügel der schläfrig dahinzuckelnden Staatskarosse in die Hände zu nehmen.

So jung sie war, als sie nach Neapel kam, besaß sie doch offene Augen, einen wachen Verstand und ein warm fühlendes Herz. Sie begriff sehr rasch, daß das Volk von Neapel-Sizilien in unbeschreiblicher Armut und Unwissenheit lebte, daß es nicht die primitivsten sozialen Einrichtungen gab, Adel und Kirche ebenso die Lebenskraft des Landes schwächten wie freche Räuberbanden, deren man nicht Herr werden konnte. Die Staatsverschuldung war gigantisch, es gab keinerlei Rücklagen, und die Einkünfte waren um Jahre voraus aufgezehrt. Heer und Marine waren nur rudimentär vorhanden. Das Königreich lag geradezu einladend vor jedem möglichen Aggressor da. Die junge Königin hatte nicht die geringste Chance, etwas gegen Tanucci und seine offensichtliche Mißwirtschaft zu unternehmen. Das hätte, wenn überhaupt, nur Ferdinand bewerkstelligen können – und Ferdinand war darum auch das erste Objekt ihrer Reformarbeit. Sie ging dabei, ein wahres Naturtalent, mit Methoden vor, die jedem modernen Verhaltenspsychologen Respekt abfordern müssen. Abgesehen von gelegentlichen eruptiven Ausbrüchen (»Sie wurde zur Furie und biß mich in die Hand«, jammerte der König einmal), ging sie vorsichtig zu Werke, lobte ihn, wenn er etwas tat, das ihr gefiel – zum Beispiel ein Buch bis zu Ende lesen –, und ging taktvoll über seine Unarten hinweg, die sie ihm schrittweise abgewöhnte. Er fand sogar Vergnügen am Lesen und lernte, ordentliche Briefe zu schreiben und korrekt zu sprechen. Allmählich brachte sie ihn auch dazu, sich mehr um die Politik zu kümmern. Scheinbar beschäftigte sie sich vorwiegend mit ihrer ständig wachsenden Kinderschar, in Wirklichkeit las sie jedes Schriftstück, das der König abfaßte, beriet ihn bei jeder Entscheidung. Kein Zweifel, daß der Mann, der es nie gelernt und geübt hatte, selbständige Entschlüsse zu fassen, immer tiefer in die Abhängigkeit seiner energischen Frau geriet. Aber wenigstens nach außen schlüpfte er in die Rolle des Herrschers und legte die des Hanswursts ab.

Die Königin war sich anfangs selbst nicht im klaren, ob sie eigentlich die volle Verantwortung tragen wollte oder nicht, als sie schrieb: »Wollte Gott, daß mein Mann fleißig wäre, daß er alles allein macht.« Aber als sie sich einmal dazu entschlossen hatte, in die Geschicke des Landes einzugreifen, traf auf sie mehr als auf andere jener Satz zu, den Erzherzog Karl Jahrzehnte später prägen sollte: »... alle Frauen, auch die besten, [werden,] wie sie auf Politik kommen, in höchstem Grade leidenschaftlich.« Politik sollte für den Rest ihres Lebens die alles überragende Leidenschaft Marie Karolines werden.

Ferdinand wußte genau, welche Stellung er einnahm, und er machte unvorsichtigerweise kein Hehl daraus, als er einmal seinem Vater gegenüber die Ablehnung eines Ordens für einen von Spanien protegierten Hofmann begründete. Er selbst hätte gar nichts dagegen, sehr wohl aber seine Gattin, und um seine Ruhe zu haben, hätte er nicht anders handeln können.

Es bedurfte allerdings nicht dieses offenen Hinweises, um Madrid hellhörig zu machen, wer in Neapel das Sagen hatte. Minister Tanucci verhinderte beharrlich die Teilnahme der Königin an den Sitzungen des Staatsrates, ein Recht, das ihr nach der Geburt eines Thronerben zugestanden wäre. Tanucci erklärte König Karl III. auch genau, warum: er fürchtete, die Habsburgerin könne eine österreichfreundliche Politik betreiben.

So war Karl III. aufs äußerste erbost, als Ferdinand den achtzigjähri-
gen Tanucci entließ, während die Königin als vollwertiges Mitglied
in den Staatsrat einzog. Sie begann unverzüglich, Tanuccis Günstlinge aus ihren Positionen zu drängen und neue Mitarbeiter einzustellen, von denen sie hoffte, daß diese eine Politik für Neapel und nicht
für Spanien betreiben würden.
Über Empfehlung ihres Bruders Leopold, des Großherzogs von Toskana, nahm sie dessen Marineminister in Dienst. John Acton, ein aus
England stammender, in Frankreich erzogener, gut aussehender
Mann von zweiundvierzig Jahren, wurde zunächst mit der Reorganisation des Marinewesens betraut, erwies sich aber auch auf anderen
Gebieten als umsichtiger Politiker und kluger Ratgeber.
Nicht nur die Königin, auch der König begriff sofort, welch wertvolle
Kraft mit Acton gewonnen worden war. Sichtlich erleichtert, daß
seine Frau nun einen starken Mann zur Seite hatte, überließ Ferdi-
nand den beiden zunehmend die Verantwortung und wandte sich er-
neut amüsanteren Beschäftigungen zu. Erst jüngst hatte er seine Nei-
gung zu einer anderen Jagdleidenschaft entdeckt: Der König von
Neapel-Sizilien wurde ein ambitionierter Schürzenjäger.
Marie Karoline leistete trotz ständiger Schwangerschaften und schwerer Schicksalsschläge Enormes. Kaum hatte sie die wirtschaftlichen
Verhältnisse so weit geordnet, daß der schlimmste Hunger der Ärm-
sten gestillt war, als 1779 der Vesuv ausbrach und weite, fruchtbare
Landstriche verwüstete. 1780 starb ihre Mutter Maria Theresia, Marie
Karoline brach fast zusammen unter ihrem Schmerz. Im Februar
1783 suchte ein gewaltiges Erdbeben Messina heim. Die Katastrophe
forderte 60 000 Menschenleben und zerstörte mit einem Schlag die in
Sizilien mühsam angelaufenen Sanierungsprojekte. Wenige Tage später starb einer ihrer Söhne, und am 19. Juli desselben Jahres brachte
die Königin ein Mädchen zur Welt, das nur ein paar Stunden lebte.
Auch das Leben der Mutter hing nach einer komplikationsreichen
Entbindung an einem Faden, so daß sie bereits mit den Sterbesakra-
menten versehen wurde. Wie durch ein Wunder genas sie.
Marie Karoline zählte nun einunddreißig Jahre, sah jedoch viel älter
aus, harte Linien zeichneten den Mund, der früher so gern gelacht
hatte. Sie litt an nervösen Erschöpfungszuständen, war leicht reizbar,
ihr Jähzorn wurde immer mehr gefürchtet.

Im April 1785 begab sich das Königspaar auf eine längere Auslandsreise – übrigens die erste für Ferdinand, der bis dahin nie über seine Staatsgrenzen hinausgekommen war. Nicht einmal Sizilien, das einen erheblichen Teil seines Reiches bildete, hatte er je besucht.

Marie Karoline hatte auf diese Fahrt gedrängt. Sie wollte für kurze Zeit den bedrückenden Verhältnissen in Neapel entkommen, und sie wollte Trost und Rat bei ihrem Bruder Leopold suchen. Noch ein weiterer Gedanke beschäftigte sie. Ihre älteste Tochter, Marie Therese, kam mit dreizehn Jahren ins heiratsfähige Alter, noch immer hatte sich kein passender Bewerber gefunden. »Mein lieber Gatte meint zwar, daß es ... Zeit hat, aber ich sehe so wenige Prinzen und so viele Prinzessinnen, daß ich zittere«, schrieb sie. Marie Therese war ein besonders hübsches, aufgewecktes Mädchen, sie sprach bereits – von ihrer Mutter persönlich unterrichtet – Italienisch, Deutsch und Französisch fließend, aber Leopold wollte dem Plan, die Nichte mit einem seiner Söhne zu verloben, nicht nähertreten. Er hatte von seinem in Wien residierenden Bruder, Kaiser Joseph II., strikte Anweisung, die jungen Erzherzoge für staatspolitisch wichtige Heiratspläne zur Verfügung zu halten.

Trotz dieser Enttäuschung genoß Marie Karoline den Aufenthalt in Florenz, aber Ferdinand fühlte sich gar nicht wohl. Er konnte keiner seiner Jagdvergnügungen nachgehen und wurde stundenlang durch Kirchen geschleppt, um Kunstwerke zu besichtigen, die ihn nicht interessierten.

Kaum nach Neapel zurückgekehrt, sah sich Marie Karoline nicht nur den üblichen Ärgernissen des Alltags, sondern einer gefährlichen Bedrohung ausgesetzt, die ihre Ursache in den verworrenen innenpolitischen Verhältnissen des Landes hatte. Einige Minister vertraten noch immer die alte, spanienhörige Linie des pensionierten Marchese Tanucci, andere bildeten eine proenglische Partei, deren Kopf John Acton war. Auch der mit dem Königspaar befreundete englische Gesandte, Sir William Hamilton, spielte eine nicht unerhebliche Rolle im neapolitanischen Intrigenkarussell. Am Rande agierte eine Splittergruppe, die zu einer näheren Bindung an Frankreich tendierte, die aber so wenig ins Gewicht fiel, daß der französische Gesandte fortwährend beleidigt war, weil er sich und sein Land vernachlässigt und übergangen wähnte.

Madrid beobachtete mit Besorgnis Actons steigenden Einfluß. König Karl III. entschied, daß alles getan werden müsse, den lästigen Engländer aus Neapel zu entfernen. Ferdinand indes dachte nicht daran, seinem Vater willfährig zu sein, er und Marie Karoline wußten zu gut, was sie an Acton hatten. So griff Spaniens Ministerpräsident Blanca zum bewährten Mittel des Rufmordes, nachdem er die Idee verworfen hatte, Acton kurzerhand entführen zu lassen. Blanca tat öffentlich kund, er werde so lange gegen Königin Marie Karoline hetzen, bis es gelungen sei, sie vom Thron zu stoßen und einzusperren; er erfand eine Kabale, und Spaniens Gesandter in Neapel führte sie aus, indem er das Gerücht ausstreute, Marie Karoline bringe dem Engländer »eine gewisse Zärtlichkeit« entgegen.

Die Königin tobte und weinte, der König schrie: »Ich will kein Hahnrei sein, ich will nicht vor ganz Europa als Hahnrei dastehen«, Acton reichte sofort sein Rücktrittsgesuch ein. Aber nachdem Ferdinand seine Fassung und seinen Verstand wiedergewonnen und die gezielte Verleumdung durchschaut hatte, bewog er John Acton, im Amt zu bleiben. Viel mehr noch: er entließ den spanienfreundlichen Minister Sambucca, dekorierte Acton mit dem höchsten Orden und nahm ihn in den Kronrat auf.

Wutschnaubend mußte Madrid die Wendung der Dinge zur Kenntnis nehmen, und der französische Gesandte berichtete nach Paris: »Es ist die Königin, die hier willkürlich regiert ... Sie ist es, die alle Gnaden austeilt, die Minister ernennt oder stürzt.«

Johann Wolfgang von Goethe, der sich ein Jahr später während seiner ausgedehnten Italienreise in Neapel aufhielt, vermerkte in seinen Notizen: »Der König ist auf der Jagd, die Königin ist guter Hoffnung, und so kann's nicht besser gehen.«

Goethe irrte. Der deutsche Dichter war viel zu sehr mit Neapels Kunst und Neapels Gesellschaftsklatsch beschäftigt – vor allem mit der Beziehung des ältlichen englischen Gesandten Hamilton zu einer blutjungen Schönheit zweifelhafter Herkunft namens Emma Hart –, als daß er Zeit gefunden hätte, die Zustände am Königshof ernsthaft zu analysieren.

Von »besser gehen«, wie Goethe meinte, war nicht die Rede; es ging schlechter denn je zuvor. Die Königin brachte nach einer anstrengenden Schwangerschaft und einer dramatischen Geburt ein nur schwach lebensfähiges Mädchen zur Welt, der König wurde von allerlei körperlichen Beschwerden geplagt, beide Ehepartner waren unleidlich und streitsüchtig, sie lebten zeitweise sogar getrennt. Dennoch stellte sich pünktlich ein Jahr später ein neues Kind ein, diesmal ein strammer Junge, dessen Ankunft freudig begrüßt wurde, und die Eltern schöpften neue Hoffnung auf eine bessere Zukunft.

Die hochgespannten Erwartungen wurden 1789 zunichte gemacht. Am Neujahrstag starb ein neunjähriger Sohn, genau einen Monat später der letztgeborene Knabe, bis dahin gesund, kräftig und vielversprechend. Beide Kinder erlagen der »Geißel des Hauses Österreich«, den Pocken, tragischerweise jedoch nach einer vorsorglichen Impfung, einer »Inoculation«, wie man damals sagte. Die Inoculation, schon von Maria Theresia mit mäßigem Erfolg eingeführt, bewirkte nämlich oft genau das Gegenteil: Das Serum, aus Menschenpocken hergestellt, führte immer wieder zu Erkrankungen, statt sie zu verhindern. Von 1 000 Geimpften mußten 40 damit rechnen, vom mörderischen Virus befallen zu werden. »Den gewissenhaften Eltern verursachen solche Unglücksfälle mehr Pein, als wenn der Tod eine Wirkung der von selbst und zufällig aufgetretenen Pocken gewesen wäre«, schrieb der Arzt Dr. Zacharias Wertheim in seiner 1810 erschienenen »Medizinischen Topographie von Wien«.

Nicht genug des Leides für die bedauernswerte Mutter! Es kam noch eine Reihe von Infamien hinzu, indem die Ärzte, welche die Impfungen vorgenommen hatten, sich reinzuwaschen versuchten und die Mutmaßung äußerten, die Kinder seien an Gift gestorben. Gift?! Die spanische Partei griff das Thema begierig auf und unterstellte, Marie Karoline selbst sei die Mörderin ihrer Kinder – um dem Hause Bourbon zu schaden.

Die Königin war dem Zusammenbruch nahe, als sie ihrem Bruder Leopold schrieb: »Gott strafe meinen Ehrgeiz ... Jetzt habe ich bereits vier Söhne im Paradies und wünsche nichts anderes, als ihnen dorthin nachzufolgen, denn ich sehe für den Rest meiner Laufbahn nur Kummer, Schmerzen, Sorge und Elend voraus ...«

Die pessimistische Prognose begann sich bereits wenige Monate später zu erfüllen, als am 14. Juli 1789 die Französische Revolution ausbrach und Marie Karoline um ihre geliebte Schwester Marie Antoinette bangen mußte.

Es war allerdings nicht Marie Karolines Art, untätig abzuwarten, ob der Funke der Revolution auf andere Länder überspringen würde oder nicht. Sie war eine der wenigen, die klar erkannten, welche die tieferen Wurzeln des Volkszorns waren. So rief sie eine Kampagne zur Versorgung der Unterprivilegierten mit Lebensmitteln ins Leben. Nicht erst seit damals genoß die Königin die Zuneigung der einfachen Menschen, die spürten, daß im Schloß zu Neapel eine Frau am Werk war, der das Wohl der Untertanen wichtiger war als ein gutes Einvernehmen mit der Oberschicht.

Letztere ging auf immer größere Distanz zu ihrer Königin, die sie mit josephinisch anmutenden Ideen verschreckte. Adel und Kirche sollten weniger Einfluß haben, Klöster gesperrt und Kirchengüter beschlagnahmt werden, um die ruinöse Lage der Staatsfinanzen zu bessern. Daß nur ein verschwindender Bruchteil dieser Gedanken verwirklicht wurde, lag nicht am mangelnden Mut der Königin, sondern an der Lethargie des Königs. Um seine Ruhe besorgt, wich er vor allen Neuerungen störrisch zurück und verweigerte sein unumgänglich notwendiges Plazet.

Das Jahr 1790 brachte endlich einen Lichtblick, obwohl – oder besser gesagt weil – Kaiser Joseph II. in Wien starb. Großherzog Leopold von Toskana trat nach seinem Bruder die Herrschaft an, und nun konnte er frei und uneingeschränkt über die Zukunft seiner Töchter und Söhne entscheiden. Joseph war noch nicht unter der Erde, da versprach Leopold seiner Schwester die Erfüllung ihres innigsten Wunsches: Ihre älteste Tochter, Marie Therese, sollte Franz, Leopolds Ältesten, heiraten; doch des Glücks nicht genug: Marie Karolines Tochter Luise würde einen anderen Sohn Leopolds, nämlich Ferdinand, zum Mann bekommen, der als Regent für die Toskana vorgesehen war, und auch an den erst dreizehnjährigen Thronfolger von Neapel-Sizilien, Francesco, hatte der gute Leopold gedacht, ihm wurde seine gleichaltrige Kusine Klementine versprochen.

Mit den beiden Töchtern machten sich Marie Karoline und Ferdinand im August 1790 auf die Reise nach Wien. Francesco mußte zu Hause bleiben, seine Trauung fand nur per procurationem statt. Erst sieben Jahre später sah er seine ihm vor Gott und den Menschen Angetraute zum ersten Mal.

Es war ein Triumph für Marie Karoline, als am 19. September 1790

Wiens Glocken die Hochzeit des Jahrhunderts einläuteten, zu der aus sämtlichen europäischen Herrscherhäusern hochrangige Delegationen herbeigeeilt waren. Während Marie Therese und Franz, Luise und Ferdinand, Klementine und Francesco, an dessen Stelle ein junger Erzherzog vor dem Altar stand, in der Augustinerkirche getraut wurden, als die Orgel brauste und die Chöre jubilierten, hatte Marie Karoline größte Mühe, die Tränen der Freude und des Stolzes zurückzuhalten.

Nach der kirchlichen Feier gab es eine glänzende, üppige Festtafel für die Beteiligten und Gäste, das Nachtmahl fand im engsten Familienkreis statt. Anschließend brachten die beiden Elternpaare samt Gefolge die Jungvermählten in deren Schlafzimmer. Leopold betete die Litanei, Marie Karoline entkleidete eigenhändig ihre Töchter. Die achtzehnjährige Marie Therese, ein hübsches, sensibles Mädchen, schluchzte hemmungslos wie ein kleines Kind; Luise, ein Jahr jünger und leider ein Ebenbild ihres Vaters, schlummerte (»halb tot vor Schlaf«, wie Marie Karoline es beschrieb) bereits während der Litanei. Die jungen Ehemänner zeigten Haltung, insbesondere Franz, für den dies alles nichts Neues war. Schon einmal war er vermählt gewesen mit einer württembergischen Prinzessin, ihr Tod lag erst sieben Monate zurück.

Wenig mehr als ein Jahr später wurde Marie Karoline zum ersten Mal Großmutter. Marie Therese gebar zwar »nur« ein Mädchen, doch ihre Mutter tröstete sie mit einer neapolitanischen Volksweisheit: »Wer gute Nachkommenschaft will, muß zuerst ein Mädchen bekommen.« Fünfzehn Monate später stellte sich der ersehnte Stammhalter ein. Die Freude darüber war vorerst kaum getrübt, obwohl die Anatomie des Kindes einige merkwürdige Einzelheiten aufwies: Der Knabe kam mit einem Wasserkopf zur Welt, sein kleiner Körper zuckte manchmal, und seine geistige Entwicklung ließ von Anfang an zu wünschen übrig.

Die beiden Ältesten aus der später dreizehnköpfigen Kinderschar erhielten die Namen Marie Louise und Ferdinand, beide waren dazu ausersehen, Geschichte zu machen. Das Mädchen als Gemahlin von Napoleon I., der Knabe als Kaiser Ferdinand I., eine der unglückseligsten Figuren auf dem Throne Österreichs.

Doch es war noch lange nicht soweit, noch trug Napoleon den Marschallstab im Tornister, noch wütete die Französische Revolution. Sie wurde für Marie Karolines Schwester, Königin Marie Antoinette, immer bedrohlicher, nachdem der Königsfamilie 1791 die Flucht mißlungen war. Marie Karoline war bis ins Mark getroffen. Ihr Blut würde sie geben, um die Unglückliche zu befreien, beteuerte sie. Der nächste Schlag ließ nicht lange auf sich warten. Am 1. März 1792 starb Kaiser Leopold II., sein Sohn Franz folgte ihm als Franz II. nach, Marie Therese wurde deutsche Kaiserin. Ein schwacher Trost für Marie Karoline, die wenig bis gar nichts von ihrem Schwiegersohn hielt, ganz zu schweigen davon, daß er mit seinen vierundzwanzig Jahren viel zu jung und unerfahren für seine schwere Aufgabe war. Die nicht übermäßig geschickten Versuche von Franz, dem französischen Herrscherhaus und damit seiner Tante Marie Antoinette durch geharnischte Noten an die Adresse der Revolutionsführung zu Hilfe zu kommen, zeitigten üble Folgen. Frankreich erklärte Österreich den Krieg. Die Franzosen, beflügelt von revolutionärem Elan, besetzten die (nun zu Österreich gehörenden) Niederlande und verjagten deren Regentin, Marie Karolines Schwester Marie Christine; sie besetzten Savoyen sowie Nizza, und sie erschienen mit einem starken Flottenverband vor Neapel.

Marie Karoline, vergeblich um ein Verteidigungsbündnis aller italienischen Staaten gegen die Franzosen bemüht, sah sich nicht imstande, selbst etwas gegen die Flottenmacht vor der eigenen Haustür zu unternehmen. Es nutzte nichts, daß sie das gesamte Tafelsilber einschmelzen ließ, um rasch noch die Marine besser zu rüsten. Sie mußte sich damit begnügen, dem neuen, forsch und revolutionär auftretenden französischen Gesandten ihre Abscheu und ihre Verachtung ins Gesicht zu schreien, worauf die Franzosen ganz Neapel mit jakobinischen Agenten und antimonarchistischen Flugblättern überschwemmten.

Nachdem die Franzosen ihre Stärke ausreichend demonstriert hatten und von dannen segelten, lud der österreichische Gesandte in Neapel zu einem aufwendigen Ballfest, so, als wäre ein Sieg errungen worden. Knapp bevor die achthundert geladenen Gäste eintrafen, wurde die Schreckensnachricht publik, daß König Ludwig XVI. von Frankreich hingerichtet worden sei. Statt Tanz und Freude herrschten Verzweiflung und Schmerz. Marie Karolines Trauer wandelte sich jedoch bald in Wut und äußerste Entschlossenheit.

Sie ließ den französischen Gesandten ausweisen und wandte sich an den englischen Gesandten Hamilton und dessen kürzlich angetraute junge Frau, Lady Emma, mit der dringenden Bitte um Hilfe. Über Hamiltons Vermittlung kam eine Koalition mit England zustande, das sich verpflichtete, die Küsten des Königreichs Neapel-Sizilien gegen feindliche Angriffe zu schützen.

Als das erste englische Kriegsschiff im Hafen von Neapel vor Anker ging, war dies ein Freudentag für die ganze Stadt. Das Königspaar eilte an Bord, begrüßte den Kommandanten, Horatio Nelson, überschwenglich und erwies ihm alle nur erdenklichen Ehren. Nelson wohnte während seines ersten Kurzbesuchs in Neapel beim englischen Botschafter und lernte Lady Hamilton kennen, jene Frau, die ihm später zum Schicksal werden sollte.

Lady Hamilton hatte in Marie Karoline eine mütterliche Freundin gefunden, an der sie mit kindlicher Zuneigung hing und über die sie einmal schrieb: »Niemand ist so reizend wie sie. Sie ist alles, was man wünschen kann, die beste Gattin, Mutter und Freundin der Welt ... Ich habe ... niemals etwas anderes als Güte und Aufrichtigkeit an ihr festgestellt.«

Ganz anders liest es sich in den »Geheimen Memoiren und Kritik der Höfe, Regierungen und Sitten der wichtigsten Staaten Italiens«, ein Machwerk, von Frankreichs neuen Herren in Auftrag gegeben, das sich in unflätigster Weise mit Marie Karoline befaßte, die sich »ähnlich Messalina stets ohne Scham den verächtlichsten Männern der allergemeinsten Herkunft hingegeben« habe, zugleich aber sei sie lesbisch, und, natürlich, die Mörderin ihrer eigenen Söhne. Der König hätte mehrmals über sie gesagt: »Das ist keine Königin, keine Gattin oder Mutter, die uns Österreich gegeben hat, das ist eine Furie, eine Megäre, eine Messalina, die es in seiner Wut auf uns ausgespien hat ...« Das stellenweise pornographische Buch fand reißenden Absatz, und noch lange Zeit nachher fanden sich seine Dreckspuren selbst in ansonst seriösen historischen Werken über die Habsburgerin auf dem Thron von Neapel-Sizilien. Vor allem aber stand es am Beginn eines erbitterten Kampfes zwischen den wechselnden Machthabern Frankreichs und der standhaften Marie Karoline. Niemals konnte sie verwinden, daß am 16. Oktober 1793 ihre Schwester Marie Antoinette wie eine Verbrecherin auf der Guillotine geendet hatte.

Intensiv beschäftigte sie der quälende Gedanke, was sie tun würde, falls es den Franzosen gelingen sollte, Italien zu besetzen und ihren Thron zu stürzen. Niemals würde sie, so schwor sie in einem Brief an ihren Schwiegersohn Franz, das Schicksal Marie Antoinettes erleiden: »Dann wäre ich im äußersten Fall entschlossen, meine sieben Kinder ins Meer zu werfen und ihnen nachzustürzen. Ich will keinesfalls die Beute dieser Halunken werden, noch irgend jemanden um Mitleid anbetteln ...«

Die erste Gefahr einer französischen Aggression schien gebannt, als sich mit dem Sturz Robespierres das Ende der Revolution abzuzeichnen begann. Doch sehr bald erwuchs Europa ein neuer Feind, Napoleon Bonaparte, der sich 1795 durch die Niederschlagung eines royalistischen Aufstands in Paris hervorgetan und wenig später den Oberbefehl über Frankreichs Truppen in Italien erhalten hatte. Wie ein Sturmwind fegte er über Oberitalien, erzwang die Abtretung von Nizza und Savoyen an Frankreich und vertrieb Marie Karolines Verwandte aus der Lombardei und der Toskana.

Preußen, dessen Interessen zu dieser Zeit mehr in Polen als im Westen lagen, schloß einen Sonderfrieden mit Frankreich, auch Spanien verließ das Bündnis, das es einst mit Österreich und Preußen gegen Frankreich geschlossen hatte. In Spanien regierte nun, zumindest dem Namen nach, Marie Karolines Schwager, Ferdinands Bruder Karl IV., doch der wahre Herrscher war der Geliebte der spanischen Königin Luise, Manuel Godoy, ehemals einfacher Soldat, schön und stark, zehn Jahre jünger als die abstoßend häßliche Luise – und er war von den Franzosen gekauft. Karl IV. beschwor seinen Bruder, ebenfalls mit den Franzosen zusammenzuarbeiten. Aber noch wehrte sich Marie Karoline verzweifelt. Sie denke nicht daran, sich mit der »französischen Mörderbande« zu arrangieren, sie bestürmte ihren Mann, hart zu bleiben, und es kam deswegen zu heftigen Auseinandersetzungen zwischen den Eheleuten. »Meine Gemahlin«, jammerte Ferdinand einmal, »attackiert mich und sagt mir tausend Schmähungen.« Erst als England wissen ließ, daß es möglicherweise seinen Bündnisverpflichtungen gegenüber Neapel-Sizilien nicht nachkommen könne und die Flotte aus dem Mittelmeer abziehen müsse, weil Spanien ein neuer, potentieller Feind geworden wäre, erst dann resignierte Marie Karoline. Am 10. Oktober 1797 wurde ein Sonderfrieden mit Frankreich geschlossen.

211

Die Königin dachte nicht daran, sich an den »Frieden wider Willen«, wie sie ihn nannte, zu halten. Sie fieberte dem günstigen Augenblick entgegen, da sich Gelegenheit zur Rache an den verhaßten Franzosen bieten würde. Sie blieb all die Jahre eisern in ihrer Haltung, und sie war die einzige unter Europas Fürsten, die nicht ein einziges Mal mit dem Gedanken gespielt hat, freiwillig einen Fingerbreit nachzugeben. Tiefe Niedergeschlagenheit bemächtigte sich ihrer, als 1797 Frankreich und Österreich in Udine Frieden schlossen. Österreich verlor die Niederlande endgültig, das linke Rheinufer und die Lombardei. Und die Franzosen begannen in den Kirchenstaat einzumarschieren. Im Februar 1798 besetzten sie mit 10 000 Mann Rom. Der Feind stand nun unmittelbar an der Grenze zu Neapel-Sizilien. Die Hauptstadt war überflutet mit Flugblättern, die sich allein und ausschließlich gegen Marie Karoline richteten. Die Revolution, so hieß es, stehe unmittelbar bevor, aber Ferdinand hätte nichts zu befürchten. Er würde der Präsident einer neuen Republik, nur müsse er zuvor das Weib, das ihn zugrunde richte, verjagen.

Marie Karoline wurde schwer krank. Von ständig wiederkehrenden Fieberschüben geschüttelt, konnte sie sich manchmal kaum auf den Beinen halten. Ihr Mut sank, ihre Standhaftigkeit geriet ins Wanken, als bekannt wurde, daß die Franzosen, unter Führung des unheimlichen Generals Bonaparte, in Toulon eine Flotte von 2 000 Schiffen und ein gewaltiges Expeditionskorps rüsteten. Welches Land, wenn nicht Neapel-Sizilien, würde wohl das Ziel sein? Fassungsloses Staunen, als sich herausstellte, daß die Franzosen diesmal Ägypten im Visier hatten, lautes Triumphgeschrei, als die Engländer unter Admiral Nelson am 1. August 1798 bei Abukir die gegnerische Flotte in einer einzigen Nacht vernichteten. Die ganze Stadt geriet in einen wilden Freudenrausch, als Nelson Ende September mit seiner Flotte vor Neapel ankerte, Marie Karoline jubelte: »Nelson unser Retter und Befreier ... Hipp! Hipp! Ich bin ganz toll vor Freude.«

Aus dieser euphorischen Stimmung, aus dem Gefühl, daß endlich die Wende und damit der geeignete Augenblick gekommen sei, sich ein für allemal der tödlichen Bedrohung durch Frankreich zu entwinden, wurde der verhängnisvolle Plan geboren, nach Rom zu ziehen und den Feind aufs Haupt zu schlagen. Der im November 1798 begonnene Feldzug stand vom ersten Tag an unter einem Unglücksstern.

Neapel hatte seit Jahrzehnten keinen Krieg geführt, die Armee war noch immer in einem erbärmlichen Zustand, es gab keine modernen Waffen, der König, dem man kaum Lesen und Schreiben beigebracht hatte, wußte selbstverständlich nicht, wie die Truppe zu führen und zu motivieren sei, ein von Österreich als einzige Hilfe beigestellter Militärberater erwies sich als elender Versager.

Die Armee geriet schon auf dem Marsch nach Norden in Schwierigkeiten, weil es, außer ein wenig trockenem Brot und Zwiebeln, keine Verpflegung gab; Offiziere und Mannschaft begannen zu murren, als sie merkten, daß sie nicht eben dahinmarschieren konnten, sondern über steiniges Bergland klettern mußten. Ferdinand schrieb an seine Frau: ».. . wenn ich mich nur in einen entlegenen Winkel zurückziehen könnte, um all meine Sünden zu beweinen.« Gemeint hat er vielleicht auch die Todsünde, die von Marie Karoline seit langem geforderte Reorganisation der Streitkräfte nicht durchgeführt zu haben.

Die Königin tat in Neapel das Äußerste, um Nachschub für die Truppe zu organisieren, sie schickte Hilferufe nach Wien und nach Moskau, die ohne Antwort blieben, sie versuchte das Volk bei Stimmung zu halten, sie erwog, sich selbst ins Feld zu begeben, um zu retten, was noch zu retten war. Bewundernd sagte Nelson über sie: »Der König ist bei der Armee, sie ist die einzige Regentin. Sie ist tatsächlich ein großer König.«

Die Neapolitaner gelangten schließlich doch nach Rom – aber nur weil die Franzosen sich vorübergehend zurückgezogen und lediglich in der waffenstarrenden Engelsburg eine Besatzung gelassen hatten. Doch es war kein Sieg. Der König wagte sich nicht aus dem Quartier, weil er die Kanonen auf der Engelsburg fürchtete, die Römer lachten lauthals über die schäbigen, ängstlich um sich blickenden Soldaten aus dem Süden. Als bekannt wurde, daß aus Neapel kommende Nachschubkolonnen von den Franzosen, die Rom umstellt hielten, aufgerieben worden waren, brach Panik aus. Der König floh nächtlicherweile aus der Stadt, die Soldaten warfen die Waffen weg, versteckten sich bei Bauern. Der Rest des trostlosen Haufens wurde auf der Flucht nach Neapel vernichtet.

Und dann gingen die Franzosen zum Angriff über. Mit ihrer bestens gedrillten, prächtig ausgerüsteten Armee marschierten sie auf Neapel zu. Fieberhafte Unruhe erfaßte die Stadt. Republikanisch gesinnte

Einwohner begannen rebellisch zu werden, Freiheitsparolen wurden auf die Hauswände geschmiert, antiroyalistische Flugzettel tauchten erneut auf. Wer es sich leisten konnte, machte sich hastig auf den Weg nach Süden. Zahlreiche Anhänger Marie Karolines hingegen versammelten sich vor dem Palast und forderten lauthals Waffen zum Kampf gegen den Feind. Man konnte ihnen keine geben, denn es waren keine mehr da, und die Überreste der Armee verweigerten den Dienst.

Heilloses Chaos herrschte, Plünderer zogen ungehindert durch die Stadt. Die Franzosen rückten immer näher – aber Ferdinand und Marie Karoline zögerten noch immer, nach Sizilien auszuweichen, wie Nelson es dringend empfahl.

Endlich, am 21. Dezember, entschloß sich die königliche Familie zur Flucht. Durch einen Geheimgang tappten alle vom Schloß zum Hafen, Kronprinz Francesco und seine Frau Klementine schleppten abwechselnd ihren erst wenige Wochen alten Säugling. Der sechsjährige Albert, das vorletzte von Marie Karolines Kindern, war schwer krank. Die gebrochene Königin, von Weinkrämpfen geschüttelt, mußte von zweien ihrer Töchter gestützt werden. Nelson hatte drei Barkassen bereitgestellt, welche die Flüchtlinge auf sein Flaggschiff brachten.

Die Überfahrt nach Sizilien geriet zum Inferno. Orkanartige Stürme brachen los, sie erreichten ausgerechnet am Weihnachtstag ihren Höhepunkt. Selbst Nelson, der alte Seebär, erklärte, in seiner langen Laufbahn noch kein derartiges Unwetter erlebt zu haben, und auch er wurde, wie alle anderen, ein Opfer der Seekrankheit. Allein die schöne Lady Hamilton blieb verschont und kümmerte sich unermüdlich um die Leidenden. In ihren Armen starb der kleine Albert am Abend des 26. Dezember.

Nachdem das Schiff in der Nacht zum 27. endlich in Palermo vor Anker gegangen war, schlich sich die Königin im Morgengrauen heimlich von Bord. Niemand sollte sie in ihrer erbärmlichen Verfassung zu Gesicht bekommen. Der offizielle Empfang des Königs und des übrigen Gefolges fand erst Stunden später statt.

Da war Marie Karoline bereits im Stadtpalast, den weder ihr Mann noch sie je vorher betreten hatten. Zu ihrem Schrecken fand sie ein äußerst desolates Gebäude vor, halb verfallen, schmutzig, kaum möbliert. Erst nach und nach wurde aus dem Flüchtlingslager eine halbwegs bewohnbare Residenz.

Das Leben in Sizilien gestaltete sich höchst unerfreulich. Der Hof mußte mit einem Bruchteil seiner üblichen Einkünfte das Auslangen finden, das Klima wurde als unerträglich empfunden, die Sizilianer schienen den Neapolitanern als schmutzig, schlampig, »richtig afrikanisch«, wie sich Marie Karoline ausdrückte. Zu den Miseren des Alltags, denen allein Ferdinand und sein Sohn Francesco sich durch die tägliche Jagd entzogen, gesellte sich bange Sorge. Es gab weder eine Marine noch ein Heer, die jahrhundertealten Befestigungsanlagen waren halbe Ruinen, und es schien nur noch eine Frage der Zeit, bis die Franzosen versuchen würden, auf die Insel überzusetzen. Marie Karoline sah sich bereits »tot oder gefangen nach Paris geschleppt«. »Ich ziehe ersteres vor«, ließ sie verlauten.

Die Königin war tief deprimiert. Man machte sie zum Sündenbock, in der absurden Annahme, daß alles, wenn schon nicht besser, so doch wenigstens erträglicher geworden wäre ohne ihre Dominanz über den König. Sie fand sich plötzlich isoliert, gelegentlich sogar geschnitten, Ferdinand hielt sie von allen Entscheidungen fern und versuchte, zusammen mit John Acton zu regieren. Das bedeutete nichts anderes, als tatenlos abzuwarten.

»Ich besitze zuviel Herz, und zwar ... mehr davon, als für mein Glück nötig wäre«, hat Marie Karoline einmal gesagt. Zuviel Herz zu besitzen war gewiß kein allzu großer Nachteil; ihr entscheidender Fehler jedoch war, daß sie das Herz auch auf der Zunge trug, immer und überall frank und frei heraussagte, was ihr gerade durch den Kopf ging, wodurch sie sich viele Feinde schuf. Noch schlimmer allerdings war ihre Schreibbesessenheit. Marie Karoline hat in ihrem Leben Tausende und aber Tausende Briefe verfaßt (die meisten wurden erst nach dem Zweiten Weltkrieg von dem Historiker und Schriftsteller Egon Cäsar Conte Corti in einer privaten Schloßbibliothek gefunden). In ihrer raschen, runden Schrift, die trotzdem gestochen klar wirkt, verfaßte sie auf deutsch, französisch und italienisch Episteln von Dutzenden Seiten, und nur die manchmal gänzlich fehlende Interpunktion, die häufigen dicken Unterstreichungen verraten ihre Ungeduld, Nervosität, Starrköpfigkeit und gelegentlich leicht querulatorische Züge. Überdies enthüllen Marie Karolines Briefe naive Vertrauensseligkeit – den selbst durch Jahrzehnte bitterster Erfahrungen nicht erschütterten Glauben, daß die Adressaten alles für sich behalten würden, was ihnen an Gedanken, Projekten, aber auch an Mitteilungen über andere Personen anvertraut wurde. Abgesehen davon, daß Marie Karoline die Klatschsucht sträflich unterschätzte, gerieten in den wirren Zeiten ihre Ergüsse oft in die falschen Hände und boten so willkommenen Anlaß für Verleumdungen, Mißverständnisse und Intrigen.

Auch jetzt, in der erzwungenen Tatenlosigkeit auf Sizilien, bestürmte sie alle Welt mit einer nicht enden wollenden Flut von Bitten, ja Beschwörungen um Hilfe, die um so wirkungsloser blieben, als nur allzu bald publik wurde, daß Marie Karoline politisch keinerlei Bedeutung mehr hatte.

Nur drei Menschen standen in jenen düsteren Tagen unerschütterlich zu ihr: das Ehepaar Hamilton und Lord Nelson. Der englische Admiral war vermutlich Marie Karolines einziger Zeitgenosse, der ihre eminente politische Begabung voll erfaßte, als er einmal schrieb: »Wenn man mich rufen würde, ... einen Monarchen für die ganze Welt namhaft zu machen, würde meine Wahl auf (sie) fallen, die wahre Tochter der großen Maria Theresia.«

Im Sommer 1799 wendete sich das Blatt. In Neapel erhob sich ein Aufstand gegen die Franzosen, die Besatzer waren mit ihren relativ schwachen Kräften nicht imstande, ihn niederzuschlagen; sie konnten auch keine Verstärkung erwarten, da Frankreichs Truppen in verlustreichen Kämpfen am Rhein und in Oberitalien gebunden waren. Nelson vermochte im Juli ohne große Anstrengung Neapel zurückzuerobern.

Der Hof hätte nun in die Hauptstadt heimkehren können, doch Ferdinand zog es vor, in Sizilien zu bleiben, wo er und Marie Karoline für den Admiral eine fulminante Siegesfeier veranstalteten, die sich mit Banketten, Theateraufführungen und Feuerwerken über Tage hinzog. Lord Nelson wurde zum Herzog von Bronte erhoben, Ferdinand schenkte ihm sein über und über mit Diamanten besetztes Krönungsschwert. Auch auf Lady Hamilton, nun schon ganz offiziell die Geliebte des Seehelden, ging, zum Befremden der englischen Kolonie, ein wahrer Regen wertvollster Kleinodien nieder. Gipfel der wohlgemeinten, aber manchmal recht geschmacklosen Einfälle war

In einem Schuh geschmuggelte Geheimbotschaft Marie Karolines ein Tempel im Schloßpark, den lebensgroße Wachsfiguren bevölkerten; auf einem Podest König Ferdinand, zu seinen Füßen Hamilton und Nelson, dem die Siegesgöttin – sie trug deutlich die Züge von Lady Hamilton – den Lorbeer überreichte.

Nelsons Affäre mit Lady Emma hatte inzwischen in London so heftigen Anstoß erregt, daß der Botschafter abberufen und auch Lord Nelson aufgefordert wurde, in die Heimat zurückzukehren, um, wie es hieß, seine angegriffene Gesundheit wiederherzustellen.

Das seltsame Trio nahm jedoch nicht den direkten Weg nach Hause, sondern begleitete Marie Karoline, die sich entschlossen hatte, nach Wien zu reisen, um dort zu versuchen, ihre drei noch immer ledigen Töchter vorteilhaft zu verheiraten: Maria Christina, genannt Mimi, war schon einundzwanzig Jahre alt, Maria Amalia, genannt Amélie, achtzehn, Maria Antonia, genannt Toto, sechzehn. Auch Sohn Leopold, zehn Jahre alt, durfte mitkommen.

Am 9. Mai des Jahres 1800 brach die Gesellschaft mit Nelsons Flaggschiff von Palermo auf. Nach einer abenteuerlichen, teilweise lebensgefährlichen Fahrt, teils zu Schiff, teils auf dem Landweg, traf sie in Wien ein, und Marie Karoline konnte ihre Tochter, Kaiserin Marie Therese, in die Arme schließen, die sie zehn lange Jahre nicht gesehen hatte.

»Die Neapler« wurden im Schloß Schönbrunn einquartiert. Dort gab es auch ein Wiedersehen Marie Karolines mit ihrer aus den Niederlanden geflüchteten Schwester Maria Christine und deren Mann Albert, mit der Tochter Luise und Schwiegersohn Ferdinand von Toskana sowie dem ebenfalls von den Franzosen aus dem Rheinland vertriebenen Bruder, dem ungeheuer dicken Erzbischof Maximilian. Schönbrunn war bevölkert von Flüchtlingen, die gewillt waren, das Beste aus ihrer mißlichen Lage zu machen.

Vor allem die Jugend, die »fröhliche Bande«, wie Marie Karoline sie nannte, unterhielt sich prächtig. Es quirlte nur so von übermütigen Kindern aller Altersstufen, die manchmal außer Rand und Band gerieten und allerlei Streiche verübten, von jungen Damen und Herren, die sich keine Gelegenheit zu Picknick, Tanz und Liebelei entgehen ließen.

Zum allgemeinen Vergnügen gesellte sich Marie Karolines Schwester, die siebenundfünfzigjährige Maria Elisabeth, genannt Liesl (oder, weniger respektvoll: »die kropferte Liesl«), hinzu. Die einstmals schönste Tochter Maria Theresias, jetzt Vorsteherin eines Stiftes für adelige Damen in Innsbruck, war eine groteske Figur, mit ihrem pockennarbigen Gesicht, ihrer monströsen Körperfülle und einem dreifachen Kropf, den sie, zum jauchzenden Vergnügen der Kinder, manchmal auf und ab tanzen ließ. Gelegentlich ließ sie sich auch, ächzend und stöhnend, auf alle viere nieder, um mit den Kleinen auf dem Boden zu spielen. Sie besaß einen ebenso scharfsinnigen wie grimmigen Humor, mit dem sie stundenlang große Gesellschaften unterhielt; dabei sparte sie auch nicht mit Kraftausdrücken wie »Ochs«, »Duckmaus«, »Hosensch...«

Nach all den aufreibenden Jahren schwerster Belastungen, nach Krankheiten, Sorge und Verzweiflung, hätte Marie Karoline eigentlich im Schoße der Familie und im häufigen Beisammensein mit ihrer entzückenden Lieblingsenkelin, der neunjährigen Marie Louise, glücklich sein müssen. Sie war es nicht. Sie lebte unter der ständigen Spannung düsterer Vorahnungen. Was sich in Paris zusammenbraute, nachdem Napoleon sich zum Alleinherrscher aufgeschwungen hatte, bedrückte sie mehr als alle anderen, die in der lästigen Kassandra aus Neapel nichts sahen als eine leicht paranoide Schwarzmalerin.

Das Verhältnis zu ihrem Schwiegersohn, Kaiser Franz II., und selbst zur Tochter Marie Therese war getrübt. Marie Karoline fand den jungen Mann »ängstlich, schwankend und schwach«, die junge Frau »oberflächlich und vergnügungssüchtig«, außerdem verübelte sie ihrer Tochter, daß Marie Therese nicht zu ihr, sondern zu ihrem Mann stand. Franz hingegen ärgerte sich, daß seine Schwiegermutter ständig versuchte, sich in die Politik einzumischen, und ihm mit ihrer Angst vor Napoleon in den Ohren lag, von dem sie sagte: »Bonaparte ist allmächtig ... Solange er lebt, wird es keine dauernde Ruhe geben, seine ehrgeizigen Pläne sind maßlos und werden ... alle, entweder mit Gewalt oder gutwillig, mitreißen.« Und immer wieder beteuerte sie: »*Ich* werde ihn bekämpfen ... Er wird einmal wie alle Usurpatoren enden.«

Zwei Trauerfälle verschlimmerten Marie Karolines pessimistische Grundstimmung. Im Juli 1801 fiel der gefräßige Erzbischof Maximilian nach einem üppigen Mahl im Schloß Hetzendorf plötzlich tot vom Stuhl. Aus Neapel kam die erschütternde Nachricht, daß Schwiegertochter Klementine, erst vierundzwanzig Jahre alt, an den Folgen einer schweren Geburt gestorben war.

Zwei Jahre lang hielt sich Marie Karoline mit ihren vier Kindern in Wien auf, dann packte sie die Koffer, ehe man ihr den Stuhl vor die Tür setzte. Marie Therese war deutlich genug geworden, wie aus einem Brief Marie Karolines an ihren Mann hervorging: »Meine Tochter zeigt mir offen, daß ich abreisen soll.« Und: »Der Kaiser will nicht, daß ich über Politik spreche. Er will meine Voraussicht nicht.« Zuversichtlich war die Königin nach Wien gekommen, bedrückt reiste sie wieder ab, denn sie hatte ihr ehrgeiziges Ziel nicht erreicht. Keine ihrer Töchter war unter die Haube gekommen; Franz hatte energisch abgewinkt, als seine Tante versuchte, die beiden jüngeren Brüder des Kaisers, Erzherzog Karl und Erzherzog Anton, »einzufangen«.

Lediglich für »Toto« zeichnete sich eine Heiratschance ab, allerdings nicht mit einem Wiener Vetter, sondern mit dem spanischen Kronprinzen Ferdinand. Eine zweite Verbindung wurde zwischen Neapel und Madrid ausgehandelt. Kronprinz Francesco, soeben Witwer geworden, sollte mit der spanischen Prinzessin Isabella verheiratet werden. Niemand stieß sich daran, daß sie, erst ein Kind von dreizehn Jahren, körperlich unförmig, geistig leicht unterentwickelt und noch dazu mit allergrößter Wahrscheinlichkeit nicht die Tochter von König Karl IV., sondern ein Kind vom Liebhaber der Königin war. Sie wurde dennoch später eine passable Ehefrau – dank Marie Karolines unermüdlicher Erziehungsarbeit –, während Toto von ihrer Schwiegermutter und deren Günstling Godoy buchstäblich zu Tode gequält wurde. Sie starb nach vier Ehejahren und zwei ohne jeglichen ärztlichen Beistand verlaufenen Fehlgeburten an galoppierender Schwindsucht vor ihrem zweiundzwanzigsten Geburtstag.

Am 17. August 1802 kehrte Marie Karoline nach Neapel zurück. Es war kein freudiges Wiedersehen. Die Königin wirkte über ihre fünfzig Jahre hinaus gealtert, das Haar grau und stumpf, das ungesund blasse Gesicht voller Falten. Auch Ferdinand hatte sich stark verändert. Er war fettleibig geworden, mürrisch und abweisend. Mann und Frau begegneten einander wie Fremde, sie sprachen nur das Notwendigste, zeitweise führten sie getrennte Haushalte.

Zwei Jahre später, am 18. Mai 1804, ließ sich Napoleon in Paris zum Kaiser krönen. Marie Karoline und Ferdinand handelten diesmal in voller Übereinstimmung, indem sie keinen Sonderbotschafter zu dem peinlichen Spektakel entsandten. Alle übrigen europäischen Herrscherhäuser – England ausgenommen – beeilten sich, dem neuen starken Mann Europas die Ehre zu erweisen; Marie Karoline schickte dem »Überkaiser«, wie sie ihn mit ihrem losen Mundwerk spöttisch nannte, einen Gratulationsbrief von eisiger Höflichkeit.

Die Antwort des brüskierten Emporkömmlings fiel dementsprechend aus. Während Napoleon an König Ferdinand ein paar nichtssagende Zeilen übermittelte, ließ er der Königin eine lange Epistel mit kaum verhüllten Drohungen zukommen, falls sie nicht bereit sei, Neapel zu demobilisieren. »Sie haben schon einmal Ihr Königreich verloren. Sie haben schon zwei Kriege provoziert ... Bei dem ersten [gemeint: nächsten] Krieg, an dem Sie die Schuld tragen, werden Sie und Ihre Nachkommen aufhören zu herrschen...«

Fast auf den Tag genau ein Jahr nach der Kaiserkrönung in Paris setzte sich Napoleon in Mailand die altehrwürdige lombardische Eisenkrone mit der bedeutungsvollen Inschrift: »Rex totius Italiae« selbst aufs Haupt. Angesichts der dadurch entstandenen Bedrohung für das Königreich Neapel-Sizilien wurde diesmal in letzter Minute ein Sonderbotschafter nach Mailand geschickt, der eine Neutralitätserklärung abgeben sollte. »Mit der Pistole eines Mörders an der Kehle«, wie Marie Karoline es formulierte.

Napoleon wußte genau, was die Königin von ihm hielt. Er hatte ein Konvolut ihrer von Beleidigungen strotzenden Briefe abgefangen. Als er auf dem Empfang nach der Krönung ihres Gesandten ansichtig wurde, verzerrte sich sein Gesicht, bebend vor Wut brüllte er den Mann an: »Aha, Sie sind also der Agent der Königin von Neapel! Wann wird sie endlich aufhören, Ränke zu spinnen? Sagen Sie ihr, wenn eine Frau alt und häßlich wird, bleibt ihr nichts als die Frömmigkeit ... Ich habe alles in die Wege geleitet, sie unschädlich zu machen ... Sagen Sie ihr, daß sie dereinst von ihren Söhnen verflucht werden wird. Ich will ihrem Haus nicht einmal soviel Land lassen, wie für dessen Gräber notwendig ist...«

Napoleon zögerte nicht, seine Drohungen wahr zu machen. Nachdem er halb Europa überrannt und in der Schlacht bei Austerlitz am

2. Dezember 1805 Österreich geschlagen und das Kaiserpaar zur Flucht gezwungen hatte, begann sich die französische Militärmaschinerie nach Süden zu wälzen, und Neapel war das Ziel, mit der unmißverständlichen Weisung Napoleons, »die Schurkin endlich zu züchtigen, ... das verbrecherische Weib vom Thron zu stoßen«.

Im Februar 1806 begaben sich Ferdinand und Marie Karoline zum zweiten Mal auf die Flucht nach Sizilien, doch kein rettender Nelson stand ihnen bei, um den Rückzug geordnet durchzuführen. Marie Karolines ergebenster und zuverlässigster Verbündeter im englischen Lager war vier Monate zuvor in der Seeschlacht bei Trafalgar gefallen. Diesmal erfolgte die Abreise überstürzt und in kopfloser Panik, man konnte nur das Notwendigste mitnehmen. Es fehlte vor allem an Bargeld. Der König und seine Familie kamen als Bettler nach Sizilien.

Einen Monat später hatte Neapel einen neuen Herrscher, Napoleons Bruder Joseph, der vier Jahre später nach Spanien versetzt wurde. An seine Stelle trat Napoleons alter Kampfgefährte und Schwager, Joachim Murat, dessen Frau kurioserweise ebenfalls den Vornamen Karoline trug: König Joachim und Königin Karoline von Neapel.

Kaum auf Sizilien angekommen, entwickelte Marie Karoline fieberhafte Geheimdiplomatie. Sie wandte sich in ungezählten, teils verschlüsselten, teils mit Zitronensaft geschriebenen Briefen (der Text wurde unter Kerzenlicht wieder sichtbar), befördert durch Agenten und bestochene Kuriere, an Gott und die Welt um Hilfe. In Wien fragte sie sogar an, ob sie kommen dürfe, um den Widerstand von dort aus zu organisieren. Sie erhielt eine kaltschnäuzige Absage.

Es war nicht Napoleon allein, gegen den sie ihren verzweifelten, einsamen Kampf führte. Sie mußte sich auch zunehmend gegen die Engländer zur Wehr setzen, welche die Rolle als Beschützer Siziliens ziemlich eigenwillig auslegten. Da sie es waren, von deren Großzügigkeit es abhing, ob die Königsfamilie überhaupt ihr ärmliches Leben fristen konnte, begannen sie, als Herren der Insel aufzutreten; nach der Lage der Dinge stand zu befürchten, daß das strategisch wichtige Eiland im Mittelmeer demnächst in eine englische Kolonie umgewandelt werden würde.

So kam es zu tiefgreifenden Differenzen zwischen der Königin und Lord William Bentinck, dem Titel nach Sonderbevollmächtigter der englischen Krone, de facto Gouverneur von Sizilien. In ihrer temperamentvollen, manchmal unbedachten Art führte sie einen Zweifrontenkrieg, gegen Frankreich auf der einen, England auf der anderen Seite. Der Preis, den sie zahlen mußte, war hoch. Ihre Gesundheit war zerrüttet, die Fieberanfälle kehrten in immer kürzeren Intervallen wieder, schmerzhafte Venenentzündungen und Gallenkoliken machten ihr das Leben zur Pein. Schwer litt sie auch unter dem Tod ihrer Tochter Marie Therese, der 1807 eine Fehlgeburt das Leben kostete. Damals begann Marie Karoline Opiumtropfen zu nehmen, von denen sie bis an ihr Lebensende nicht mehr loskam.

Die Hochzeit ihrer Lieblingsenkelin Marie Louise löste eine weitere Eskalation der gereizten Stimmung zwischen Marie Karoline und Lord Bentinck aus.

Marie Louise war von ihrem Vater, der die deutsche Kaiserwürde abgelegt und die österreichische als Kaiser Franz I. etabliert hatte, dem Franzosen 1810 zur Frau gegeben, oder, besser gesagt, ausgeliefert worden, in der unsinnigen Hoffnung, dafür Ruhe und Frieden erkaufen zu können.

Marie Karoline tobte: »Der Kaiser wagt es, seine Tochter als eheschänderische Konkubine einem mit allen Verbrechen und Greueln besudelten Mann zu geben ...«, und »alles, was mir zu meinem Unglück noch gefehlt hat, war, des Teufels Großmutter zu werden.«

Ihrem Schwiegersohn schrieb sie, nach der unverhüllt beleidigenden Anrede »Mein Herr«, unter anderem: »Zu dieser abscheulichen Hochzeit kann ich Ihnen kein Kompliment machen ... Mögen Sie niemals Rechenschaft dafür ablegen müssen.«

Nachdem Kaiser Franz I. Napoleon so gefügig geworden war, befürchteten die Engländer, auch seine Tante und Schwiegermutter, noch dazu Schwiegergroßmutter des Franzosenkaisers, Marie Karoline also, würde aus der Anti-Napoleon-Koalition austreten; vielmehr gaben sie vor, derartige Befürchtungen zu hegen, um eine neue Handhabe gegen die Königin zu erhalten. Einige (nicht einmal sehr gut) gefälschte Briefe der Königin, worin sie Verhandlungsbereitschaft mit den Franzosen signalisierte und die Lord Bentinck von französischen Agenten zugespielt worden waren, boten willkommenen Anlaß, die Königin weiter zu entmachten.

Lord Bentinck legte König Ferdinand nahe, sich von den Regierungsgeschäften zurückzuziehen und die Regentschaft an seinen noch schwächeren Sohn Francesco zu übergeben. Kaum hatte Francesco sein Amt angetreten, mußte er sämtliche Minister entlassen, die seiner Mutter noch wohlgesinnt waren. Und dann führte er, wieder auf Bentincks Weisung, die für Sizilien völlig ungeeignete englische Verfassung ein.

Damit war der Engländer entschieden einen Schritt zu weit gegangen. Aufstände breiteten sich wie Flächenbrände über die ganze Insel aus, Priester riefen von der Kanzel zum Aufruhr, und im Parlament zu Palermo explodierte eine Bombe. Bentinck ließ Truppen aus Portugal kommen und die Rebellion niederschlagen; er verbannte den König und die Königin aus der Stadt – in zwei weit voneinander entfernt liegende Schlösser. Sie fühle sich »unterdrückt und entthront«, schrieb Marie Karoline, und: »Möge mich doch eine wohltätige Krankheit hinwegraffen, bevor ich die Zerstörung von fünfundvierzig Jahren Mühe und Arbeit mit ansehen muß.«

Tatsächlich erkrankte die Königin schwer. Ferdinand flehte sie an, Sizilien zu verlassen. Die Engländer hatten bereits die königliche Apanage gestrichen, und Ferdinand fürchtete, die Besatzer würden die ganze Regierungsgewalt übernehmen, falls seine Frau bliebe. Nach langem Zögern erklärte sie sich bereit, war aber zu schwach, die Reise sofort anzutreten. Vor ihrem Haus versammelten sich Tausende Menschen und baten sie in Sprechchören, auszuharren. Bentinck ließ Truppen um den Ort zusammenziehen, und die Demonstranten verliefen sich.

Der englische Lord, der sich so offensichtlich vor einer alten, kranken Frau fürchtete, ersparte ihr auch nicht die Demütigung, sich durch einen englischen Militärarzt untersuchen lassen zu müssen, ob sie nicht etwa doch simuliere und hinter den verschlossenen Türen des Krankenzimmers neue Intrigen spinne.

Nachdem der tödlich verlegene Arzt ihre Reiseunfähigkeit attestiert hatte, blieben der Königin einige Wochen, sich zu erholen. Sie verließ am 14. Juni 1813 auf einer englischen Fregatte ihr Königreich. Der Weg zum Hafen war gesäumt mit Menschenmassen, die ihr zuwinkten und zugleich die Engländer verfluchten. Vierzehn Tage später wurde ein Volksaufstand blutig niedergeschlagen.

Marie Karolines Odyssee dauerte ein halbes Jahr, denn sie mußte wegen der unsicheren Verhältnisse auf dem ganzen Kontinent gewaltige Umwege in Kauf nehmen. Die Reise der »Gräfin Castellammare«, so ihr Pseudonym, ging über Konstantinopel nach Odessa. In beiden Städten wurden Marie Karoline und ihr kleiner Hofstaat jeweils vierzig Tage in Quarantäne gehalten, weil in der Ägäis, die sie durchkreuzt hatten, die Pest wütete. Die Langeweile der unfreiwilligen Muße wurde durch eine Nachricht unterbrochen, welche die Sizilianer in Entzücken und freudige Hochstimmung versetzte: Napoleon war am 19. Oktober 1813 in der Völkerschlacht bei Leipzig entscheidend geschlagen worden.

Marie Karoline, die jede kleine und große Niederlage Napoleons, sei es durch nationale Freiheitskämpfer, sei es im verheerenden Rußlandfeldzug, enthusiastisch begrüßt hatte, blieb dennoch immer skeptisch. Dem »Ungeheuer« traute sie die Kraft zu, aus einer Niederlage letzten Endes noch immer einen Sieg herauszuholen.

Das Ziel der Reise, die über Nikolajew, Lemberg und Ofen (Budapest) führte, war Wien, wo Marie Karoline alles unternehmen wollte, um Neapel wieder zu erringen; schließlich hatten diese Bemühungen, gestützt auf eilig nachgesandte Blankovollmachten ihres Mannes, auch ganz offiziellen Charakter.

Kaiser Franz I. und sein Außenminister, Fürst Wenzel Metternich, sahen dem Besuch der kampfeslustigen alten Dame mit gemischten Gefühlen entgegen. Marie Karoline drohte Metternich in peinliche Verlegenheit zu bringen, denn der ränkereiche Minister, der einstmals schon die Heirat Marie Louises mit Napoleon angebahnt hatte, bereitete eine neue Intrige vor, bei deren Ausführung ihm die Königin nur hinderlich sein konnte. Joachim Murat, Neapels König von Napoleons Gnaden, war bereit, auf seiten Österreichs gegen den eigenen Schwager und Gönner zu kämpfen, falls er seinen Thron behalten könnte. Nach Metternichs perfidem Plan sollte der rechtmäßige König Ferdinand, der einzige Souverän Europas, der, dank der Standhaftigkeit seiner Frau, niemals dem Korsen freiwillig nachgegeben hatte, die Hälfte seines Reiches für immer verlieren, das ihm eben derselbe geraubt hatte.

Franz schickte seiner Schwiegermutter und Tante eine Botschaft nach Lemberg und forderte sie auf, nicht nach Wien zu kommen, sondern sich in Ofen niederzulassen. Er hätte Marie Karoline besser kennen müssen und sich die Blamage ersparen können, daß die kaiserliche Order glattweg ignoriert wurde.

Marie Karoline fuhr selbstverständlich nach Wien, wo sie endlich im Januar 1814 ankam. Zu ihrem Glück hielten sich weder der Kaiser noch Metternich in der Haupt- und Residenzstadt auf. Maria Ludovica, die neue Gemahlin des Kaisers, Tochter von Marie Karolines Bruder Ferdinand, entbot der Tante einen freundlichen, die Enkelkinder, welche die Großmutter seit zwölf Jahren nicht gesehen hatten, bereiteten ihr einen stürmischen Empfang und führten sie im Triumph in ihre Wohnung auf dem Ballhausplatz, die Maria Ludovica vorbereitet hatte.

Nicht minder enthusiastisch wurde Marie Karoline von den Wienern gefeiert, als sie zum ersten Mal mit Maria Ludovica und ihrem Enkel, dem nunmehr einundzwanzigjährigen Ferdinand, in der Kaiserloge des Burgtheaters erschien. Sie hielt sich zunächst bescheiden im Hintergrund, trat dann aber doch an die Brüstung, als das Publikum ihr stehende Ovationen bereitete. Gerührt nahm es wahr, wie sich die alte Dame um den unbeholfenen jungen Mann bemühte, indem sie ihn nach vorn schob und seinen armen Wasserkopf so hin und her drehte, daß es den Anschein erweckte, er grüßte die Anwesenden.

»Wie alt sie geworden ist, wie gebeugt und gekrümmt durch die Schläge des Kummers. Ihr Kopf, fast weiß, schien kaum das Gewicht der Krone zu tragen ...«, schrieb die Baronin de Montet, eine Bekannte Marie Karolines aus fernen Jugendtagen.

Gewiß, sie war alt, und ihre mannigfachen Leiden machten ihr mehr zu schaffen denn je zuvor. Aber sie hörte nicht auf, Kaiser Franz I. und Metternich zu bestürmen, den verabscheuten »Gastwirtssohn Murat« vom neapolitanischen Thron zu stürzen. Nach Napoleons Absetzung und Verbannung auf die Insel Elba im April 1814 wurde sie so lästig, daß Metternich ernsthaft erwog, sie nach Preßburg abzuschieben. Das konnte Marie Karoline zwar verhindern, doch allmählich ließen ihre Kräfte merkbar nach. Sie fühlte sich elend und bat »aufs Land«, nach Schloß Schönbrunn, übersiedeln zu dürfen. Doch wo der Kaiser den Sommer über zu residieren pflegte, wo zwangsläufig die Fäden der großen Politik zusammenliefen, wollte man sie unter keinen Umständen haben. Man bot ihr eine Wohnung im Schloß Hetzendorf an, das einstmals ihrer Großmutter als Witwensitz gedient hatte.

Dort gab es ein Wiedersehen mit Marie Louise, die noch immer den Titel einer Kaiserin der Franzosen führte, und eine erste Begegnung mit deren Sohn, Napoleon II., König von Rom, einem lebhaften Blondschopf von drei Jahren, den die Urgroßmutter ins Herz schloß. Stundenlang konnte sie mit »Monsieur«, wie sie ihn nannte, spielen, immer wieder dachte sie sich Überraschungen und Geschenke für ihn aus.

Aus dieser Zeit wird eine auf den ersten Blick befremdlich wirkende Begebenheit berichtet. Marie Karoline habe ihrer Enkelin, die sie übrigens »erschröcklich kindisch« fand, nahegelegt, aus Wien zu fliehen und zu ihrem Mann nach Elba zu gehen, denn: »Wenn man verheiratet ist, ist man es fürs ganze Leben.«

Das klingt paradox, nach allem, was man über Marie Karolines Einstellung gegenüber Napoleon weiß. Die Geschichte ist, sofern überhaupt wahr, nur dadurch erklärbar, daß viele Menschen mit fortschreitendem Alter in die Denk- und Verhaltensmuster der frühen Kindheit zurück verfallen. Die Frau gehört zum Mann, geschehe, was da wolle, sie hat zu ihm zu halten, ob sie ihn nun liebt oder nicht: Das war es, was Maria Theresia ihren Töchtern eingehämmert hatte, das war es, woran sich Marie Karoline selbst gehalten hatte, das war es nun, was sie der Enkelin vermittelte. Die junge Kaiserin indes hatte ganz andere Vorstellungen und auch schon eine andere Liebe. Sie blieb, wo sie war, und Napoleon sah seine Frau nie mehr wieder.

Obwohl Marie Karoline den ganzen Sommer über krank und elend war, fieberte sie einem bestimmten Datum entgegen, nämlich dem 1. Oktober 1814, da der Wiener Kongreß eröffnet werden und Europa nach Napoleons Sturz neu aufgeteilt werden sollte. Noch einmal wollte sie kämpfen, diesmal gegen Franz und Metternich und für die Interessen Neapel-Siziliens. Trotz ihres geschwächten Gesundheitszustandes verhandelte und korrespondierte sie unermüdlich und bereitete sich sorgfältig auf ihren großen Auftritt vor.

Am Abend des 7. September arbeitete sie bis gegen Mitternacht am Schreibtisch. Als sie sich zur Ruhe begab, sagte sie ihrer Kammerfrau, sie sei müde, sie wolle ausschlafen, man möge sie nicht wecken.

Die Kammerfrau legte sich in einem Nebenraum zu Bett. Um zwei Uhr früh des 8. September hörte sie einen dumpfen Aufschlag. Sie stürzte zu ihrer Herrin, aber sie kam zu spät. Marie Karoline lag tot auf dem Boden, die Hand nach der Klingelschnur ausgestreckt.

Die letzte Tochter Maria Theresias wurde in der Kapuzinergruft, unmittelbar neben ihren Eltern, beigesetzt. Kaiser Franz I. ordnete sechswöchige Hoftrauer für die »Königin von Sizilien« an. Nicht einmal auf der Parte gab man ihr das heißumkämpfte halbe Königreich zurück. Ferdinand, im fernen Sizilien, befahl sechs Monate Hoftrauer, die er selbst nicht einhielt. Schon nach zwölf Wochen heiratete er seine langjährige Mätresse.

Nachdem Napoleon von der Insel Elba geflohen, hundert Tage lang Europa neuerlich in Angst und Schrecken versetzt und seine Herrschaft in der Schlacht von Waterloo endgültig verspielt hatte, erhielt Ferdinand sein ganzes Reich zurück; ein rundum glücklicher Mann, der vergnügt erklärte: »Was für eine schöne Sache. Ich habe jetzt eine Gemahlin, die mir alles erlaubt, und einen Minister, der mir alle Arbeit abnimmt.«

Hundert Jahre später schrieb der in Prag lehrende Wiener Historiker August Fournier, ein hervorragender Napoleon-Kenner: »Unter den Fehlern, die Napoleon beging, war einer, der seiner Herrschaft vielleicht mehr Nachteile brachte als mancher andere. Er unterschätzte Wert und Geltung der Frauen.«

Sturz in die Hölle

Leopoldine 1797–1826

Der österreichische Kaiser Franz I. war mit seiner zweiten Gemahlin, Marie Therese von Neapel-Sizilien, so eng verwandt, wie man gerade noch sein konnte, um nicht in blutschänderischer Sünde zu leben. Die zwölf Kinder des Paares waren die eigentlichen Opfer der dynastischen Inzucht. Fünf von ihnen überlebten die ersten Jahre nicht. Ein Sohn, Ferdinand, später Kaiser Ferdinand I., wurde mit einem Wasserkopf geboren, war Epileptiker und zeit seines Lebens auf hilfreiche Bedienstete und Berater angewiesen, deren Hauptaufgabe darin bestand, die körperlichen und geistigen Mängel ihres Schützlings, so gut es eben ging, vor der Außenwelt zu kaschieren. Eine Tochter, Maria Anna, war vollkommen schwachsinnig und vegetierte, von einer Wärterin betreut, bis zu ihrem Tode in einem abgeschlossenen Zimmer dahin. Die übrigen Kinder, darunter Marie Louise, die Gemahlin Napoleons I., und Franz Karl, Vater des späteren Kaisers Franz Joseph I., waren, mit einer einzigen Ausnahme, von schlichtem Gemüt.

Die Ausnahme hieß Leopoldine, von der Familie Poldl gerufen; sie besaß alles, woran es den übrigen Geschwistern mangelte: hohe Intelligenz, Wissensdurst, geistige Beweglichkeit und überdurchschnittliche künstlerische Begabungen. Sie war eine bemerkenswerte Persönlichkeit und hat Marksteine in der Geschichte gesetzt, allerdings nicht in Österreich, wo sie außer bei einigen Fachgelehrten kaum mehr als dem Namen nach bekannt ist, sondern in Brasilien, das noch heute ihr Andenken wie das einer Heldin und Heiligen in einem nationalen Wallfahrtsort hochhält. In der blumigen Sprache brasilianischer Historiker war sie »die Mutter der Nation«, die »Patriarchin der Unabhängigkeit«, der »Schutzengel des Volkes«. Aber sie war auch, neben Marie Antoinette, die unglücklichste, gequälteste, am tiefsten gedemütige Tochter des Hauses Habsburg in der langen Reihe von Opfern auf dem Altar der Politik. Ihr frühes Ende im Alter von neunundzwanzig Jahren ist noch immer nicht völlig geklärt. War es Mord? War es Totschlag? War es fahrlässige Körperverletzung mit letalem Ausgang durch den Mann, den sie bis zur Selbstaufgabe geliebt hat? Oder starb sie infolge eines psychischen und physischen Zusammenbruchs – weil sie einfach nicht mehr weiterleben konnte oder wollte? Ein weites Forschungsfeld für Pathologen, Kriminalisten und Psychoanalytiker anhand eines Frauenlebens, das denkbar unauffällig begann.

Leopoldine, sechste in Franz' I. vielköpfiger Nachkommenschaft, war ein scheues, mitunter ausgesprochen ängstliches Kind. Die Herzen flogen ihr nicht so leicht zu wie der vier Jahre älteren, munteren und hübschen Marie Louise, die zeitlebens Leopoldines vergöttertes Vorbild und zugleich ihre intimste Freundin blieb. Die Poldl neigte zur manchmal an die Grenzen der Exaltiertheit reichenden Schwärmerei. Der Grund dafür mag in einem Minderwertigkeitsgefühl zu suchen sein, hervorgerufen durch die unbestreitbare Tatsache, daß Leopoldine zwar gescheit und diszipliniert, sensibel und mitfühlend, bescheiden und taktvoll war, aber alles andere als eine aufregende Schönheit – die einzige Qualität, die bei einem Mädchen wirklich zählte.

Ihr kurzer, starker Hals ließ sie plump erscheinen, auch dann noch, als sie den Jungmädchenspeck verloren hatte und, obwohl sie klein war, wohlproportioniert wirkte. Das schönste an ihr war der zarte, helle Teint, das häßlichste der markante, wulstige Habsburgermund. Ihre fahlblauen, leicht vorstehenden Augen gaben ihr insgesamt einen verschreckten Ausdruck.

Diesem Aussehen und den vorerwähnten Charaktereigenschaften ist es zuzuschreiben, daß Leopoldine stets verwundert war, wenn man ihr Aufmerksamkeit, Zuneigung oder gar Liebe bezeugte. Sie dankte dafür mit rührender Anhänglichkeit, kindlich beflissen, alles zu tun, sich der Zuwendung würdig zu erweisen, und sie geriet immer tiefer in emotionale Abhängigkeit gegenüber den Menschen, die sie liebte. Die Rolle des Opfers von Vater und Ehemann war ihr auf den Leib geschrieben.

Vom Geburtsdatum her war Erzherzogin Leopoldine angeblich ein

Leopoldine, Erzherzogin von Österreich

Glückskind, denn der 22. Januar 1797 fiel auf einen Sonntag. Wenn auch bereits Gewitterwolken am politischen Horizont aufzogen – es war das Jahr, da Napoleon sich in Oberitalien festzusetzen begann –, verlief die frühe Kindheit der Poldl in der Geborgenheit einer glücklichen Familie, die wenig Wert auf Gala und Zeremoniell legte. Franz war seinen Kindern ein liebevoller Vater, er spielte und musizierte mit ihnen wie bürgerliche Väter, Mutter Marie Therese, eine Tochter Marie Karolines von Neapel, war ein heiteres Geschöpf, voll überraschender Einfälle für Feste, Tänze und Scharaden.

Beide Elternteile waren sich einig in der Befolgung eherner Erziehungsgrundsätze, wie sie der Vater von Franz, Kaiser Leopold II., aufgestellt hatte. Die Ajas und Ajos, die Erzieher der Kinder also, waren angewiesen, sie »aufrichtig und offen zu machen und ihnen Abscheu vor jeder Lüge, Doppelzüngigkeit, Hinterlist, Klatscherei usw. einzuflößen«. Und: »Man muß ihnen die einzige Leidenschaft, die sie haben müssen, beibringen, nämlich die der Humanität, des Mitleids und des Verlangens, ihr Volk glücklich zu machen. Man muß ihre Gefühle zugunsten der Armen wecken ... Heutzutage, wenn unsereins ein Land erbt, dann ist das nicht mehr ein wohlerworbenes Eigentum, ... sondern ein Amt, eine schwere Last. Man muß sich den Kopf zerbrechen, wie man den Untertanen möglichst zu Gefallen regiert.«

Leopoldine war noch nicht neun Jahre alt, als die friedliche Idylle zerbrach. Napoleon stürmte gegen Wien, der Hof floh aus der Stadt. Die kleine Poldl verschlug es mit der Mutter über Olmütz bis nach Schlesien, während die übrigen Mitglieder der Familie nach Ungarn auswichen. Das Glück des Kindes, die Mutter eine Zeitlang für sich zu haben, war von kurzer Dauer, und die Katastrophe folgte auf dem Fuß. Nach Wien zurückgekehrt, begann Marie Therese zu kränkeln und starb im April 1807, wenige Wochen nach Poldls zehntem Geburtstag.

Aber noch einmal meinte es das Schicksal gut mit der Halbwaise. Ihr Vater heiratete bereits ein Jahr später Maria Ludovica von Este, eine Freundin seiner ältesten Tochter Marie Louise, und zugleich, wie die Verstorbene, eine Kusine ersten Grades.

Maria Ludovica blieben eigene Kinder versagt, und so schenkte sie all ihre mütterlichen Gefühle den Knaben und Mädchen, die ihr

Mann in die Ehe gebracht hatte. Sie wurde für Leopoldine und ihre Geschwister die »liebe Mutter«, zum Unterschied von der »verstorbenen lieben Mutter«.

Unter dem Einfluß der hochgebildeten »lieben Mutter« entfalteten sich Poldls geistige Anlagen und wissenschaftliche Interessen aufs prächtigste; sie beschäftigte sich in einem Alter, da andere kleine Mädchen noch mit Puppen spielten, vorwiegend mit Physik, Astronomie und Mineralogie. Im mineralogischen Kabinett hätte sie, eigenen Worten zufolge, am liebsten den ganzen Tag verbracht, ohne etwas zu speisen. Ebenso eifrig befaßte sie sich mit Zoologie und Botanik und pflegte ihre hervorragenden musischen Begabungen. Ihr Zeichentalent war ungewöhnlich, ihr Klavierspiel konzertreif.

Die für ein Mädchen der damaligen Zeit befremdlichen geistigen Vorlieben drängten sie zwangsläufig in eine Außenseiterrolle. Die Frage, ob sie glücklich war, läßt sich schwer beantworten, weil es keine direkten Hinweise auf ihr Gefühlsleben gibt. An indirekten indes mangelt es nicht: Die Poldl aß, wie viele verletzliche Menschen, übermäßig und war daher ausgesprochen dick; als einzige der Geschwister zeigte sie eine inbrünstige Hinneigung zur Religion, die sie in praktizierende Nächstenliebe umsetzte. Ihr Mitleid mit den Armen war notorisch. Wenn sie ein Anliegen an den Vater hatte, dann bestimmt nicht für sich selbst, sondern für Menschen, die in Not geraten waren.

Ihr Hang zum Mystizismus verstärkte sich, nachdem 1809 der Kaiser samt Frau und Kindern zum zweiten Mal vor Napoleon aus Wien fliehen mußte; als Poldls geliebte Schwester Marie Louise dem »Monstrum Napoleon«, dessen Abbild die Kaiserkinder noch vor kurzem im Park von Schönbrunn zerrissen und verbrannt hatten, geopfert worden und als Kaiserin der Franzosen im März 1810 nach Paris abgereist war, trat Poldl einem weltlichen adeligen Damenorden bei. Der »Sternkreuzorden« widmete sich »dem Seelenheil seiner Mitglieder«.

Marie Louise und Leopoldine pflegten einen lebhaften Briefwechsel; die Kaiserin plapperte von Mode und Pariser Klatsch, die Erzherzogin berichtete über das Anwachsen ihrer mineralogischen und botanischen Sammlungen oder die interessante Bekanntschaft mit Herrn von Goethe in Karlsbad, für dessen Werke sie sich seit damals begeisterte.

Einmal noch konnte Leopoldine ihre große Schwester im Glanz der kaiserlichen Glorie bewundern, als die beiden einander in Prag trafen, nachdem Kaiser Franz I. und Napoleon I. in Dresden konferiert hatten.

Zwei Jahre später war Napoleon ein geschlagener Mann, seine Frau kehrte samt Sohn nach Wien zurück, und für Poldls christliche Nächstenliebe ergaben sich ungeahnte Entfaltungsmöglichkeiten. Die Wiener Hofkamarilla ließ ihre Wut über Napoleon an Marie Louise und dem Kind in Form von Sticheleien und Bosheiten aus, aber Leopoldine stand eisern zur Schwester und zum Neffen, dem sie eine zärtliche Tante und liebevolle Gespielin wurde. Die offiziellen Verpflichtungen des Wiener Kongresses verabscheute sie aus tiefster Seele, aber es erfüllte sie mit Befriedigung, wenn sie die Schwester, die selbstverständlich an den Festivitäten nicht teilnehmen durfte, gegen die bösartigen Sticheleien ausländischer Diplomaten in Schutz nehmen konnte.

Nachdem der Kongreß ausgestanden, Napoleon verbannt, Europa neu ein- und aufgeteilt worden war, floß das Leben in ruhiger Gelassenheit dahin. Leopoldine widmete sich ihren Studien, experimentierte in einem selbst angelegten und gepflegten Garten von Schloß Laxenburg bei Wien, beschäftigte sich mit Viehzucht in einem dem Schloß angegliederten Gut, musizierte, malte, ging ins Theater und genoß das Zusammensein mit Marie Louise und deren kleinem Sohn. Sie war glücklich. Sie war schlank geworden und fast hübsch zu nennen.

Das Schicksalsjahr 1816 begann unter denkbar ungünstigen Vorzeichen. Es starb die »liebe Mutter« nach langem Leiden, Marie Louise wurde nach Parma geschickt, um im dortigen Herzogtum die Regentschaft anzutreten, und Leopoldines jüngere Schwester Marie Klementine wurde mit ihrem Onkel Leopold von Salerno, einem ungeschlachten 150-Kilo-Mann, verheiratet. »Ich fühle mich völlig vereinsamt«, schrieb Leopoldine an eine Tante, und sie zog sich weiter in ihre religiösen Exerzitien zurück, mit neunzehn Jahren schon fast bereit, zu resignieren und der Welt zu entsagen.

Aber im Sommer dieses Jahres 1816 schwirrten Heiratsgerüchte durchs Schloß: Der »liebe Papa«, Kaiser Franz I., deutete an, daß er sich neuerlich zu vermählen gedenke, und eines Tages ließ er bei

Tisch eine rätselhafte Bemerkung fallen, wonach Poldl vielleicht schon bald nicht mehr im Familienkreis weilen werde. Aufgeregt schrieb Leopoldine an die Schwester nach Parma, ob diese etwas Näheres wüßte, aber Marie Louise antwortete: »Von einem Etablissement weiß ich gar nichts . . . ich zittere, weil es in den Händen von M. ist.«

Mit »M« war niemand anderer gemeint als Staatskanzler Metternich, allmächtiger Herr über das Schicksal der heiratsfähigen Habsburgerkinder. Nachdem er Marie Louise an Napoleon nach Frankreich verschachert hatte und Marie Klementine nach Italien, zog er die Fäden, um zum ersten Mal in der Geschichte eine europäische Prinzessin in eine andere, in die sogenannte Neue Welt, nach Amerika, zu verschicken.

Seine Wahl fiel auf die ahnungslose Leopoldine, der auch nicht bekannt war, daß »M« sie ursprünglich dem sächsischen Thronerben versprochen hatte. Warum er dann anders disponierte und statt Leopoldine deren vier Jahre jüngere Schwester Karoline nach Dresden verheiratete, liegt klar auf der Hand. Für die diffizile amerikanische Aufgabe war ein scharfer Verstand, gepaart mit Anpassungsfähigkeit vonnöten – und über beides verfügte eben nur Leopoldine.

Der Auserwählte hieß Dom Pedro aus dem Hause Braganza, zukünftiger Erbe Portugals. Die Heiratsverhandlungen liefen jedoch nicht über Lissabon, sondern über Rio de Janeiro, wohin die portugiesische Königsfamilie 1807 vor Napoleon geflüchtet war. Die Kolonie Brasilien, ein Land, fast so groß wie Europa, aber mit 3,5 Millionen Einwohnern, darunter nur 900 000 Weiße, dünn besiedelt, war in einzelne, voneinander gänzlich unabhängige Provinzen aufgesplittert, die nur dem Mutterland untertan, verantwortlich und vor allem tributpflichtig waren. Dom Pedros Vater, König João VI., erhob Brasilien zu einem mit Portugal assoziierten, gleichberechtigten Reich, richtete in Rio eine Zentralregierung ein und ließ die einzelnen Provinzen durch Straßen miteinander verbinden; er hoffte, von dieser Basis aus eine Großmacht zu schaffen, denn das kleine Portugal selbst zählte so gut wie gar nicht im Konzert der Völker. Noch dazu war das Land nach dem Sturz Napoleons von den Engländern praktisch okkupiert worden. England warf sein begehrliches Auge auch auf den zukunftsträchtigen südamerikanischen Kontinent, wo es nach Kräften die Unabhängigkeitsbewegungen der spanischen Kolonien schürte und unterstützte, mit der kaum verhohlenen Absicht, dort selbst die Oberherrschaft zu gewinnen – und wenn schon nicht das, so doch wesentlichen wirtschaftlichen Einfluß.

König João sah sich darum nach potenten europäischen Bündnispartnern um. So war es naheliegend, seinem heiratsfähigen Sohn Pedro eine Frau aus einem führenden Herrscherhaus zu suchen. Dom João schickte seine Diplomaten nach Wien, und Metternich ließ mit sich reden. Die amerikanische Hochzeit eröffnete zweierlei verlokkende Perspektiven: nämlich Profit aus der Zusammenarbeit mit einem jungen Land der unbegrenzten Möglichkeiten – soeben hatte man in Brasilien ungeheure Gold- und Edelsteinvorkommen entdeckt – und Stützung des konservativen monarchischen Gedankens auf einem Kontinent, der zunehmend unter Einfluß der verabscheuten demokratischen und republikanischen Ideenwelt geriet.

Wie die beiden Hauptbeteiligten, Dom Pedro und Erzherzogin Leopoldine, zu dem Projekt standen, interessierte niemanden. Weder wußte Dom Pedro, daß ihm eine zwar kluge, aber mit religiösen Komplexen und fremdartigen Lebensregeln beladene, ziemlich unattraktive Frau ins Haus stand, noch ahnte Leopoldine, was auf sie zukam. Selbst wenn man ihr Genaueres über Dom Pedro berichtet hätte, sie wäre nicht imstande gewesen, es zu erfassen, weil in ihrer Vorstellungswelt die Begriffe dafür fehlten.

Dom Pedro wuchs mit einem Bruder und einer Schwester in Boa Vista, einem Landgut nahe Rio, bei seinem Vater auf. Die Eltern lebten getrennt, weil Pedros Mutter, Dona Carlota, eine zänkische, machtgierige Zwergin, dazu nymphoman war, so daß ihr Mann sich von ihr abgewandt hatte und nur der Form halber bei offiziellen Anlässen mit ihr zusammen in der Öffentlichkeit auftrat. Vollauf damit beschäftigt, die Kolonie umzugestalten, kümmerte sich der König nicht um die Erziehung des Kronprinzen. Der untergrub die Autorität seiner Lehrer, dank eines gleichermaßen charmanten wie herrischen Charakters, und konnte von klein auf tun und lassen, was er wollte. Das heißt, er führte das gleiche ungezügelte Leben wie die Söhne reicher portugiesischer Kolonisten, bei denen es als Schande galt, Jungen in die Schule zu schicken, und als männliche Tugend, zu reiten, zu fluchen und möglichst viele Mädchen zu entjungfern – ob mit

Dom Pedro I., Kaiser von Brasilien

oder ohne Gewalt. Bei Dom Pedro kam noch der Status eines »höheren Wesens« hinzu. Jedermann hatte sich ihm mit Handkuß und Kniefall zu nähern, seine Wünsche waren unumstößliches Gebot. Dom Pedro konnte liebenswürdig sein, um im nächsten Augenblick vor Zorn zu toben und mit der Reitpeitsche zuzuschlagen. (Dieser häufige Stimmungswechsel mag auch mit seinem epileptischen Leiden zusammengehangen sein; allerdings litt er nur an einer milden Form der Krankheit.) Er war intelligent – jedoch, wie erwähnt, lernfaul – und sehr musikalisch; er spielte vier Instrumente, komponierte ganz hübsch und leitete gern das Hoforchester. Überdies war Dom Pedro ein Erotomane. Ab seinem zwölften Lebensjahr wanderten ungezählte schöne schwarze Sklavinnen oder leicht käufliche weiße Mädchen durch sein Bett. Als er mit Leopoldine verlobt wurde, hatte er gerade eine rasante Affäre mit der französischen Tänzerin Noémi Thierry; es hieß, er sei heimlich mit ihr verheiratet, weil sie sich ihm ohne Trauschein verweigert hätte.

Rein äußerlich war der nun achtzehnjährige Dom Pedro eine gute Erscheinung. Sein kühnes Bärtchen, seine feurigen Augen mußten auf die bereits ein wenig altjüngferliche neunzehnjährige Leopoldine gebührend Eindruck machen.

In der Tat war Leopoldine außerordentlich angetan, als sie zum ersten Mal ein Medaillon mit dem Bild ihres Zukünftigen sah, und das aus zwei Gründen. Es gefiel ihr der Mann: »Das Porträt des Prinzen macht mich noch halb narrisch, er ist so schön wie Adonis . . . Ich bin schon jetzt verliebt«, schrieb sie an Marie Louise. Nicht minder entzückt war sie vom Rahmen des Bildes, der aus riesigen Brillanten bestand, »alle so groß wie der Solitär im Papa seinem Hutknopf aus der Toskana«, erfuhr die Schwester in Parma.

Ganz Wien kam aus dem Staunen nicht heraus über die Pracht, mit der König Joãos Botschafter, der Marquis von Marialva, ausgestattet mit einem sagenhaften Budget von 10 000 Pfund, auftrat, wie er mit Orden und Geschenken nur so um sich warf – auch Metternich war unter den dankbaren Empfängern –, wie er mit Rossen und Kutschen und einer Armee von Dienern in goldstrotzenden Uniformen in Wien seinen offiziellen Einzug hielt und den Eindruck eines Prinzen aus dem Märchenland vermittelte.

Leicht und elegant hatte der Marquis die Zweifel des Kaisers zerstreut, dem doch ein wenig bange wurde, als ihm aufdämmerte, daß er sein Kind nun neunzig Tagesreisen weit in ein völlig fremdes Land schicken sollte. Keine Sorge, beteuerte der Botschafter, König João habe die feste Absicht, spätestens in zwei Jahren mitsamt der ganzen Familie nach Portugal heimzukehren. Was die Bedenken des Kaisers am Charakter des zukünftigen Schwiegersohnes betraf, über den doch einiges durchgesickert war – auch da wußte der Marquis eine plausible Erklärung. Dom Pedro sei ein besonders liebenswerter, edler junger Herr, er werde nur von den europäischen Höfen in Mißkredit gebracht, die vergebliche Heiratsverhandlungen mit Rio geführt hätten.

Leopoldine selbst nahm ihre Bestimmung zuversichtlich hin: »Da der Wille meines Vaters die Richtschnur für mein Verhalten ist, bin ich davon überzeugt, daß der Himmel mich schützen wird und mich mein Glück in dieser Verbindung finden lassen wird.« Überdies begann sie der Reiz des Abenteuers zu faszinieren, die Neugier auf ein Land, das es wissenschaftlich zu erkunden und zu analysieren galt: »Ich habe stets eine eigenartige Neigung für Amerika gehabt, und schon als Kind sagte ich oft, ich wollte dorthin gehen.«

Sie stürzte sich mit Eifer und Begeisterung in das Studium aller erreichbaren Bücher und Karten über Brasilien und Portugal, sie lernte binnen weniger Wochen Portugiesisch, und sie ließ auch den sexuellen Aufklärungsunterricht, den ihr die neue Frau ihres Vaters, Carolina Augusta, höchstpersönlich angedeihen ließ, mit Gleichmut über sich ergehen: »... da mir die liebe Mama alle Pflichten und Unannehmlichkeiten des Standes, welchen ich bald antreten werde, vorstellte, schwitzte ich ganz fürchterlich darüber, blieb aber standhaft und mit Vergnügen dabei, denn ohne Freuden und Leiden ist nichts auf der Welt.« Ausdrücklich, und im Hinblick auf die späteren Ereignisse, sei an dieser Stelle vermerkt, daß Leopoldine die Pflichten des Ehestandes durchaus nicht als unangenehm, sondern, im Gegenteil, als sehr vergnüglich empfand, was sich aus ihren Briefen an die Schwester eindeutig belegen läßt.

Am 13. Mai 1817 wurde Leopoldine in der Wiener Augustinerkirche vermählt, wobei ihr Onkel, Erzherzog Karl, die Stelle des Bräutigams einnahm. Der Empfang des diplomatischen Korps und das Bankett, das der Kaiser zu Ehren seiner Tochter gab, waren ein matter Abglanz des Festes, das der Marquis von Marialva im Wiener Augarten für 2 000 Gäste veranstaltete. Riesige Zelte waren aufgestellt worden, der Park märchenhaft illuminiert, unter den alten Bäumen spielten abwechselnd Militär- und Tanzorchester, die Tafeln waren mit goldenem Geschirr gedeckt, und Leopoldine strahlte über das ganze Gesicht, als sie am Arme des Marquis den Ball mit einer flotten Polka eröffnete.

»Ich habe keinen anderen Wunsch, als den Prinzen glücklich zu machen, daß er es mich macht, hoffe ich...«, schrieb sie der Schwester. Doch Marie Louise kannte die Welt schon besser: »Ich bitte Dich um unserer schwesterlichen Liebe, stell Dir die Zukunft nicht so schön vor...«

Leopoldine ließ sich nicht beirren. Ungeduldig fieberte sie der Abreise entgegen, gründlich bereitete sie sich auf ihr neues Leben vor. In einem kleinen, in rotes Leinen gebundenen Büchlein faßte sie unter dem Titel »Meine Entschlüsse – Wien 1817« nochmals alle Maximen zusammen, die man sie von Jugend auf gelehrt und die sie zu den ihren gemacht hatte.

»Ich werde in meinem Herzen die guten Lehren bewahren, die ich von meinen Eltern empfangen habe«, leitet sie die allgemeinen Grundsätze ein, in denen sie sich ausführlich mit religiösen Absichten (»Von meinem Erwachen soll mein erster Gedanke die Gegenwart Gottes sein...«) befaßt. Die Vorsätze gehen bis ins letzte Detail: »Fern von mir bleibe das aufsehenerregende Kleid ... Keine unnützen Ausgaben, sondern Almosen, von denen ich soviel wie möglich geben werde ... Fern von mir schädlicher Luxus, Zweideutigkeiten ... Die Lüge werde ich stets als Pest der Gesellschaft ansehen ... Fern von mir jede hochmütige Miene. Ich werde bescheiden, ernsthaft und mild, liebenswürdig und höflich gegenüber Großen und Kleinen sein ... Ich will keine Freundinnen haben, die nicht tugendhaft sind...« Und so weiter und so fort in demselben ernsthaften Ton von Herzen kommender, ehrlicher Absichten. Lebensregeln, zugeschnitten auf den würdigen und bescheidenen Wiener Hof und nicht auf einen von Intrigen, Leidenschaften und Besessenheiten kochenden tropischen Hexenkessel ...

Die Abreise verzögerte sich, weil Leopoldine vor lauter Aufregung von schweren Magen- und Darmstörungen geplagt wurde. Am

2. Juni 1817 war es endlich soweit, und der Brautzug setzte sich von Wien aus nach Italien in Bewegung. Mit Leopoldine reiste ein Stab von acht Damen, zehn Herren, einem Geistlichen, zahlreichen Bediensteten, darunter Poldls alte Kammerfrau, Franziska Anonny, ein Bibliothekar, ein Landschaftsmaler sowie der Arzt und Ornithologe Dr. Johannes Kammerlacher. Eine Gruppe von Gelehrten war bereits vorausgefahren, um in Brasilien die umfangreichste wissenschaftliche Expedition durchzuführen, die dieses fast unbekannte Land bis dahin jemals besucht hatte.

Die Fahrt ging über Steiermark, Kärnten, Venetien, die Lombardei in die Toskana – also fast durchwegs über österreichisches Gebiet. In Padua gab es ein gleichermaßen freudiges wie tränenreiches Wiedersehen mit Marie Louise. Die Schwestern hatten einander in wenigen Stunden viel zu erzählen. In einem Punkt allerdings schwieg Marie Louise beharrlich. Sie verheimlichte der sonst so vertrauten Schwester, daß sie mittlerweile mit ihrem Oberstallmeister, dem Grafen Adam Neipperg, in wilder Ehe lebte und diesem erst kürzlich ein Kind geboren hatte. Nie sollte die fromme, tugendhafte und sittenstrenge Leopoldine vom »anstößigen« Lebenswandel ihrer Schwester erfahren. Man versprach, einander so oft wie möglich zu schreiben, und die beiden jungen Frauen malten sich in leuchtenden Farben das Glück einer Wiederbegegnung in spätestens zwei bis drei Jahren aus.

In Florenz erwartete die Braut eine schlechte Nachricht. Die portugiesische Flotte, die sie nach Rio bringen sollte, war noch nicht in Livorno eingetroffen, sie war durch eine bedrohliche Revolte in einer brasilianischen Küstenprovinz festgehalten worden. Metternich, mittlerweile zur Eskorte der Prinzessin gestoßen, machte sich Sorgen. So skrupellos er gewesen sein mag, so wenig war er gewillt, sie einem ähnlichen Schicksal wie Marie Antoinette auszuliefern. Er teilte Leopoldine seine Bedenken mit, doch sie entschied: »Es mag geschehen, was will, ich gehe nach Brasilien. Im Unglück hat mich mein Gemahl noch nötiger.« Sie hatte sich in eine überschwengliche Leidenschaft für Dom Pedro hineingesteigert und bebte vor Ungeduld, ihn endlich zu sehen. »Ich tue nichts als an ihn denken und von ihm träumen«, schrieb sie der Schwester.

Leopoldine und ihre Begleitung verkürzten sich das Warten mit Ausflügen und Besichtigungen. Sie selbst befaßte sich, eher halbherzig, zudem mit botanischen und mineralogischen Studien, und sie litt mehr als alle anderen unter der ungewohnten Hitze. Jedermann fragte sich besorgt, ob sie überhaupt imstande sein werde, das tropische Klima von Rio zu ertragen.

Am 25. Juli traf die sogenannte Flotte in Livorno ein; es waren zwei eher schäbige Segler, und es brauchte noch einige Wochen, bis diese ausreichend überholt und instand gesetzt waren.

Die Übergabe der Braut durch Metternich an die portugiesische Delegation fand am 12. August im Saal eines Palazzo zu Livorno statt. Obwohl es ein schwüler Tag war, hatte man Leopoldine in ein schweres, steifes Seidenkleid gesteckt und über und über mit brasilianischen Diamanten behängt; sie saß, erbärmlich schwitzend und dennoch totenbleich, auf einem Thronsessel, die Augen noch weiter aufgerissen als sonst. Eineinhalb Stunden dauerte die Zeremonie, die damit endete, daß die portugiesischen Damen und Herren vor der Frau ihres Thronfolgers in die Knie sanken und ihr die Hand küßten. Dann wankte die Prinzessin, mehr tot als lebendig, aus dem Saal; sie wurde von stundenlangen Magenkrämpfen, Darmkoliken und Durchfällen gepeinigt.

Auf dem Admiralsschiff »Dom João VI.« hatte man für die junge Frau eine Suite nach dem teuersten, aber nicht allerbesten französischen Geschmack eingerichtet, mit Goldtapeten und kostbaren Teppichen, mit neckischen Cupido-Bildern und mit einem Ebenholz-Himmelbett, das an vier seidenen rot-weiß-roten Schnüren von der Decke herabhing. Im krassen Gegensatz dazu standen das dreckige Schiff, die verwahrloste Mannschaft und der bestialische Gestank von Kühen, Schweinen, Hammeln und Hunderten Stück Federvieh, die man als Proviant mitführte. Leopoldine bekam solcherart einen Vorgeschmack davon, wie wenig der vom Gesandten Marquis Marialva vorgegaukelte Traum eines brasilianischen Paradieses mit der brasilianischen Wirklichkeit übereinstimmte.

Die Abfahrt erfolgte am 15. August um sieben Uhr früh, erst am 11. September wurde die Zwischenstation Madeira erreicht, da die Schiffe in schwere Stürme geraten waren. Auch bei der Überquerung des Atlantik kam das Brautschiff um ein Haar in Seenot, und nach den orkanartigen Stürmen dehnten sich endlose Tage lähmender Langeweile auf spiegelglatter See.

Leopoldine klagte nicht, sie jammerte nicht, sie wurde nicht see-
krank; sie ertrug die endlosen Stunden des Nichtstuns in gelassener
Heiterkeit und erwartungsvoller Vorfreude. Sie war glücklich.
Am 5. November 1817 endlich näherte sich die »Dom João VI.« der
brasilianischen Küste, um 7 Uhr abends ging sie in Rio vor Anker.
Leopoldine war überwältigt vom Anblick der weißen Stadt in der tropischen Landschaft unter einem perlmutterfarbenen Himmel. »Die
Einfahrt in den Hafen ist einzig, und ich glaube, den ersten Eindruck,
welchen das paradiesische Brasilien auf jeden Fremden machen muß,
ist keiner Feder noch Pinsel zu zeichnen möglich...«, schrieb sie
ihrem Vater, mußte allerdings später zugeben, daß sich der erste Eindruck als höchst trügerisch erwiesen hatte.
Als das Schiff am Pier festmachte, läuteten alle Glocken der Stadt,
Musikkapellen spielten in voller Lautstärke gegeneinander an, Salven
knallten aus den Forts, Kanonen donnerten, Böller krachten, Rake-
ten stiegen zischend in die Luft, um dröhnend zu explodieren, Menschenmassen am Rande des Hafenbeckens und in illuminierten Boo-
ten brüllten sich heiser. Das Getöse verstärkte sich noch, als König
João samt Frau und Kindern an Bord kam, um die Braut zu begrüßen. Leopoldine sank vor ihrem Schwiegervater in die Knie, wurde
aber sogleich liebevoll aufgehoben und bekam ihr Brautgeschenk in
die Hand gedrückt, ein Kästchen aus purem Gold, randvoll gefüllt
mit riesigen, feinst geschliffenen Diamanten.
Dom Pedro schloß seine Frau in die Arme, und es war ihm anzumerken, daß er Gefallen an ihr fand. Gefallen am völlig neuen Reiz einer
hellhäutigen, hellblonden, helläugigen Frau, die in strahlendem Kon-
trast stand zu den schwarzhaarigen, dunkeläugigen Portugiesinnen
seiner Umgebung, ganz zu schweigen von den Negersklavinnen, Part-
nerinnen seiner ausschweifenden Junggesellennächte. Leopoldine
schenkte ihrem Mann ein paar scheue Seitenblicke, aber was sie sah,
schien durchaus ihren Wünschen und Vorstellungen zu entsprechen.
Der gleiche Höllenlärm am folgenden Tag, als Leopoldine an Land
ging und im Triumphzug durch die Stadt geführt wurde. 93 Kutschen
mit festlich herausgeputzten Pferden waren aufgeboten, die Königs-
kutsche mit rotem Samt ausgeschlagen und von der Schloßwache mit
blitzenden Hellebarden begleitet. Man hatte die Straßen mit schneeweißem Sand und duftenden Blüten bedeckt, die Häuser mit Fahnen

und seidenen Drapierungen geschmückt. Blumen regneten von drei Triumphbogen auf das junge Paar, ein dichtes Menschenspalier jubelte ihm zu.

Der Zug zum Schloß dauerte zwei volle Stunden. In der Kapelle wurde das Paar gesegnet, ehe es sich vom Balkon aus einer vieltausendköpfigen, schreienden, kreischenden, pfeifenden und winkenden Menge zeigte. Eine Parade beschloß die Feierlichkeiten; erst am späten Nachmittag konnten sich die Hoheiten samt ihren Gästen an einem üppigen Mahle laben.

Es dämmerte bereits, als die ganze Gesellschaft zum Landhaus Boa Vista fuhr, wo das junge Paar residieren sollte. König João, ein Herr von Takt und Feingefühl, führte seine Schwiegertochter persönlich in ihre Gemächer. Als sie ins erste Zimmer trat, blickte er sie erwartungsvoll an – Leopoldine blieb wie angewurzelt stehen, denn sie fand sich direkt einer Büste ihres Vaters gegenüber, an den Wänden hingen Bilder ihrer gesamten Familie, die der König schon lange zuvor in Wien bestellt und nach Rio hatte kommen lassen. Tränen in den Augen, ergriff Leopoldine die Rechte des alten Herrn und bedeckte sie mit Küssen.

Um elf Uhr brachte man endlich die erschöpfte Braut in ihr Schlafzimmer. Im Beisein des Hofes wurde sie entkleidet, zu Bett gebracht und zugedeckt. Dann erschien der Bräutigam, die Zeugen zogen sich unter Knicksen und Verbeugungen zurück.

Neun Tage dauerte der Reigen weiterer Feste, die am 15. November ihren Höhepunkt fanden. Es war das Namensfest Leopoldines, das König João zum Staatsfeiertag erklärte.

Danach begann der Alltag in Boa Vista.

Dort, wo sich heute die ersten Wolkenkratzer von Rio de Janeiro (eigentlich São Sebastiano do Rio de Janeiro) türmen, lag vor nicht mehr als hundertfünfzig Jahren der Flecken São Cristovao und mitten in einem riesigen Park, auf einem kleinen Hügel, die Quinta Boa Vista (Landgut Schöne Aussicht), von der man tatsächlich einen atemberaubenden Blick auf die Bucht von Rio und das umliegende Bergland mit seiner üppigen tropischen Vegetation, auf Orangenbäume und Bananenstauden, Kaffeepflanzen und Mimosen genoß.

Boa Vista, ein einstöckiges Schlößchen, war ursprünglich im maurischen Stil erbaut, dem man später, höchst unmotiviert, zwei gotisch inspirierte Seitenflügel angesetzt hatte; es leuchtete im vertrauten Schönbrunnergelb, die Fenster und Türen waren weiß gestrichen. Aber der Putz bröckelte schon hie und da ab, der Schloßplatz war ungepflastert, wenn es regnete, versank man im knöcheltiefen Morast. Rund um das Haupthaus waren die Unterkünfte der Bediensteten gruppiert und riesige, übelriechende Misthaufen sowie landwirtschaftliche Gebäude und Stallungen, von denen sich die meisten in einem erbärmlichen Bauzustand befanden. Einige waren zusammengestürzt. Niemand fand es der Mühe wert, die Trümmer zu beseitigen. Dabei gab es Arbeitskräfte in Hülle und Fülle, vorwiegend Negersklaven, die Tag und Nacht schreiend und wild gestikulierend umherliefen, ohne daß es Leopoldine ersichtlich war, welcher Tätigkeit sie eigentlich nachgingen.

Das Innere des Schlosses war trist. Kleine, kaum möblierte Räume, schmutzige, fensterlose Flure, enge, steile Treppen.

König João hatte für seine Schwiegertochter eine Suite von sechs winzigen Zimmern üppig, aber ohne Geschmack einrichten lassen. Wenig von dem, was Leopoldine in vierzig mannshohen Kisten mitgebracht hatte, fand Platz, weder ihre Sammlungen, für die sie später in Rio ein Museum errichten ließ, noch Aussteuer und Garderobe. Die Kisten wurden in eine Abstellkammer gebracht, die junge Frau mußte daraus holen lassen, was sie eben benötigte.

Das Dasein auf Boa Vista war sterbenslangweilig. Dom Pedro pflegte früh aufzustehen, bereits um sechs Uhr war Weckzeit, dafür wurde bereits um halb neun Uhr zu Bett gegangen. Gelegentlich musizierten die jungen Eheleute vor dem Schlafengehen. Vergnügungen, Unterhaltungen und Gesellschaften, wie an europäischen Höfen üblich, waren unbekannt.

Karge Abwechslung in den immer gleichen Ablauf der Tage brachten die Kleine und die Große Gala. Als Kleine Gala bezeichnete man die regelmäßigen Audienzen, die sich überraschend demokratisch abspielten. Jedermann hatte Zutritt, und so standen Männer in langen Schlangen angestellt – vom Hof, wo eine Militärkapelle aufspielte, bis vor den Thronsessel der Majestät; eine bunte Mischung aus Pflanzern, Geistlichen, Geschäftsleuten, Offizieren und Adelsherren in farbenprächtigen Uniformen. Wer bis zum König vorgedrungen war, küßte ihm die Hand, trug sein Anliegen vor und verabschiedete sich mit einem neuerlichen Handkuß.

Die Große Gala wurde zu Familienfesten veranstaltet. Sie umfaßte ein feierliches Tedeum, ein Bankett und einen Besuch im Theater, wo seichte Lustspiele, fade Allegorien oder Konzerte gegeben wurden. Zur Belustigung des Publikums führte man einmal auch das blutige Haupt eines soeben geköpften Verbrechers vor. Die Herren waren in hochgeknöpfte Uniformen oder dickes englisches Tuch, die Damen nach der neuesten französischen Mode gekleidet, alle schwitzten und stanken fürchterlich.

Auch hohe kirchliche Feiertage wurden fleißig zelebriert, doch die Messen, und vor allem die Prozessionen, glichen eher Karnevalsveranstaltungen (wie überhaupt der Klerus bis zu einem Grade verweltlicht war, der die Toleranzgrenze der frommen Leopoldine weit überschritten haben muß).

Der Ton am Hofe war rauh – aber nicht herzlich. Die Herren bedienten sich einer oft unflätigen Sprache, ihre Tischmanieren waren erbärmlich. Die Interessen der Männer kreisten um Pferde und Frauen, die der Damen um Kleider und Klatsch. Schulbildung galt als überflüssig, geistige Interessen existierten nicht. Die Lieblingsbeschäftigung der Höflinge bestand darin, zu intrigieren und einander auszuspionieren; es gab zwei fast bis aufs Messer verfeindete Parteien, die des Königs und die seiner im Stadtschloß residierenden Frau Carlota. Dom Pedro entzog sich dem ständigen Kleinkrieg der Eltern, indem er die Mutter so selten wie möglich besuchte und dem Hause des Vaters, in dem er selbst lebte, so oft wie möglich entfloh.

Der Kronprinz und seine Frau unternahmen fast täglich Ausritte in die prächtige Umgebung von Boa Vista, wobei Leopoldine die Gelegenheit nützte, ihre naturwissenschaftlichen Studien weiter zu treiben. Sie sammelte und zeichnete Steine und Pflanzen, sie erlegte Vögel, Affen und Tapire, die, säuberlich präpariert, nach Wien gesandt wurden, wo ihr Vater bald ein eigenes brasilianisches Museum einrichten ließ. Lebhaft interessierte sie sich auch für Sitten und Gebräuche der Indianer, die man noch unfern der Stadt in den Wäldern antreffen konnte. Ihre Begeisterung für die edlen Wilden erlosch allerdings schlagartig, nachdem Dom Pedro die Rothäute einmal dazu veranlaßt hatte, seiner Frau bestimmte rituelle Tänze vorzuführen. »So was Unanständiges ist unmöglich, ich schwitzte mich vor Scham halb tot«, berichtete sie empört der Schwester.

Die konservative Hofgesellschaft stieß sich daran, daß Leopoldine ihren Mann auf seinen Ausflügen, und noch dazu zu Pferde, begleitete, denn vornehme Damen benutzten Sänfte oder Kutsche, und das taten sie allein oder mit Freundinnen. Als besonders verabscheuungswürdig empfand man, daß die Ausländerin im Herrensitz ritt, in Hosen und hohen Stiefeln mit riesigen Sporen, am Oberkörper eine leichte, baumwollene Tunika (ohne Mieder!), auf dem blonden Haupt einen Männerhut aus Filz oder Stroh. Aber was war wohl von einer Frau zu erwarten, die stundenlang über ihren gelehrten Büchern saß, mit Pinzette und Lupe arbeitete, Listen und Kataloge anfertigte und sich für Steine mehr interessierte als für Kleider und Putz?

In die Stadt kam sie nur selten, und sie hatte auch kein Verlangen danach. Rio entpuppte sich, nachdem man den weißen Sand und die leuchtenden Blumen von den Straßen gefegt hatte, die Drapierungen und Fahnen weggenommen, die zu Leopoldines Einzug die Häuser geschmückt hatten, als ein elendes, ziemlich schmutziges Provinznest. Die Straßen waren bei Trockenheit in Staub gehüllt, bei Regen schlammig, der Unrat lag tonnenweise umher, die Gassen mit ihren schäbigen, meist einstöckigen Häusern waren erfüllt vom Geschrei der Neger und Mulatten, und über allem lag eine stinkende Dunstglocke.

Ihre bedrückende Lage kam Leopoldine erst allmählich zu Bewußtsein. Am Anfang war sie vor Liebe schlichtweg blind, und als sie sich von dem Schock erholt hatte, den ihr, schon wenige Wochen nach der Hochzeit, der erste epileptische Anfall ihres Mannes versetzte, war sie ihm um so zärtlicher zugetan. »Ich bin mit einem Mann vereinigt, der nicht nur schön, sondern auch gut und verständig ist ... Ich bin recht glücklich«, schrieb sie nach Parma. Später dann: »Wenn Du ihn kenntest, müßtest Du ihm herzlich gut sein.« An den Vater: »Ich kann Sie versichern, teuerster Papa, mit aller österreichischen Offenheit, ich bin recht glücklich, da ich gottlob einen Gemahl besitze, der rechten, offenen Sinn und ein gutes Herz besitzt.«

Wann genau sie am offenen Sinn und am guten Herzen des Geliebten zu zweifeln begann, läßt sich nicht feststellen. Es muß wohl eines zum andern gekommen sein, daß sich Skepsis in die lodernde Leidenschaft mischte, bis schließlich Resignation und immer häufiger Depressionen auftraten.

Vielleicht aufgrund seiner Krankheit war der Prinz launenhaft und nervös; nachdem Leopoldine den ersten Reiz des Neuen und Ungewohnten für ihn verloren hatte, kamen seine Herrschsucht, seine Rücksichtslosigkeit und seine schlechten Manieren ungebrochen zum Vorschein. Er zwang seine Frau, mit ihm die ehemalige Geliebte, Noémi Thierry, zu besuchen, die im sechsten Monat von ihm schwanger war. Noémi war mit einem Offizier verheiratet worden. Das Kind, das sie vom Prinzen unter dem Herzen trug, kam tot zur Welt. Angeblich hat Dom Pedro den kleinen Leichnam einbalsamieren und in seinem Schlafzimmer aufstellen lassen.

Er war mißtrauisch und eifersüchtig, entließ alle österreichischen Hofleute und Diener seiner Frau, darunter auch die gute alte Kammerfrau Franziska Anonny, der Leopoldine nicht einmal eine Pension zahlen durfte. Da ihr Mann ihr das im Heiratsvertrag zugesicherte Nadelgeld vorenthielt, um es für sich selbst zu verwenden, schrieb Leopoldine ihrem Vater einen demütigen Bettelbrief, für die treue Dienerin zu sorgen.

Offensichtlich hat sie keine Antwort erhalten, denn später bat sie einen österreichischen Diplomaten um Intervention bei Metternich, man möge ihr doch finanziell ein wenig unter die Arme greifen, da sie nicht imstande sei, ihren Verpflichtungen dem Personal gegenüber nachzukommen. Als auch dieser Hilferuf ungehört verhallte, begann sie heimlich Schulden zu machen – wohlgemerkt, nicht für die eigenen Bedürfnisse, sondern um andern Menschen zu helfen und Gutes zu tun, wie man es sie von klein auf gelehrt hatte.

Der Vater erfuhr von ihr persönlich nichts weiter über ihre bedrängte Lage, sie schrieb ihm vielmehr: »Ich befinde mich gut, bin glücklich, durch viel Geduld und Klugheit geht alles.«

Geduld und Klugheit, das war es, was sie in großem Ausmaß brauchte, denn sie hatte rasch begreifen gelernt, daß sie nur durch ständiges Nachgeben ihren Mann einigermaßen bei Laune halten konnte.

Sie litt Höllenqualen unter der tropischen Hitze, sie litt Höllenqualen des Heimwehs, sie litt Höllenqualen, wenn ein Postboot ohne Nachrichten aus Europa eintraf – die Antwort auf einen Brief dauerte ohnehin durchschnittlich ein Jahr. Dann lief sie tagelang, in sich verschlossen, mit verweinten Augen umher.

Die Angehörigen in Wien konnten nicht wissen, aber vielleicht doch wohl ahnen, wie es um Leopoldine stand. Daher ist es völlig unbegreiflich, daß die Familie nur sporadisch schrieb; der Vater ließ sogar einmal zwei volle Jahre nichts von sich hören.

Durchaus informiert war Marie Louise in Parma, aber sie hat, überaus beschäftigt mit ihrer neuen Liebe, das Ausmaß des Dramas nicht erkannt oder nicht erkennen wollen, obwohl Leopoldines Briefe nichts an Deutlichkeit zu wünschen übrigließen. »Du glaubst, Brasilien sei ein goldener Thron, wohl ein Eisenjoch ist es«, hieß es einmal. An anderer Stelle: »Mein einstmals munterer Charakter leidet ... ich bin ganz melancholisch, niemals lache ich, wie einst in meines teuren Vaterlandes Familienzirkeln ... Wenn ich heute frei wäre, würde ich nie mehr heiraten.«

Es ist ebenso erstaunlich wie bewundernswert, daß Leopoldine trotz allem die Kraft fand, auf naturwissenschaftlichem Gebiet weiterzuarbeiten. Vielleicht aber war die Flucht in die Welt der Gelehrsamkeit die einzige Möglichkeit, dem täglichen Dilemma zu entkommen. Sie ließ sich aus Paris und Wien die neuesten Werke ihrer Spezialgebiete senden, versuchte aber auch Kenntnisse über Volkswirtschaft, Bergbau und Politik zu erlangen. Auf ihre Initiative ging eine moderne Viehzucht zurück, für die sie Rindvieh aus der Schweiz importieren ließ. Zu ihrem Vergnügen malte und zeichnete sie und saß stundenlang am Flügel, mit moderner Musik beschäftigt: Haydn, dessen Schüler Sigismund von Neukomm sich eine Zeitlang in Rio aufhielt, Mozart und Beethoven.

Endlich kam dann das lang ersehnte Kind. Leopoldine war außer sich vor Glück, als sie die ersten Anzeichen der Schwangerschaft bemerkte, und auch Dom Pedro bekundete große Freude. Er umgab seine Frau wieder mit Aufmerksamkeit und Zärtlichkeit, und er war in so hingebungsvoller Weise um ihre Schonung bemüht, daß er sofort ihr Schlafzimmer mied, um sich die Nächte mit ständig wechselnden blutjungen Negersklavinnen zu vertreiben. Leopoldine wußte es, sie litt, aber sie ließ sich nichts anmerken.

Auf die täglichen Ausritte und die wilden Kutschenfahrten in Begleitung seiner Frau wollte Dom Pedro indes nicht verzichten. Bis Dr. Johannes Kammerlacher, der Leibarzt und einzige Österreicher, der in Leopoldines Umgebung hatte verbleiben dürfen, ein Machtwort sprach. Ab dem dritten Monat untersagte er jede übermäßige körperliche Anstrengung. Wutentbrannt verbot Dom Pedro dem Arzt das Haus und übertrug die Betreuung der Schwangeren dem portugiesischen Chirurgen Picanco, der ein wahrer Schlächter gewesen sein muß.

Über die Geburt der Prinzessin Maria da Gloria am 4. April 1819 existieren keine Zeugenberichte, wohl aber über die darauf folgende dreitägige Große Gala, die mit dem ortsüblichen Lärm und Überschwang abgehalten wurde.

Leopoldine selbst hat später einige Bemerkungen über die Entbindung gemacht, die in wenigen Worten das Ausmaß des Martyriums andeuteten: »Selbst zwei Monate später war die Roheit des portugiesischen Wundarztes, der mich mit seinen lieben Händen abscheulich zerfleischte, zu spüren. Ich finde, hier ist es fast besser, wie die wilden Tiere im Walde sich seiner Last zu entledigen.«

Dr. Picanco war dermaßen stümperhaft zu Werk gegangen, daß Leopoldine nach der Niederkunft ständig unter Schmerzen litt, gegen die der Arzt – aus Dummheit oder aus Sadismus – nichts unternahm. Da die normale monatliche Regelblutung ausblieb, vermutete er vielmehr eine neuerliche Schwangerschaft. Erst Wochen später entledigte sich der gepeinigte Körper »gewisser Schmutzungen«, wie Leopoldine es ihrer Schwester gegenüber umschrieb. Die Kronprinzessin war keineswegs schwanger, es war vielmehr ein Teil der Placenta im Leibesinneren zurückgeblieben. Daß die junge Frau mit dem Leben davonkam, grenzt an ein Wunder.

Ein weiteres Wunder hatte anscheinend die Geburt der kleinen Prinzessin hervorgerufen. Leopoldine war seit langem zum ersten Mal wieder glücklich und zufrieden. »Es ist ein ganz himmlisches Gefühl Mutter zu sein«, schrieb sie, und die Briefe der folgenden Monate waren eine einzige Hymne auf das beste, schönste, bravste und klügste Kind aller Zeiten. Dom Pedro war wie verrückt nach dem kleinen Mädchen, vor dessen Wiege er stundenlang anbetend sitzen konnte und das er strahlend durchs ganze Schloß trug.

Mit allen Mitteln versuchte Leopoldine, den häuslichen Frieden weiter zu erhalten, selbst um den Preis der eigenen Gesundheit. Sie wurde kurz hintereinander zweimal schwanger, und eingedenk der Enttäuschungen und Demütigungen, die sie während der ersten

Schwangerschaft erlitten hatte, klammerte sie sich förmlich an ihren Mann und ließ ihn nicht eine Minute aus den Augen. Sie jagte mit ihm zu Pferde acht bis neun Stunden täglich durch die Gefilde, bis beide vor Erschöpfung fast zusammenbrachen und Dom Pedro keine Lust mehr verspürte, sich außerhäuslich zu vergnügen. Beide Male endete Leopoldines Selbstaufopferung mit der Zerstörung des werdenden Lebens. Sie erlitt zwei Fehlgeburten, die dem patenten Dr. Picanco abermals Gelegenheit boten, die bedauernswerte Frau mit seinen »lieben Händen abscheulich zu zerfleischen«.

Die Wende zum – vorübergehend – Besseren kam von außen. Leopoldine geriet in den Sog der Politik und dabei zunehmend in eine Schlüsselposition, die ihre eigenen Wünsche zugunsten der Staatsräson in den Hintergrund treten ließ. Das Erbe der Urgroßmutter, Kaiserin Maria Theresia, und das der Großmutter, Marie Karoline von Neapel, trat deutlich hervor; das Gebot des Großvaters, Kaiser Leopolds II.: »Man muß sich den Kopf zerbrechen, wie man den Untertanen möglichst zu Gefallen regiert«, bestimmte Leopoldines Handeln – bis zum bitteren Ende.

Seit ihrer Hochzeit mit Dom Pedro verlief die politische Entwicklung in Brasilien und Portugal stürmisch, zeitweilig verworren und kaum überschaubar. Hinzu kam ein latent schwelender Konflikt zwischen João VI. und Dom Pedro. Der Vater mißtraute den Führungseigenschaften seines Sohnes, der noch dazu deutlich zum liberalen Zeitgeist hinneigte und sogar Verbindung zu freimaurerischen Zirkeln pflegte – deren Großmeister er später werden sollte. João schloß Pedro von allen Regierungsgeschäften aus; dieser fühlte sich mit Recht übergangen und zurückgesetzt.

Die Beziehung zum Mutterland war gespannt. Je mehr sich Brasilien emanzipierte, seinen Reichtum selbst verwaltete und aufgehört hatte, horrende Steuern nach Lissabon abzuliefern, desto mehr verarmte Portugal und sank in politische Bedeutungslosigkeit. Noch dazu war das Land von England praktisch okkupiert und drohte über kurz oder lang seine Selbständigkeit vollkommen zu verlieren.

Die Idee war naheliegend, daß der König in die Heimat zurückkehren und nach dem Rechten sehen sollte. Doch João VI. weigerte sich, vorwiegend aus Sorge, daß seine Abreise republikanische Umstürze wie im übrigen Südamerika, wenn nicht gar ein Terrorregime durch

251

Negersklaven wie in Haiti und San Domingo provozieren könnte. Der Staatsrat schlug darum vor, wenigstens Dom Pedro nach Portugal zu entsenden.

Leopoldine war Feuer und Flamme für den Plan. Sie bestürmte ihren Vater, Kaiser Franz I., all seinen Einfluß auf König João VI. geltend zu machen, um ihr endlich die heißersehnte Rückkehr nach Europa zu ermöglichen.

Doch ehe noch eine Entscheidung gefällt werden konnte, brach in Portugal eine Militärrevolte aus. Die englischen Besatzer wurden verjagt, die Cortes (das Parlament) in Lissabon deklarierten eine moderne, revolutionäre Verfassung, welche die Rechte des Königs weitestgehend beschnitt. Dom João, dessen Anwesenheit in Portugal jetzt erst recht vonnöten gewesen wäre, konnte sich noch immer nicht zur Abreise entschließen, stimmte aber statt dessen zu, Dom Pedro über den Atlantik zu schicken – allerdings ohne seine Frau. Pedro und Leopoldine durchschauten den Plan: Die junge Frau sollte faktisch als Geisel in Brasilien bleiben, so daß der König jederzeit Druck auf seinen ungebärdigen Sohn ausüben könnte.

Der österreichische Gesandte in Rio versuchte Leopoldines Vermutungen zu widerlegen, doch je mehr er ihr gut zuredete, desto heftiger geriet sie in Rage. Sie schrie den Gesandten an, daß sie wie eine Löwin »mit allen Mitteln« darum kämpfen werde, ihrem Mann nach Portugal zu folgen, falls er alleine abreise. Sie würde dann »selbst das dreckigste Boot nicht verschmähen«, um nach Europa zu kommen, und wenn sie, da sie schon wieder schwanger war, auf hoher See niederkäme, mache ihr das auch nichts aus. Nach langem Hin und Her wurde bestimmt, daß das Kronprinzenpaar doch gemeinsam reisen sollte, aber erst nach der Geburt des erwarteten Kindes.

Mittlerweile war die Stimmung in Brasilien so eskaliert, daß es zunächst in São Paulo, kurz darauf auch in Rio, zu einem Militärputsch kam, der König João zur Annahme der neuen portugiesischen Verfassung zwang. Einige Historiker sind der Ansicht, daß Dom Pedro selbst im Hintergrund die Fäden gezogen hätte.

Inmitten dieser tumultuarischen Ereignisse bekam Leopoldine am 6. März 1821 ihr zweites Kind, einen Sohn, der auf den Namen João Carlos getauft wurde. Auch diese Niederkunft muß eine Qual gewesen sein. »Meine Entbindung war hart, da mein Sohn nur zur Hälfte des Körpers ohne Hilfe kam, wegen dem rechten Arm, der vor dem Kopf lag. Überdies war es ein Kind von den größten und fettesten. Den 3. Tag nach meiner Entbindung war ich in Gefahr einer Bauchentzündung, da man mich während der Entbindung verkühlen ließ«, berichtete die junge Mutter nach Parma.

So groß die Freude über den Thronfolger und die Aussicht auf eine baldige Übersiedlung nach Europa war, so schnell kam die Ernüchterung. König João änderte seine Dispositionen. Er wollte doch selbst nach Portugal gehen, beide Enkelkinder mitnehmen und Pedro als Regenten in Brasilien zurücklassen. Sollte dieser durch Krankheit oder Tod die Herrschaft nicht übernehmen können, würde Leopoldine Staatsoberhaupt.

Verzweifelt schrieb sie an ihre Schwester: »Der König geht und nimmt mit sich meine zwei Kinder, was mich außerordentlich kostet, da wir verdammt sind, noch einige unbestimmte Zeit in diesem unausstehlichen Klima zu bleiben.«

In der Tat bestand die Absicht, das junge Paar zu einem späteren Zeitpunkt nachkommen zu lassen, sobald sich die Lage in Brasilien beruhigt haben würde. Letzten Endes ließ sich der König doch erweichen – die Kinder durften bei ihren Eltern bleiben.

Am 25. April schifften sich Dom João, seine Frau Carlotta, Sohn Miguel und Tochter Maria Teresa ein. Zurück blieben zwei blutjunge Menschen – Dom Pedro war dreiundzwanzig, Leopoldine vierundzwanzig – ohne jegliche politische Erfahrung, angesichts eines Riesenreiches voll der widersprüchlichsten, gefährlichsten Strömungen. Dom Pedros erste selbständige Handlung als Regent erhellt seine Infantilität: Er ordnete die Fällung einer alten Allee vor dem Hause eines ehemaligen Ministers an, den er nicht leiden konnte.

Sein Regierungsstil war eigenwillig und wirr. Er verzettelte sich in Kleinigkeiten und verlor bald den Überblick über das Land, das in seine einzelnen Teile zu zerfallen drohte. Einige Provinzen machten sich von der Zentralregierung in Rio los und strebten wieder eine engere Bindung an das Mutterland an, andere trachteten, dem Vorbild der spanischen Kolonien folgend, eigene Staaten zu bilden. Pedro indes vertat seine Zeit mit einer neuen Geliebten, der Frau des Oberkommandanten der europäisch-portugiesischen Truppen, General Jorge Avilez, ein Verhältnis, das Leopoldine nicht verborgen bleiben konnte. Dom Pedro zwang seine Frau, mit ihm im Hause der Avilez zu verkehren.

»Ich fange schon an zu glauben, daß man viel glücklicher ist unverheiratet, denn ich habe nichts als Kummer und Verdruß, den ich heimlich hineinfresse. Ich sehe leider, daß man mich nicht liebt«, schrieb sie der Schwester. »Wenn meine Pflichten es mir nicht verböten, so wäre ich schon längst ... in der teuren Heimat.«

Das habsburgische Pflichtbewußtsein ließ Leopoldine selbst in der augenblicklichen elenden Lage ausharren. Die Mehrheit der führenden portugiesischen Familien, an die 3 000 Personen von Adel und Einfluß, waren mit dem König in die Heimat zurückgekehrt und hatten große Vermögenswerte aus dem Land gezogen. Die Bank von Brasilien stand knapp vor dem Ruin, die Dotationen für den Regenten und seine Frau konnten nur schleppend, wenn überhaupt, ausgezahlt werden. Die Familie lebte in armseligen Verhältnissen, nur einige subalterne Diener harrten bei ihr aus.

Dom Pedro war am Ende seiner Weisheit, und er beschloß, so bald wie möglich nach Portugal abzureisen. Leopoldine stimmte dem Plan zunächst begeistert zu.

So nahe am Ziel ihrer sehnlichsten Wünsche besann sie sich dann doch eines anderen. Als nämlich immer deutlicher klarwurde, daß der König in Lissabon handlungsunfähig und praktisch ein Gefangener der Cortes war, als die Cortes verfügten, alle Freiheiten Brasiliens mit einem Federstrich null und nichtig zu machen, das Land in voneinander unabhängige Provinzen aufzuteilen und in die alte Kolonialabhängigkeit zurückzustoßen, als sich, ausgehend von São Paulo, eine Volksbewegung zur Rettung der brasilianischen Eigenständigkeit und Einheit ausbreitete, sprang Leopoldine über den eigenen Schatten und nahm Verbindung zu den »neuen Patrioten« auf. Sie hatte erkannt, daß die Monarchie nur von Brasilien aus zu retten sei, daß nur ein starkes, geeintes Brasilien dem Schicksal der ehemaligen spanischen Kolonien entrinnen könnte, die untereinander zerfallen waren und wo im Inneren ständig wechselnde Juntas einander bekriegten. Die »neuen Patrioten« verlangten zu diesem Zeitpunkt noch keineswegs die Lösung vom Mutterland, sondern nur den Status der Gleichberechtigung, und sie brauchten den angestammten Regenten als Galionsfigur.

Aus Lissabon erteilten die Cortes Dom Pedro den Befehl, schleunigst zur Berichterstattung nach Portugal zu kommen, ein Befehl, dem der Prinz nur zu willig folgen wollte. Er fühlte sich seiner Aufgabe nicht mehr gewachsen; er, der die erste Kinderzeit in Portugal verbracht hatte, besaß keine Wurzeln in Brasilien. Er wollte »heim«, und er wollte möglichst wenig Verantwortung tragen.

Durch gutes Zureden, durch Weinen und Wutausbrüche versuchte Leopoldine ihn zu bewegen, die Abreise wenigstens hinauszuschieben. Sie wußte, was sie tat, und sie tat es mit offenen Augen. Sie sei nun bereit, »in ewiger Verbannung zu leben«, schrieb sie. »Das gute Volk von Brasilien« hatte nun Vorrang vor all ihren persönlichen Wünschen. Dom Pedro schwankte noch immer, auch als frische Truppen aus Portugal eintrafen, von denen es hieß, sie hätten Order, den Prinzen und seine Familie notfalls mit Gewalt außer Landes zu bringen.

Am 9. Januar 1822 erschien eine Delegation führender Männer aus den Reihen der »neuen Patrioten« zur Audienz bei Dom Pedro und überreichte ihm eine von Tausenden Bürgern unterzeichnete Bittschrift, er möge Brasilien nicht verlassen. Er, Pedro, würde die Schuld am Untergang des Reiches tragen, sollte er abreisen und damit zwangsläufig ein Chaos heraufbeschwören. Der Prinzregent besann sich einen Augenblick, dann sprach er die schicksalsschweren Worte: »Ich bleibe.« Ein Delegierter stürzte zum Fenster und teilte der auf dem Schloßplatz harrenden Menschenmenge den Entschluß Dom Pedros mit, worauf alle wie verrückt zu tanzen, zu schreien und die Hüte in die Luft zu werfen begannen.

Die gleiche Begeisterung herrschte zwei Tage später im Theater, wo Dom Pedros Bekenntnis zu Brasilien mit einer Großen Gala gefeiert wurde. Doch während im Theater gesungen und gespielt wurde, zogen portugiesische Armeeeinheiten plündernd und brandschatzend durch die Stadt. Die Parole lautete, Dom Pedro samt Familie gefangenzunehmen und aufs Schiff zu schleppen. Die Portugiesen konnten zwar von den einheimischen Truppen abgedrängt werden, doch im Theater kam Unruhe auf, das Publikum machte Anstalten, in Panik zu fliehen.

Dies war einer der wenigen Momente im Leben des Dom Pedro, da er Größe und Gelassenheit bewies. Er begab sich auf die Bühne und bat die Anwesenden, sich zu beruhigen, seine braven Soldaten hätten die Stadt unter Kontrolle, er selbst und seine Gemahlin würden bis zum Ende der Vorstellung ausharren, es gäbe keinen Grund, sich zu fürchten. Leopoldine, im achten Monat und damit unübersehbar schwanger, bekräftigte die Aussage ihres Mannes. Auch sie sei gewillt zu bleiben.

Der Rückzug aus dem Theater war geordnet; bei der Ankunft des Prinzenpaares in Boa Vista bot sich jedoch ein ganz anderes Bild. Portugiesische Truppen waren im Anmarsch, sämtliche Dienstboten entflohen, die Sklaven unauffindbar. In wilder Hast packte Leopoldine ihre Kinder zusammen, spannte eine Kutsche an und floh zum königlichen Landgut Santa Cruz, während Dom Pedro zu seinen Truppen eilte, um sich den Portugiesen entgegenzustellen.

Zwölf Stunden war Leopoldine in der sengenden Sommerhitze unterwegs, und als sie endlich in Santa Cruz ankam, wo wenigstens noch ein paar dienstbare Geister vorhanden waren, lag der einjährige João Carlos mit einem Sonnenstich im Delirium. Er starb wenige Tage später.

Pedro und Leopoldine waren untröstlich, und ihr Kummer wandelte sich in abgrundtiefen Haß gegen General Jorge de Avilez, den Kommandanten der portugiesischen Truppen, den sie beschuldigten, der Mörder ihres Sohnes zu sein. An seinen Vater schrieb der Prinz: »Die portugiesische Hilfsdivision war es also, die meinen Sohn, den Enkel Eurer Majestät, ermordet hat. Infolgedessen erhebe ich gegen sie meine Stimme. Sie ist vor Gott und vor Eurer Majestät für dieses Ereignis ... verantwortlich.«

Nachdem Dom Pedro die Portugiesen zurückgeschlagen hatte, bildete er die Regierung um und berief einen der hervorragenden Führer der »neuen Patrioten« zum Ministerpräsidenten. Dom José Bonifacio war ein weitgereister Mann, der in Deutschland studiert hatte, er besaß das besondere Vertrauen Leopoldines.

General Avilez und seine Truppen wurden ultimativ aufgefordert, unverzüglich das Land zu verlassen, widrigenfalls sie von den dem Prinzen ergebenen Verbänden ins Meer gejagt würden. Die Landung neuer Streitkräfte aus der alten Heimat wurde strikt untersagt, die Annahme von Gesetzen aus Lissabon verweigert. Der erste Schritt in Richtung Freiheit war damit getan.

Von da an begannen sich die Ereignisse zu überstürzen. Den Anfang machte Dona Juanaria am 11. März 1822, deren stürmischen Eintritt in diese Welt Dom Pedro seinem Vater so beschrieb: »Ich teile Eurer Majestät mit, daß die Wehen der königlichen Prinzessin, meiner geliebten Gattin, um zwei Uhr nachts begannen; um dreieinhalb rief sie mich und um fünf Uhr in der Frühe, als sie spazierend durch das Haus ging, hielt sie sich an meinem Hals fest, und so stehend entband sie, und um fünfeinhalb war alles mit außerordentlich großem Glück zu Ende.« Ob sich Leopoldine mit voller Absicht der Hilfe eines Arztes entzogen hat oder ob die äußeren Umstände sie dazu zwangen, sich – so einstmals in einem Brief an Marie Louise formuliert – »wie ein wildes Tier im Walde ihrer Last zu entledigen«, ist nicht bekannt. Das Kind war von überaus zarter Gesundheit, und schon bald traten die ersten Anzeichen von Epilepsie auf. Dennoch riß sich Leopoldine, ansonsten eine überängstliche Mutter, immer wieder von der Kleinen los, um die politische Aufgabe zu erfüllen, die sie nun einmal übernommen hatte. »Für das öffentliche Wohl ist kein Opfer zu groß«, begründete sie der Schwester gegenüber ihre Haltung.
Während Dom Pedro eine Inspektionsreise durch die südlichen Provinzen absolvierte – auf der er vorwiegend ausschweifenden Liebesabenteuern nachging –, nahm seine Frau und offizielle Stellvertreterin die Staatszügel fest in die Hand. Abgesandte der Cortes, die sie zu bewegen versuchten, Einfluß auf ihren Mann zu nehmen, daß er endlich nach Portugal komme, wies sie unmißverständlich ab. Wie aus den Briefen jener Zeit hervorgeht, drängte sie bereits damals auf eine völlige Ablösung vom Mutterland. Gründlich studierte sie verfassungsrechtliche Fragen; ihr scheint eine Verfassung nach dem Muster der Vereinigten Staaten vorgeschwebt zu sein, mit dem Unterschied, daß der Monarch und nicht ein gewählter Präsident an der Spitze stehen sollte.
Große Aufregung gab es in Lissabon, als bekannt wurde, daß Leopoldine der Leibgarde eine neue Uniform verordnet hatte. Statt der bisherigen portugiesischen wurde eine detailgetreue Kopie der Böhmischen Garde, mit Goldhelm und Federbusch, mit weißem Rock und goldenen Litzen sowie Epauletten eingeführt. Stundenlang alterierten sich die Cortes in Lissabon über diese symbolträchtige Eigenmächtigkeit, ein Abgeordneter erfaßte den Kern der Empörung: »Die Brasilianer sind keine Portugiesen mehr, sie sind schon Österreicher!«

Am 22. August begab sich Dom Pedro wieder auf eine Inspektionstour, diesmal nach São Paulo. Sechs Tage später traf in Rio der kategorische Befehl der Cortes aus Lissabon ein, das Königreich Brasilien auf der Stelle aufzulösen, alle zentralen Stellen zu liquidieren und die Rädelsführer der »neuen Patrioten« als Hochverräter vor Gericht zu stellen. Wie sich die Cortes die Durchführung vorgestellt haben, bleibt ein Rätsel, da ein Expeditionskorps von 7 200 Mann, das den Anordnungen Nachdruck verleihen sollte, noch gar nicht in See gestochen war.

Leopoldine berief für den 2. September eine Krisensitzung der Regierung und der erreichbaren Provinzgouverneure ein, und es gab keine lange Debatte, ehe einstimmig beschlossen wurde, sofort die Unabhängigkeit, die gänzliche Loslösung von Portugal, zu deklarieren. Laut Verfassung besaß bereits diese Resolution Rechtsgültigkeit, da Leopoldine die unumschränkte Regierungsgewalt innehatte; die spätere Unterschrift Dom Pedros unter dieses Dekret war somit eine bloße Formalität.

Die Regentin schloß sich für einige Stunden in ihre Zimmer ein und verfaßte einen langen Brief an ihren Mann, in dem sie ihm die Demütigungen durch das Mutterland noch einmal vor Augen führte und die Separation als einzig mögliche Antwort darauf darstellte. Der Brief endete mit dem feurigen Aufruf: »Der Apfel ist reif, pflücke ihn jetzt, sonst wird er faul.«

Eilkuriere erreichten Dom Pedro kurz vor São Paulo, mitten auf offener Straße. Pedro las den Brief seiner Frau, lief rot an und brüllte: »Sie wollen es so, sie sollen es haben. Ich will von der portugiesischen Regierung nichts mehr, ich erkläre Brasilien für immer von Portugal getrennt.«

Aus unerfindlichen Gründen kehrte er nicht stehenden Fußes um, sondern begab sich kurz nach São Paulo, um dort jene Angelegenheiten zu erledigen, die er sich vorgenommen hatte – eine Episode, die für Leopoldine fatale Folgen haben sollte. Dann eilte er jedoch in einem fünftägigen Gewaltritt nach Rio, wo Leopoldine inzwischen nicht untätig gewesen war. Sie hatte bereits Lord Thomas Cochrane in Dienst genommen, einen britischen Seehelden, fast vom Format eines Lord Nelson, der zuletzt die Unabhängigkeitskämpfe in Chile zu einem erfolgreichen Ende geführt hatte. Cochrane wurde berufen, eine Flotte aufzubauen, die allen Rückeroberungsgelüsten des ehemaligen Mutterlandes Einhalt gebieten könnte.

Am 12. Oktober, seinem 24. Geburtstag, wurde der Prinzregent als Pedro I. zum Kaiser von Brasilien ausgerufen, am 1. Dezember in der Kathedrale zu Rio gesalbt und gekrönt – allerdings nicht als Souverän von Gottes Gnaden, sondern erwählt vom brasilianischen Volk; eine Vorgangsweise, die in den europäischen Monarchien Befremden und Abscheu hervorrief, weshalb es der österreichische Botschafter auch peinlich vermied, Pedro und Leopoldine als »Majestäten« zu titulieren. In den Berichten nach Wien sprach der Diplomat stets vom »Prinzregentenpaar«, so als hätte sich die Geschichte nicht weiterentwickelt.

Leopoldine allerdings fühlte sich als rechtmäßige brasilianische Kaiserin. Stolz erhobenen Hauptes trug sie, wie alle anderen auch, ein grünes Seidenband (Grün war die Farbe der Braganza), das sichtbare Zeichen der Unabhängigkeit, mit ihrer Parole »Freiheit oder Tod«.

Die Briefe nach Hause wurden seltener. Sie begleitete ihren Mann bei vielen seiner offiziellen Auftritte, und sie entwickelte selbständig ein großzügiges Einwanderungsprogramm. Zehntausende Bauern, Handwerker und Soldaten aus Deutschland und Österreich folgten dem Ruf der deutschsprachigen Kaiserin. Sie pflegte die Kolonisten persönlich im Hafen zu empfangen und leistete unermüdlich Dolmetscherdienste. Dabei war, so vermerkte ein Zeuge ausdrücklich, ihr weicher wienerischer Tonfall deutlich zu erkennen. Die erste Siedlung, welche die Landsleute auf brasilianischem Boden gründeten, erhielt den Namen »Leopoldina«, als Zeichen der Hochachtung und Verehrung für eine Frau, die sich zu einer Art Volkskaiserin im Stile ihres berühmten Großonkels, Kaiser Josephs II., entwickelte. So war es, zum Beispiel, jedermann jederzeit möglich, in die Gemächer der Kaiserin vorgelassen zu werden. Auf der Straße, bei Ausritten und Kutschfahrten, wurde sie freudig begrüßt und, gern zu Gesprächen bereit, um Rat und Hilfe gebeten.

Sosehr das einfache Volk und die Sklaven, deren energische Fürsprecherin sie war, die Kaiserin schätzten, so ablehnend stand ihr die sogenannte bessere Gesellschaft gegenüber. Leopoldine war und blieb eine Fremde, eine Frau mit Bildungsansprüchen, eine Frau, die sich unpassenderweise in die Politik einmischte, eine Frau, die, alles in allem, nach brasilianischen Vorstellungen ein höchst unweibliches Wesen an den Tag legte. Daß letzten Endes alle, ob groß oder klein, ob hoch oder niedrig, aus ihrem Einsatz Nutzen zogen, wurde von bestimmten Kreisen geflissentlich übersehen.

Nachdem die Verhältnisse sich konsolidiert hatten – dank des durch Leopoldine angeheuerten Lord Cochrane, der einige von Portugal beeinflußte, aufrührerische Provinzen befriedete, und dank einer modernen, liberalen Verfassung –, lieferte Leopoldine ihr diplomatisches Meisterstück. Noch stand Brasiliens Unabhängigkeit auf schwankendem Boden, denn die europäischen Mächte sträubten sich, den Status quo anzuerkennen, solange nicht Portugal seinen ausdrücklichen Segen gab.

In langen, geduldigen Briefen überzeugte Leopoldine sowohl ihren Vater als auch seinen mißtrauischen Staatskanzler Metternich, daß es für Brasilien keinen anderen Ausweg gegeben hätte, die Einheit des Landes und die Monarchie zu retten. Es gelang den Österreichern, Lissabon zur Einsicht zu bringen, daß Brasilien als Kolonie für immer verloren sei, aber als Partner ein wichtiges wirtschaftliches und politisches Potential darstellte. Die Cortes und König João VI. akzeptierten Brasilien schließlich als gleichberechtigtes Kaiserreich.

Triumph für Leopoldine als Politikerin?

Triumph für Leopoldine als Ehefrau und Mutter, nachdem sie zwei weiteren Mädchen und – endlich – am 2. Dezember 1825 einem Knaben das Leben geschenkt hatte?

Keine Spur von Triumph. Als der lang ersehnte Thronfolger geboren wurde, war Leopoldine längst schon in den tiefsten Schlund der Hölle gestürzt, aus dem es kein Entrinnen mehr gab.

Die Katastrophe begann genau am 22. August 1822, als Dom Pedro, soeben von seiner Frau über die Unabhängigkeitserklärung unterrichtet, nicht in seine Hauptstadt eilte, sondern den vorgesehenen Kurzbesuch in São Paulo absolvierte und dort eine Audienz abhielt. In der langen Reihe der Petenten befand sich eine nicht besonders schöne, sehr füllige junge Frau, Mutter zweier ehelicher und eines unehelichen Kindes. Sie warf sich vor dem Regenten auf die Knie und bat ihn mit tränennassem Antlitz um Beistand in einer Pflegschaftsangelegenheit.

Dona Domitila Pinto, Ehefrau eines Offiziers, war von ihrem Mann verstoßen worden, nachdem sie ein Verhältnis mit einem seiner Kameraden eingegangen war, das nicht ohne Folgen blieb. Pinto verlangte das Pflegerecht für seine beiden Kinder. Dona Domitila widersetzte sich diesem Wunsch mit dem Hinweis, daß ihr Mann einen liederlichen Lebenswandel führte. Ohne auf ihren eigenen Lebenswandel näher einzugehen, flehte sie Dom Pedro lediglich an, ihr die Kinder zuzusprechen. Dom Pedro war offensichtlich der Meinung, daß eine so schwerwiegende Entscheidung nicht ad hoc getroffen werden könnte. Er bestellte die Dame für denselben Abend zu einer weiteren Besprechung in seine Privaträume.

Was wie eine der üblichen Eskapaden begann, an die sich Leopoldine, schweren Herzens, im Laufe der Jahre gewöhnt hatte, geriet zu einer der größten Skandalaffären, die je ein Herrscherhaus erschüttert haben. Sie endete mit der Erhebung der Mätresse zur ungekrönten Kaiserin von Brasilien und mit dem Untergang der rechtmäßigen Herrscherin, der dieses Land, und mit ihm Dom Pedro, alles zu verdanken hatte.

Die Beziehungen des Kaisers zu seiner Titilia, wie er sie nannte, sind ein Musterbeispiel sexueller Hörigkeit, zweifelsfrei dokumentiert in zahllosen Briefen an die Mätresse. Diese Schriftstücke sind auch heute noch nicht offiziell zugänglich, deren Analyse durch brasilianische Historiker sagt jedoch genug aus. »Sie sind primitiv, behandeln rein körperliche Begegnungen und stellen Intimitäten mit erschütternder Roheit dar«, meint einer der Kommentatoren. Ein anderer: »Die Briefe besitzen die obszöne Sensualität der Kaserne. Die Feder nimmt auf die Augenblicke unzüchtiger Freuden Bezug.« Ein dritter erklärt, daß »die Briefe ... mit erschreckendem Realismus auf die Erlebnisse des Geschlechtsverkehrs [und] auf das hiezu notwendige Instrumentarium anspielen.«

Domitila kam unbemerkt nach Rio, zärtlich und sorgsam versteckt in einem unauffälligen Liebesnest. Der Kaiser, als er noch nicht völlig von der Liebestollheit besessen und seiner fünf Sinne mächtig war, hatte gute Gründe, die neue Liebschaft nicht publik werden zu lassen. Erstens war seine Ehe noch durchaus intakt, und Leopoldine stand auf dem Höhepunkt ihrer Popularität. Des weiteren war die Ehebrecherin Domitila in den Augen der Gesellschaft eine verworfene Frau. Ein flüchtiges Verhältnis mit einer Sklavin oder Tänzerin, das war eine Sache; die enge Beziehung zu einer Verräterin am Moralkodex der eigenen Klasse, das war etwas ganz anderes.

Das Verhältnis konnte dennoch nicht verborgen bleiben, und so kam es unweigerlich zum Eklat, als Dona Domitila sich eines Tages uneingeladen bei einer geschlossenen Theateraufführung adeliger Laienspieler einfand. Man wies ihr höflich, aber bestimmt die Tür. Zwei Tage später waren die Aufführungen des Laienzirkels verboten, das Privattheater geschlossen. Sofort vollzog die gute Gesellschaft eine Kehrtwendung und schwenkte ins Lager der Siegerin.

Als das erste Kind des Paares, eine Tochter namens Isabel, zur Welt kam, schien im Taufregister der Name des Erzeugers noch nicht auf. »Vater unbekannt« hieß es schamhaft. Das zweite Kind, ein Knabe, nur wenige Tage nach dem legitimen Thronfolger geboren, erhielt geschmackloserweise ebenfalls den Namen Pedro, dazu »Herzog d'Alcantara«, wie sein Vater – ein Titel, der dem ehelichen Sohn vorenthalten worden war! Als der Bastard wenig später starb, bereitete ihm sein Vater ein Staatsbegräbnis.

Domitila und ihre Kinder verließen die diskrete Absteige, der Kaiser errichtete seiner Geliebten das prunkvollste Palais, das Rio je gesehen hatte; aus aller Welt wurden die schönsten Möbel, Teppiche und Bilder geliefert, ein Heer feinstlivrierter Lakaien sorgte für das Wohl der Dame. Das Leben des Hofes verlagerte sich teilweise von Boa Vista in Domitilas Palais; um den Schein zu wahren, wohnte der Kaiser allerdings noch zeitweise bei der legitimen Ehefrau. Aber er konnte keine Minute ohne Titilia sein. So machte er sie kurzerhand zur Ersten Hofdame der Kaiserin; ihr Salär betrug das Sechsunddreißigfache dessen, was ihre Vorgängerin erhalten hatte.

All das war der raffgierigen Provinz-Circe noch immer nicht genug. Sie wünschte noch mehr Geld, sie wünschte noch mehr Einfluß. Es gelang ihr, den ganzen Familienclan in bedeutende, hoch dotierte Positionen zu befördern; an ihr führte kein Weg vorbei, wenn es um Vergabe von Posten und Abschluß wichtiger Verträge ging, wobei sie horrende Provisionen einstreifte. Sie verfügte, daß die ergebenen Gefolgsleute Leopoldines aus der Regierung entfernt wurden – bis hinauf zum Ministerpräsidenten Bonifacio. Ein Großteil des Palastpersonals wurde ausgewechselt und durch ihre Anhänger ersetzt. An der Spitze der höfischen Hierarchie standen dann ein ehemaliger Küchenjunge, ein gelernter Goldschmied und ein Barbier namens Placido, darauf spezialisiert, Kaiserin Leopoldine zu quälen.

Besonders schäbig verhielt er sich in der Affäre um Lady Mary Graham. Diese Witwe eines englischen Seeoffiziers war im Gefolge von Lord Cochrane nach Brasilien gekommen, eine welterfahrene, hochgebildete Dame, die selbst einige Bücher von Rang verfaßt hatte; Leopoldine schien sie hervorragend geeignet, die Erziehung der erstgeborenen Prinzessin, Dona Maria da Gloria, zu übernehmen.

Es gab gewisse Schwierigkeiten mit Dona Maria, die das heftige Wesen ihres Vaters geerbt hatte. Niemand, schon gar nicht die eigene Mutter, konnte mit der kleinen Wilden zurechtkommen, die sich standhaft weigerte, Tischmanieren anzunehmen – sie pflegte das Essen mit bloßen Händen in den Mund zu stopfen – oder ihre Launen zu zügeln. Die Siebenjährige führte stets eine Reitpeitsche mit sich; wenn sie in Zorn geriet – und sie geriet sehr häufig in Zorn –, hieb sie unbarmherzig auf ihre Spielgefährten und die Kinder der Negersklaven ein.

Leopoldine, den Wutausbrüchen ihrer Tochter ebensowenig gewachsen wie denen des Gatten, wünschte nichts sehnlicher, als aus Maria da Gloria eine Prinzessin nach ihren altmodischen europäischen Vorstellungen zu machen, und engagierte darum Lady Graham als Gouvernante.

Die Engländerin – noch dazu eine protestantische »Ketzerin« – war der Hofkamarilla von Anfang an ein Dorn im Auge. Placido wies ihr ein schäbiges Zimmer unter dem Dach zu, außer einem Wasserträger erhielt sie keine Dienerschaft. Als sich herausstellte, daß die hoffnungslos vereinsamte Leopoldine und Mary Graham eine tiefe, aufrichtige Seelenfreundschaft verband, war die Zeit gekommen, etwas gegen die lästige Ausländerin zu unternehmen. Geschlossen drohten die Damen des Hofes, den Dienst zu verweigern, falls Mary Graham nicht das Feld räumte. Als Vorwand diente die angebliche Hochnäsigkeit der englischen Aristokratin, die es einmal gewagt hatte, in der Kutsche zur Rechten statt zur Linken der Prinzessin zu sitzen, und die es ablehnte, dem Kaiser die Hand zu küssen.

Mary Graham mußte gehen. Placido verweigerte ihr jegliche Hilfestellung, die Kaiserin selbst war es, die, in Tränen aufgelöst, der Freundin die Koffer packen half. Mary Graham verließ Boa Vista bei

strömendem Tropenregen und schleppte ihr schweres Gepäck eigenhändig durch den Morast über den Schloßhof. Am Tor stand Placido
und schüttete sich aus vor Lachen.

Leopoldine speiste nicht mehr am Tisch ihres Mannes. Man servierte
ihr das Essen in dem Kämmerchen, wo noch immer die unausge-
packten Kisten standen, die als Brautgut mit über den Atlantik gekommen waren. Der Flügel des Schlosses, in dem sie lebte, wurde am
Abend abgesperrt und erst am Morgen wieder geöffnet. Sie verbrachte ihre Zeit hauptsächlich auf stundenlangen, einsamen Ausritten, und sie vernachlässigte ihr Äußeres immer mehr. Als echte
»Kummer-Esserin« war sie unförmig dick geworden, das Gesicht
aufgedunsen und stark gerötet, keine Spur mehr vom einstmals so bewunderten zarten, hellen Teint. Meist trug sie formlose Baumwoll-
kleider, ohne Mieder, ohne Unterwäsche, an den nackten Füßen
Holzpantoffeln. Das mag zum Teil seinen Grund darin gehabt haben,
daß sie immer mehr unter der Hitze litt, daß ihr Toiletten seit jeher
gleichgültig gewesen waren, aber möglicherweise auch in ihrer finanziellen Lage. Sie konnte sich keine neuen Kleider mehr leisten, während Domitila buchstäblich in Geld schwamm; ein einziges ihrer häufigen Galadiners verschlang die zehnfache Summe dessen, was Leopoldine als monatliches Nadelgeld bekam – oder nicht bekam, da
Placido die Apanage nach Lust und Laune auszahlte.

Leopoldine mußte Schulden machen, um ihre Dienerschaft entloh-
nen zu können und, was sie noch immer nicht lassen konnte, Menschen in Not zu helfen. Erschütterndes Zeugnis für ihre verzweifelte
Lage geben Handzettel der Kaiserin an ihren Sekretär mit der Bitte,
ihr neue Kredite zu verschaffen: »Meine Lage ist traurig, meinem Gemahl liegt nichts daran, als an der verdammten Hexe.« Oder: »Verzeihen Sie das schlechte Papier, aber das Elend ist bereits bis zu diesem Punkt gestiegen.«

Sie sandte nun wieder endlose Episteln an die Verwandten in
Europa. Ihre Briefe strömten über vor brennendem Heimweh, aber
sie verlor kein Wort über ihre Kümmernisse. Nur Marie Louise deutete sie gelegentlich an, daß der Gatte sich ihr entfremdet hätte, aber
er werde, so hoffe sie inständig, eines Tages zu ihr zurückfinden, sie
müsse nur »Tugend und Geduld bewahren«. Kein Blatt vor den
Mund nahm sich der österreichische Gesandte, Baron Marschall, in

seinen Berichten nach Wien. Einen dieser Briefe ziert die handschriftliche Randbemerkung Kaiser Franz' I.: »Wehe mir, jetzt weiß ich, was für ein miserabler Kerl mein Schwiegersohn ist.« Soweit bekannt, wurde von Wien aus jedoch kein Finger gerührt, die Tochter des österreichischen Kaisers wenigstens moralisch zu unterstützen.

Leopoldine beklagte sich nicht, als Dom Pedro seine Mätresse zur Vicomtesse von Santos machte, ihr damit den höchsten Adelstitel verlieh, den er zu vergeben hatte; die Kaiserin nahm es hin, daß ihr Mann jetzt seine Ausritte und Ausfahrten mit der Geliebten absolvierte, und sie trug es schweigend, als er ihr verbot, allein auszureiten. Anfang 1826 reiste der Kaiser nach Bahia (heute São Salvador). Er nahm seine Frau, seine Konkubine und seine älteste Tochter mit auf die Schiffahrt. Während der Kaiser, Dona Domitila und Dona Maria da Gloria an Deck promenierten, hielt sich Leopoldine in ihrer Kabine auf. Bei Tisch saß Dom Pedro am Kopfende der Tafel, Domitila zur Linken, Maria da Gloria zur Rechten. Der Kaiserin wurde das Mahl auf Deck serviert. In Bahia bewohnte das Liebespaar das Stadtpalais, die Ehefrau hatte man in einem schäbigen Bürgerhaus untergebracht.

Mit steinerner Miene erduldete Leopoldine die nicht abreißende Kette von Demütigungen, die einen weiteren Höhepunkt erreichten, als Dom Pedro, kurz nach der Rückkehr aus Bahia, zu einer Großen Gala im Palais Domitilas lud; seine nun dreijährige illegitime Tochter Isabel wurde im Verlauf der Feier offiziell zur kaiserlichen Prinzessin erhoben und sollte von da an mit den ehelichen Kindern zusammen erzogen werden. Der Adel, das diplomatische Korps, die Spitzen von Armee und Kirche erschienen vollzählig, und keiner weigerte sich, vor dem Bastard in die Knie zu sinken und ihm die Hände zu küssen. An diesem schwärzesten Tag ihres Lebens, den sie nicht nur als Demütigung ihrer selbst, sondern auch ihrer Kinder empfand, widersetzte sich die Kaiserin dem Gebot, nicht mehr allein auszureiten. Sie galoppierte acht Stunden lang ohne jede Begleitung durch die Wälder um Boa Vista. Anschließend ging sie in ihr Zimmer, versperrte die Tür und ließ niemanden vor. Von da an stand sie unter Hausarrest. Sie durfte den Palast nur verlassen, wenn Dom Pedro ausdrücklich die Erlaubnis gab, und sie durfte sich ausschließlich in seiner und Domitilas Begleitung in der Öffentlichkeit zeigen.

Zum ersten Mal brach Leopoldine das Schweigen, das sie sich, in der Hoffnung, durch »Tugend und Geduld« die Zuneigung ihres Mannes zurückzugewinnen, selbst auferlegt hatte. »Wegen des verführerischen Ungeheuers bin ich jetzt in den Zustand einer Sklavin versetzt«, schrieb sie an Marie Louise.

Das »verführerische Ungeheuer« wurde zunehmend Anlaß kritischer Töne aus dem Volk. Wenn sich auch die Aristokratie, die Wirtschaft, das Militär, die Politiker und die Kirchenfürsten mit Don Domitila arrangiert hatten, das Gros der kleinen Leute stand auf Leopoldines Seite. Als am 24. August 1826 der eheliche Sohn des Kaisers feierlich zum Erbprinzen erklärt und aus diesem Anlaß eine Große Gala angesetzt war, hielt ausgerechnet Domitilas Vater den Prinzen auf dem Arm. Es war nur eine der vielen kleinen, abscheulichen Episoden im Gefolge der anstößigen Liebesaffäre, aber just dieser Zwischenfall löste schwere Unruhen aus, die das Militär in Alarmbereitschaft versetzten. Die Straßen waren mit gehässigen Flugblättern und Karikaturen übersät, auf den Häusern tauchten Plakate mit unverhohlenen Schmähungen des Kaisers und seiner Mätresse auf. Eine Revolution stand ernstlich zu befürchten.

Für einen Augenblick erwachte der Kaiser aus seinem verhängnisvollen Liebesrausch und mied den Palast der Geliebten. Wie in alten Tagen kutschierte er an Leopoldines Seite durch die Straßen der Stadt, wie in alten Tagen ritt er mit ihr aus. Wie in alten Tagen teilte er mit ihr Tisch und Bett, so daß sie – zum neunten Mal innerhalb von acht Jahren – schwanger wurde.

Leopoldine blühte wieder auf, aber das Glück hielt nur wenige Wochen. Anfang Oktober verließ der Kaiser Boa Vista, um seinen Wohnsitz endgültig im Stadtpalais Domitilas aufzuschlagen, die mittlerweile auch über zwei fürstliche Landsitze verfügte.

Leopoldine, von ihrer Verzweiflung zum Äußersten getrieben, tat etwas absolut Unerhörtes. Am 21. Oktober schrieb sie ihrem Mann, er möge sich endgültig zwischen ihr und Dona Domitila entscheiden. Sei er gewillt, bei der Geliebten zu bleiben, würde sie in ihr Vaterland zurückkehren.

Vergeblich wartete sie auf Antwort. Daraufhin setzte sie eine weitere tollkühne Tat, indem sie die persönlichen Effekten des Kaisers in Koffer verpacken und vor Dona Domitilas Tür stellen ließ.

Diesmal reagierte Dom Pedro auf der Stelle. Schäumend vor Wut raste er nach Boa Vista und machte seiner Frau eine schreckliche Szene. Es gibt keine Augenzeugen für diese eheliche Auseinandersetzung hinter verschlossenen Türen, aber genügend Ohrenzeugen, die zu berichten wußten, daß nicht nur der Kaiser, sondern, zur allgemeinen Verblüffung, auch die sonst so selbstbeherrschte und zurückhaltende Kaiserin schrie und tobte. Einige wollen auch Schläge und Schmerzensrufe vernommen haben.

Nachdem der Kaiser ihr Zimmer verlassen hatte, sagte Leopoldine nichts weiter, als daß sie sich krank fühle. Ab Anfang November hütete sie immer häufiger das Bett. Sie klagte über nächtliche Schweißausbrüche, Kopfweh, starke Schmerzen an der rechten Hüfte (verursacht durch Schläge?), Magenbeschwerden, Verdauungsstörungen. Zu ihrem Arzt – er behandelte sie mit Brechmitteln, wodurch sich ihr Zustand weiter verschlechterte – sprach sie über alte Zeiten, über verzehrendes Heimweh, über ihre Sehnsucht nach einer vertrauten Seele und immer häufiger übers Sterben.

Am 20. November gab der Kaiser eine Große Gala aus Anlaß seiner bevorstehenden Abreise in die Provinz Cisplatina (heute der selbständige Staat Uruguay), und er legte besonderen Wert auf die Anwesenheit seiner Gattin, da die Bevölkerung nach der endgültigen Trennung des Ehepaares wieder unruhig geworden war. Leopoldine ließ sich wegen ihres schlechten Gesundheitszustandes entschuldigen. Worauf der Kaiser mitsamt der Mätresse (!) ins Schlafzimmer seiner Frau stürzte, sie aufs unflätigste beschimpfte und brutal zusammenschlug.

»Höre den Schrei eines Opfers«, heißt es im letzten Brief Leopoldines an die Schwester, »das von Euch nicht Rache . . . sondern Mitleid für unschuldige Kinder verlangt, die als Waisen in den Händen jener Personen bleiben werden, die die Urheber meines Unglücks gewesen sind und mich in diesen Zustand versetzt haben . . . Kürzlich ging er (Pedro) so weit, daß er mich in der Gegenwart derjenigen mißhandelte, die die Ursache meines ganzen Unglücks ist . . . das zweifelsohne die Ursache meines Todes sein wird.«

Zwei Tage später, unmittelbar vor der Abreise, besuchte der Kaiser seine Frau zum letzten Mal, wofür es auch einen Augenzeugenbericht gibt: »Sie schenkte ihm einen Ring mit zwei kleinen Brillanten, der, wenn man ihn öffnet, zwei Herzen mit der Namen beider aufwies, und als sie ihn ihm zeigte, sagte sie schluchzend: ›Ich sterbe. Wenn du zurückkommst, wirst du mich nicht mehr vorfinden. Die, die im Leben getrennt worden sind, mögen nach dem Tode vereint werden.‹« Sie hatte ihm verziehen, weil sie ihn bis zum letzten Atemzug liebte.

Am 2. Dezember erlitt Leopoldine eine Fehlgeburt. Von da an begann ihr langer Todeskampf, ausgelöst durch bis zu dreizehn Durchfällen pro Tag, Attacken von hohem Fieber, Herzjagen, Atemnot. Sie verfiel abwechselnd in starre Teilnahmslosigkeit und wilde Fieberphantasien; ihr schäumender Mund spie all die Anklagen und Verwünschungen aus, die sie jahrelang in eiserner Disziplin hinuntergewürgt hatte. Aus Sorge, daß davon etwas an die Öffentlichkeit dringen könnte, wurden alle Besuche verboten, ständig wachte ein Minister an ihrem Bett.

Dona Domitila hatte die Stirn, Zutritt zum Krankenzimmer zu verlangen, und pochte auf ihr Recht als Erste Hofdame. Der österreichische Gesandte, Baron Marschall, der sich die meiste Zeit in einem Vorzimmer aufhielt, schilderte die Szene so: »Ich habe ... die herrische Miene der Mätresse betrachtet, die die Gemächer durchschritt, als ob sie gekommen wäre, um von ihnen Besitz zu ergreifen. [Ich hörte auch] ihren arroganten und skandalösen Ton, mit dem sie sich darüber beschwerte, daß die Oberhofmeisterin nicht alles liegenließ, um sie zu empfangen.« Es blieb der Kaiserin dennoch erspart, die verhaßte Nebenbuhlerin noch einmal zu sehen.

In einem lichten Augenblick nahm sie Abschied von ihren Kindern und der Dienerschaft. Am 10. Dezember erhielt sie die Sterbesakramente, und der Puls war kaum mehr zu tasten, die Atmung kaum wahrnehmbar. Sie verschied am 11. Dezember 1826 um 10 Uhr vormittag, ruhig und friedlich, fünf Wochen vor ihrem 30. Geburtstag.

Vergeblich all die Messen und Bittprozessionen, welche die Bevölkerung von Rio während Leopoldines Krankheit veranstaltet hatte, vergeblich die Gebete eines ganzen Landes. Nach dem Tod der Kaiserin schien die Stadt zunächst wie gelähmt vor Schreck und Schmerz, dann liefen die Menschen auf die Straße, fielen einander weinend in die Arme, ungezählte Negersklaven rotteten sich vor dem Palast zusammen und heulten: »Wir haben unsere Mutter verloren, wer wird uns jetzt noch helfen?«

Unruhe machte sich breit, Flugblätter und Maueranschläge forderten Rache für den Tod der Kaiserin, selbst die bislang der Domitila hörige Presse begann den Kaiser und seinen bösen Dämon zu attackieren. Militär stand, Gewehr bei Fuß, bereit, als man Leopoldine am 14. Dezember, gefolgt von aber Tausenden Trauernden, zu Grabe trug.

Doch Brasilien war noch nicht reif für die Revolution. Es sollte weitere fünf Jahre dauern, bis das Volk aufstand, Dom Pedro absetzte und außer Landes jagte.

Sein und Leopoldines einziger Sohn, Kaiser Pedro II., bestieg als Sechsjähriger den Thron. Ab seinem fünfzehnten Lebensjahr regierte er selbständig bis 1889. Er war ein guter, weiser Fürst. »Es war die Mutter Dom Pedros II., die ihm ihre seltenen Tugenden, Charakterstärke, Ausgeglichenheit, Selbstlosigkeit und Wissensdurst vererbte«, heißt es bei Bazerra, dem bedeutendsten Biographen des Monarchen.

Leopoldine wurde zunächst in der Kirche des Ajuda-Klosters beigesetzt. 1954 fand sie ihre endgültige Ruhestätte in dem gewaltigen brasilianischen Nationaldenkmal, das genau an jener Stelle in der Nähe von São Paulo errichtet wurde, wo Dom Pedro die Mitteilung seiner Frau über den Unabhängigkeitsbeschluß erhalten hatte. 1972 endlich ging Leopoldines letzter Wunsch in Erfüllung. Die Gebeine ihres Mannes, der 1834 in Lissabon gestorben war, wurden an ihrer Seite bestattet.

Personenregister

Abensberg, Niklas von 26, 27, 40, 41, 44

Acton, John 203–205, 215

Alba, Ferdinando, Herzog von 128, 133

Albert von Sachsen-Teschen, Herzog 189, 218

Albrecht II., deutscher König 21

Albrecht VI., Herzog 21–23

Albrecht IV. von Bayern, Herzog, Ehemann von Kunigunde Kapitel »Blutige Mitgift«, 77

Angoulême, Karl, Herzog von Orléans 60

Anna von Österreich, Königin von Frankreich 8, Kapitel »Vor Sonnenaufgang«, 188

Anna von Frankreich, Regentin 60–63

Anna von Bretagne, Herzogin, Königin von Frankreich 61, 62, 69

Anna von Ungarn, Kaiserin von Österreich 96, 102, 103, 105–107

Avilez, Jorge de 253, 256

Baumkircher, Andreas 23, 24

Behaim, Michael 24

Bentinck, Lord William 222–224

Bernauer, Agnes 37

Buckingham, George Villiers, Herzog von 138, 150–152, 154–157, 183

Carlota, Königin von Portugal 236, 246, 253

Christian II., König von Dänemark 96–100, 115, 116, 120

Christina von Dänemark 121, 122, 124–126, 128, 130

Christine, Königin von Schweden 139

Christoph, Herzog von Bayern 26, 41, 44

Cimburgis von Masovien 14

Cinq-Mars, Henri de 163–165, 183

Cochrane, Lord Thomas 258, 260, 263

Concini, Concino, Herzog d'Ancre 145, 148, 183

Condé, Henri, Prince de 176, 177, 180

Cuspinian, Johannes 28, 29

Eleonore von Portugal, Kaiserin 12, 13, 15–19

Eleonore, Erzherzogin, Königin von Portugal, Königin von Frankreich 76, 77, 89, 93–95, 99, 115, 116, 121, 124, 127, 132, 134

Elisabeth von Frankreich 140, 141

Ernst der Eiserne, Herzog 14, 21

Ferdinand I., deutscher Kaiser 76, 77, 84, 94, 96, 103, 106, 107, 110, 113, 114, 117, 127, 129, 130

Ferdinand II., deutscher Kaiser 138, 140

Ferdinand III., deutscher Kaiser 138, 170, 176

Ferdinand I., österreichischer Kaiser 207, 208, 226, 229

Ferdinand IV., König von Neapel-Sizilien, Ehemann von Marie Karoline Kapitel »Allein gegen Napoleon«

Ferdinand von Aragon, König 64, 68, 81, 84, 103

Ferdinand III., Großherzog von Toskana 207, 208, 218

Francesco, Kronprinz von Neapel-Sizilien 207, 208, 214, 215, 219

Franz I., König von Frankreich 84–89, 114, 116, 122, 124, 127

Franz I., österreichischer Kaiser (als deutscher Kaiser Franz II.) 207–209, 211, 219, 220, 223, 225–230, 232, 234, 252, 265

Franz I. Stephan, deutscher Kaiser 187, 189

Friedrich III., deutscher Kaiser 9–34, 36, 37, 41, 43, 44, 47, 48, 56, 58, 61

Friedrich IV., Herzog von Tirol 11, 21

Gaston, Herzog von Orléans 156, 158, 159, 165–167, 177, 178

Georg, Herzog von Bayern 26, 40, 44, 51

Georg, Markgraf von Brandenburg 108, 109, 111

Goethe, Johann Wolfgang von 205, 233

Graben, Ulrich von 34, 35

Graham, Lady Mary 263

Grässel 32–34

Hamilton, Sir William 204, 205, 210, 216, 218

Hart, Emma (später Lady Hamilton) 205, 210, 214, 216, 218

Hautefort, Marie de 159–161, 163, 165

Heinrich, Dauphin (später König Heinrich II.) von Frankreich 124, 130, 131

Heinrich IV., König von Frankreich 140

Heinrich VII., König von England 66, 77, 80

Heinrich VIII., König von England 69, 80, 83, 88, 91, 103, 125, 127, 131

Himmelfeind 32–34

Isabella, Königin von Kastilien 64, 68, 74

Isabella, Erzherzogin, Königin von Dänemark 76, 93–100, 115, 116, 119

João VI., König von Portugal 235, 236, 238, 239, 243–245, 251–253, 256, 260

Johanna Gabriele, Erzherzogin 190

Joseph II., deutscher Kaiser 189, 191, 204, 207, 259

Juan von Aragon, Infant, 2. Ehemann von Margarete von Österreich Kapitel »Europas bester Diplomat« (64–68)

Juana von Kastilien (Johanna die Wahnsinnige), Königin 64, 65, 68, 69; 76, 93, 94

Kammerlacher, Dr. med., Johannes 241, 249

Karl der Kühne, Herzog von Burgund 58, 59, 78, 128

Karl III., König von Spanien 189, 191, 201–203, 205

Karl V., deutscher Kaiser 8, 11, 56, 69, 76, 78, 80, 82–89, 91–97, 99, 103, 106, 107, 117–122, 125–134, 138, 175

Karl VIII., König von Frankreich, 1. Ehemann von Margarete von Österreich Kapitel »Europas bester Diplomat« (57, 60–64, 69)

Katharina von Aragon, Königin von England 77, 80, 88, 94, 116, 131

Katharina von Medici 124

Kaunitz, Wenzel Fürst von 188, 192, 193

Kunigunde, Herzogin von Bayern 8, Kapitel »Blutige Mitgift«

Ladislaus Postumus, König von Ungarn 21, 22

Ladislaus, König von Ungarn 77, 96, 102, 105

Laimintel, Anna 55, 56

Lajos II., König von Ungarn, Ehemann von Erzherzogin Maria Kapitel »Herz unterm Panzer«

La Rochefoucauld, François, Herzog von 155, 170

Leopold II., Großherzog von Toskana, deutscher Kaiser 189, 194, 196, 203, 204, 206–209, 232, 234, 251

Leopoldine, Kaiserin von Brasilien Kapitel »Sturz in die Hölle«

Ludwig XI., König von Frankreich 57–60

Ludwig XII., König von Frankreich 69, 81, 84

Ludwig XIII., König von Frankreich, Ehemann von Anna von Österreich

Kapitel »Vor Sonnenaufgang«

Ludwig XIV., König von Frankreich 8, 137–139, 163, 164, 166–168, 173, 175–182, 184, 185

Ludwig XV., König von Frankreich 189

Ludwig XVI., König von Frankreich 197, 209

Ludwig, Herzog von Bayern 50, 52–54

Luise von Savoyen, Herzogin von Angoulême 60, 61, 70, 74, 76, 84, 87–89, 92

Luynes, Charles Albert, Herzog von 144–148, 156, 183

Mancini, Maria 181

Mancini, Olympia 181

Margarete von Innerösterreich 138, 140

Margarete von Österreich, Erzherzogin, Königin von Frankreich, Infantin von Spanien, Herzogin von Savoyen 25, 56, Kapitel »Europas bester Diplomat«, 93, 94, 99, 100, 103, 107, 116–118, 127, 133, 141

Maria, Herzogin von Burgund 14, 20, 25, 57–59, 78, 118, 125, 128

Maria, Erzherzogin, Königin von Ungarn 8, 77, Kapitel »Herz unterm Panzer«

Maria von Medici, Königin von Frankreich 140–143, 145, 148, 149, 152, 154, 157–159, 173

Maria von Portugal, Infantin 134

Maria Amalia, Erzherzogin 189

Maria Christine, Erzherzogin 189, 209, 218

Maria da Gloria, Infantin von Portugal-Brasilien 250, 253, 263, 265

Maria Elisabeth, Erzherzogin 189, 218, 219

Maria Josepha, Erzherzogin 190–193

Maria Ludovica d'Este, Kaiserin von Österreich 226, 232–234

Maria Ludovika von Neapel-Sizilien, Großherzogin von Toskana, Kaiserin von Österreich 189, 194, 196, 197

Marialva, Marquis de 238, 240

Maria Teresa, Königin von Frankreich 181, 182, 184

Maria Theresia, Kaiserin 7, 139, 187–194, 200, 203, 206, 216, 219, 227, 228, 251

Marie Antoinette, Königin von Frankreich 7, 137, 175, 185, 191, 193, 197, 206, 209–211, 229, 241

Marie Karoline, Königin von Neapel-Sizilien Kapitel »Allein gegen Napoleon«, 232, 251

Marie Louise, Kaiserin von Frankreich 7, 208, 219, 223, 225, 227, 229, 230, 232–235, 238, 240, 241, 249, 254, 257, 264, 266

Marie Therese von Neapel-Sizilien, Kaiserin von Österreich 200, 204, 207–209, 218–220, 223, 229, 232

Mary Tudor, Königin von England 131

Matthias Corvinus, König von Ungarn 22, 27, 28, 30, 32, 35

Maximilian I., deutscher Kaiser 8, 9, 11, 14, 16, 19, 20, 23, 25, 27–29, 43, 44, 47–49, 52, 53, 55–59, 61, 63, 64, 69, 77, 81–84, 94–97, 99–103, 106, 118, 119,138

Maximilian II., deutscher Kaiser 127, 129, 130

Mazarini, Giulio (Jules Mazarin), Kardinal 166, 168, 169, 171–176, 178–183

Mehmed II., Sultan 28

Metternich, Wenzel Fürst von 225–227, 235, 236, 238, 241, 242, 248, 260

Montmorency, Henri, Herzog von 149, 150, 159

Murat, Joachim, König von Neapel 222, 225, 226

Napoleon I., Kaiser von Frankreich 7, 208, 211, 212, 219, 221–223, 225–229, 232–235

Nelson, Horatio, Lord 210, 212–214, 216, 218, 222, 258

Pedro I., Kaiser von Brasilien, Ehemann von Leopoldine Kapitel »Sturz in die Hölle«

Pedro II., Kaiser von Brasilien 266, 269

Pellendorfer, Else 19

Philibert, Herzog von Savoyen, 3. Ehemann von Margarete von Österreich Kapitel »Europas bester Diplomat«, 93

Philipp der Schöne, Erzherzog, König von Spanien 25, 58, 59, 61, 63–65, 68, 69, 76, 93, 94

Philipp, Infant (später König Philipp II.) von Spanien 128–135

Philipp IV., König von Spanien 138, 140, 147, 159, 160, 170, 181, 182

Philipp, Herzog von Orléans 164, 178, 180

Pinto, Dona Domitila 260–262, 264–269

Pius XII., Papst 81, 82

Poitiers, Diane de 124

René, »Grand Bâtard« von Savoyen 74, 76

Richelieu, Armand Jean, Herzog von, Kardinal 139, 145, 148, 150, 154–167, 170–174, 183

Rohan, Marie de (später Marie de Luynes, später Herzogin von Chevreuse) 145–148, 152, 155, 156, 159–162, 171, 172, 183

Rojas, Francisco de 65

Rudolf I., deutscher König 27

Sforza, Francesco, Herzog von Mailand 121

Sigismund, König von Polen 96, 102, 110

Sigismund, Herzog von Tirol 21, 22, 36, 37, 39–42, 44

Soliman II., Sultan 88

Staub, Hieronymus von 54

Suffolk, Brandon, Herzog von 91

Tanucci, Bernardo 190, 192, 201–204

Thierry, Noémi 238, 248

Turenne, Henri de, Marschall 176

Vendôme, Herzog von 124

Walkendorf, Erik, Erzbischof 97–99

Weispriacher, Andreas 32, 33

Wilhelm, Herzog von Bayern 48, 49, 52–54, 102

Willems, Dübeke 97, 98, 115

Willems, Sigbritte 98, 99, 115

Zápolya von Transsylvanien, János, König von Ungarn 96, 106, 111, 112, 114, 117

Bildnachweis
Österreichische Nationalbibliothek, Wien (10); Kunsthistorisches Museum, Wien (1); Bayr. Staatsgemäldesammlungen, München (1); Louvre, Paris (1); Verlagsarchiv (3). Umschlag: Kunsthistorisches Museum, Wien (1); London Society of Antiquaries (1); Museo del Prado, Madrid (1); Österreichische Nationalbibliothek, Wien (3)